中国财政政策报告 2011/2012

个人所得税：迈出走向“综合与分类相结合”的脚步

中国社会科学院财政与贸易经济研究所
高培勇　主　编
张　斌　副主编

中国财政经济出版社

本书由中国社会科学院出版基金资助

图书在版编目（CIP）数据

个人所得税：迈出走向“综合与分类相结合”的脚步/高培勇主编．—北京：中国财政经济出版社，2011.6

（中国财政政策报告：2011～2012）

ISBN 978-7-5095-2955-3

Ⅰ.①个… Ⅱ.①高… Ⅲ.①个人所得税—研究报告—中国—2011～2012 Ⅳ.①F812.424

中国版本图书馆CIP数据核字(2011)第112518号

责任编辑：杨　波　　　责任校对：杨瑞琦

封面设计：郁　佳　　　版式设计：兰　波

中国财政经济出版社 出版

URL：http：//www.cfeph.cn

E-mail：cfeph@cfeph.cn

社址：北京市海淀区阜成路甲28号　邮政编码：100142

发行处电话：88190406　财经书店电话：64033436

北京联兴盛业印刷股份有限公司印刷　各地新华书店经销

889×1194毫米　16开　15印张　357 000字

2011年6月第1版　2011年6月北京第1次印刷

印数：1—3 000　定价：38.00元

ISBN 978-7-5095-2955-3/F·2504

（图书出现印装问题，本社负责调换）

本社质量投诉电话：010-88190744

前　言

这次的财政政策报告，我们选择了一个相对偏小的论题——个人所得税改革。而且，还不是围绕个人所得税改革的全面而系统的讨论，而是在一步步筛选、提炼之后，最终聚焦于推进追求多年而未果的个人所得税既定改革目标的实现——怎样才能迈出走向“综合与分类相结合”的脚步？

在我们看来，这实在是当前中国最值得研究、最需要关注、最迫切解决的一个关键问题。

（一）

中国个人所得税的改革目标定位于“综合与分类相结合”，起码可以追溯至 20 世纪 90 年代中期——1994 年的税制改革完成不久、第九个五年计划制定并启动之时。迄今，已经跨越了四个五年规（计）划。

“九五”计划，在其第三部分第四个问题中作了如下表述：“建立覆盖全部个人收入的分类与综合相结合的个人所得税制”；

“十五”计划，在其第十六章第六节中作了如下表述：“建立综合与分类相结合的个人所得税制度”；

“十一五”规划，在其第三十二章第二节中作了如下表述：“实行综合和分类相结合的个人所得税制度”；

“十二五”规划，在其第四十七章第三节中作了如下表述：“逐步建立健全综合与分类相结合的个人所得税制度，完善个人所得税征管机制”。

一个税种的改革规（计）划，追求了十几年之久而未有结果；并且，虽一再受阻，但始终未加改变，从而历经三次“被搬家”——由“九五”搬至“十五”，又从“十五”搬至“十一五”，再从“十一五”搬至“十二五”，正可谓“历尽艰辛，痴心不改”。这在中国税收改革乃至整个中国经济体制改革历史上，不能不算是一个罕见的特例。

（二）

深究起来，在经历转型期的中国，个人所得税的改革之所以锁定并始终坚守“综合与分类相结合”这一目标，盖因于构建、完善居民收入分配调节机制的需要。

现代税收体系，有别于以往或传统意义上的税收体系。其主要的特征，就在于它的功能是多重的，而非单一的。从理论上讲，现代税收的功能被高度概括为三个：取得收入、调节分配和稳定经济。这三个功能，要分别由不同的税种来担纲。就像是一个在由诸多税种所构成的“交响乐队”税收体系中，虽然每个税种都具有取得收入的功能，但不同税种的功能侧重存有差异。相对而言，直接税较之间接税，具有更大地调节分配和稳定经济作用；间接税较之直接税，则具有更大地取得收入作用。作为直接税类下的个人所得税，不仅在中国，而且在世界上，从来都是主要基于作为调节居民收入分配和实施宏观调控的目的而课征的。围绕它的调整事项，当然要基于调节居民收入分配和实施宏观调控的需要而展开。

具体到中国，伴随着市场化改革进程的日益深入，特别是在正式确立社会主义市场经济体制的改革目标之后，不仅越来越面临着居民收入分配差距日渐拉大的严峻挑战，而且，与此同时也越来越受制于政府手中缺乏调节居民收入分配手段的残酷现实。于是，重新构建一套适应市场经济体制的居民收入分配调节机制，便成为当务之急。作为一种既植根于市场经济土壤，又是政府所能掌握的为数不多的再分配手段之一，个人所得税在居民收入分配调节中的作用，得以迅速凸显。

然而，一旦将调节居民收入分配的希望寄托于个人所得税，人们很快发现，现行的个人所得税，尚不能担负起如此的重任。

现行个人所得税实行的是分类所得税制。它名义上是一个税种，实质上分作 11 个征税项目——工资薪金所得、个体工商户生产经营所得、企事业单位承包（承租）经营所得、劳务报酬所得、稿酬所得、特许权使用费所得、利息（股息、红利）所得、财产租赁所得、财产转让所得、偶然所得和其他所得等。对于上述不同的征税所得项目，采取的是不同的计征办法、适用的是不同的税率表格。这样的税制安排，其优点是便于征管，可以从源征税，代扣代缴。但其致命的缺陷，就是不利于调节居民收入分配差距。

比如，人与人之间的收入差距，本来是综合而非单一项目的收入差距。在不计算综合收入水平的条件下，分别就居民的每一个单项收入征税，其所能达到的调节作用，至多只限于单一项目收入本身。除非人们的收入来源单一化，否则，针对单一项目而非加总求和之后的综合性收入的调节，无异于“盲人摸象”。

再如，即便在单一项目收入如工薪收入的视野内，由于不同纳税人的负担状况不同，扣除负担之后的经济境遇便会有很大的差异。在不计算差异颇大的负担账的条件下，仅着眼于居民的工薪收入账并随之征税，其所带来的调节效应，只会加剧既有的不公平而非有助于社会公平目标的实现。

又如，作为工薪所得费用减除额，其最重要的特征应当是差异化——不同经济境遇的人适用不同的扣除规定，从而体现净所得征税原则。在我国，人们之所以习惯于将减除额误读为起征点，恰是因为，现行个人所得税实行了标准化的减除额——让不同经济境遇的人适用了统一的扣除标准。在忽略人与人之间的费用开支差异条件下所进行的个人所得税调节，当然不符合净所得征税的原则，有悖于社会公平。

诸如此类的问题，还可举出许多。改变这种状况的一个可以选择的办法，就是参照国际经验，走“综合与分类相结合”所得税制的道路。

有别于分类所得税制，“综合与分类相结合”所得税制的基本特点，是除一部分特殊的收入项目外，其余的所有来源、所有项目的收入都须在加总求和的基础上，一并计税。

这样做，进入其调节视野的居民收入，便不再限于单一项目，而是综合性收入。鉴于收入来源日趋多元化的现实背景，建立在综合计征基础上的个人所得税调节，无疑是更贴近居民收入分配差距现实的调节。

这样做，先算账、再征税，便不再是一句空话。在计算纳税人综合收入账的同时，由于抚养或赡养人口不同、居住区域不同、身体状况不同等因素而形成的负担差异，便有了据实核算、相应扣除并再予征税的可能。

这样做，个人所得税计征中的减除额，就有了实行差异化的可能。不同经济境遇的人，便可以跳出标准减除额的局限而适用差异化的扣除规定，从而使得按净所得征税成为现实。由此，减除额也就不再会被人们误读为起征点。

（三）

然而，“综合与分类相结合”所得税制终究要建立在纳税人个人申报的基础上。如何推进这样一种以综合计征为特点的全新的个人所得税制度，一直在考验着中国现实的税收征管机制。

毋庸赘言，迄今为止，中国现实的个人所得税税收征管机制，仍停留于“间接”征收、“截流”管理的水平。这种情形，显然不适应建立在纳税人个人申报基础上的综合计征的需要。一旦走出既有的从源征税、代扣代缴的个人所得税征管轨道，现实税收征管机制的“底线”便极可能被突破，从而陷税务机关于尴尬境地。

正是在这种现实税收征管机制的“瓶颈”制约下，再加上个人所得税纳税人众多、百姓纳税意识淡薄等现实国情因素的考虑，虽然历经了至少三个五年（计）规划的追求，在长达十几年的时间里，“综合与分类相结合”的个人所得税制度始终在研究层面徘徊，而未能取得多少实质进展。

或许正是由于看不到短期出现革命性变化的希望，在当前的中国，每当谈到个人所得税由分类制到“综合与分类相结合”的改革，总会有条件不具备的忧虑和相伴而生的躲闪之举。

但是，不管怎样，长期躲闪，久拖不决，终归不是万全之策。时至今日，鉴于收入分配矛盾的解决或者缓解，已经不容我们再拖，且无多少躲闪的余地。牵涉个人所得税的几乎所有的问题或矛盾，都须在“综合与分类相结合”的改革框架内求得解决。故而，尽快地谋划一场包括税制安排、税收征管在内的革命性变化并由此破解实行“综合与分类相结合”的个人所得税制度的重重障碍，让建立在综合计征基础上的个人所得税制度“落户”中国，已成为迫在眉睫之举。

（四）

中国 30 多年改革历程所获取的一条基本经验，就是“渐进”。这不仅适用于整体改革，也适用于类似个人所得税这样的具体改革项目。认识到实行“综合与分类相结合”的个人所得税制度不可能一蹴而就，在当前的中国，要迈出走向“综合与分类相结合”个人所得税制度的脚步，一个几乎唯一的可行选择就是：取渐进式方案，走渐进式道路。

本报告所致力于完成的主要任务或致力于作出的主要贡献，就是在全面而系统地总结有关个人所得税的国际经验以及中国国情的基础上，拿出一套渐进地走向个人所得税既定改革目标——“综合与分类相结合”的实施方案。

这项工作，启动于2009年春季，持续了两年多的时间。这两年，也恰是我国收入分配领域的矛盾日趋严峻、人们对于个人所得税改革的诉求日趋强烈的时期。在经历了围绕缓解收入分配矛盾以及调整个人所得税举措的一系列挫折和百般无奈的体味之后，我们的研究颇有些“置之死地而后生”的悲壮色彩。换言之，紧迫感和使命感，一直同本报告的进程如影随形、亦步亦趋。

读者面前的这本报告的核心内容，实质上就是我们关于渐进式推进个人所得税“综合与分类相结合”改革的建议方案。也可简称为“财贸所方案”。

我们自知，尽管数易其稿、反复推敲，限于水平和经验，本报告所拿出的方案并不完善，只能称之为一个“靶子”，起到抛砖引玉作用。

我们期望，以这本报告作为“靶子”，能够有助于深化当前围绕个人所得税改革问题的讨论，并由此将有关个人所得税问题的聚焦点转换到既定的改革轨道，从而形成一股加快推进“综合与分类相结合”的个人所得税制度的强大的社会力量。

欢迎批评指正。

高培勇

2011年5月28日

本报告写作组名单

主　　编　高培勇

副主编　张　斌

执　　笔　1. 范建鏋

2. 张德勇

3. 马　珺

4. 马　珺　卢　艺　李　文

5. 张　斌　何代欣

6. 蒋　震

7. 苑德宇

8. 滕祥志

9. 张　斌

中国个人所得税改革大事记（1949.10～2011.5）范建鏋

部分财政经济发展指标　冯　静

英文译校　张德勇

特别鸣谢

本报告的完成，得力于许多机构和人士的无私帮助和热情支持。如下所列出的一长串名单，只是其中的主要贡献者(排名不分先后)：

国家税务总局所得税管理司副司长刘丽坚女士；

中国人民大学教授安体富先生；

国家税务总局税收科学研究所所长刘佐研究员；

国家税务总局税收科学研究所副所长靳东升研究员；

山东大学经济学院副院长李文教授；

北京市地方税务局总经济师卜祥来博士；

湖北省地方税务局局长许建国教授；

湖北省地方税务局副局长肖绪湖先生；

武汉市地方税务局局长罗涛先生；

湖北省地方税务局办公室主任徐正云先生；

湖北省地方税务局税政一处处长胡波女士；

湖北省地方税务局税政二处处长吴鸿先生；

湖北省地方税务局税政三处处长张雪松先生；

湖北省地方税务局社会保障处处长陈燕超先生；

湖北省地方税务局征管处处长黄捷先生；

大连市国家税务局科研所所长秦泮义博士；

广东商学院副教授赵丽萍博士；

中国政法大学副教授徐妍博士；

中国社会科学院办公厅主任施鹤安先生；

中国社会科学院财计局副局长段小燕女士；

中国财政经济出版社社长贾杰先生；

中国财政经济出版社副总编辑赖伟文先生；

中国财政经济出版社财政分社社长李洪波先生；

中国财政经济出版社财政分社副社长杨波先生。

在此，特别鸣谢。

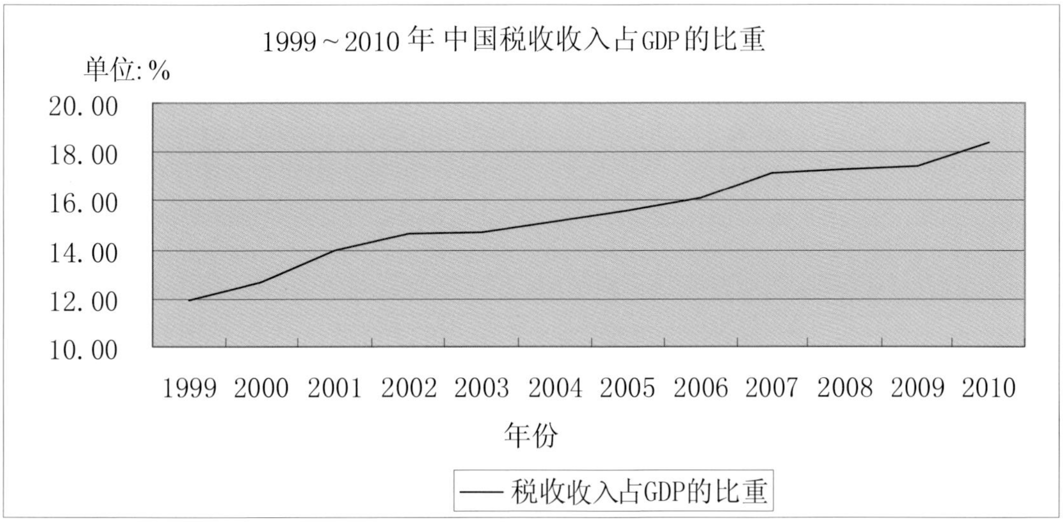
1999～2010 年 中国税收收入占GDP的比重
单位: %
20.00
18.00
16.00
14.00
12.00
10.00
1999 2000 2001 2002 2003 2004 2005 2006 2007 2008 2009 2010
年份
税收收入占GDP的比重

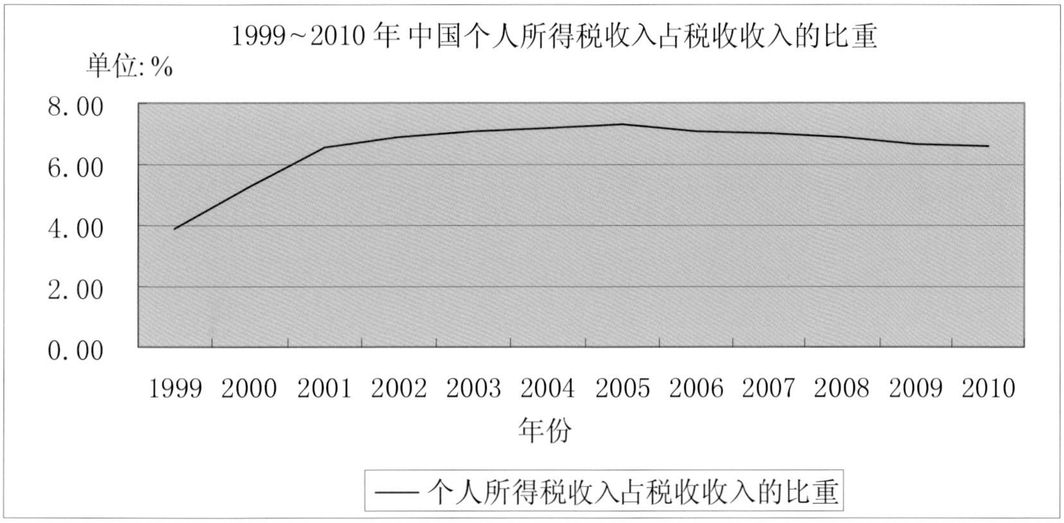
1999～2010 年 中国个人所得税收入占税收收入的比重
单位: %
8.00
6.00
4.00
2.00
0.00
1999 2000 2001 2002 2003 2004 2005 2006 2007 2008 2009 2010
年份
个人所得税收入占税收收入的比重

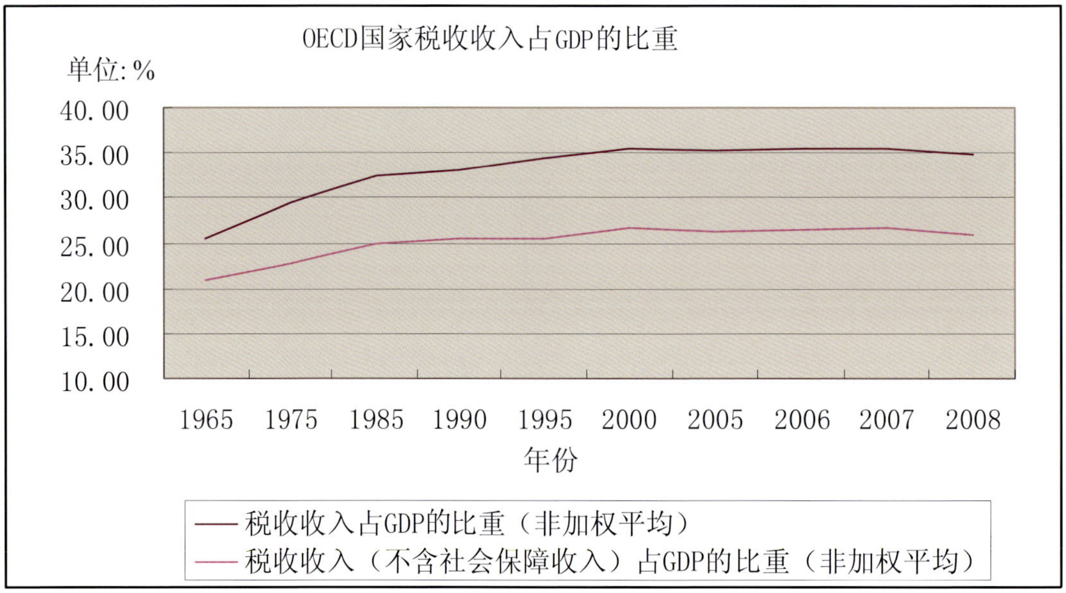
OECD国家税收收入占GDP的比重
单位:%
40.00
35.00
30.00
25.00
20.00
15.00
10.00
1965
1975
1985
1990
1995
2000
2005
2006
2007
2008
年份
税收收入占GDP的比重（非加权平均）
税收收入（不含社会保障收入）占GDP的比重（非加权平均）

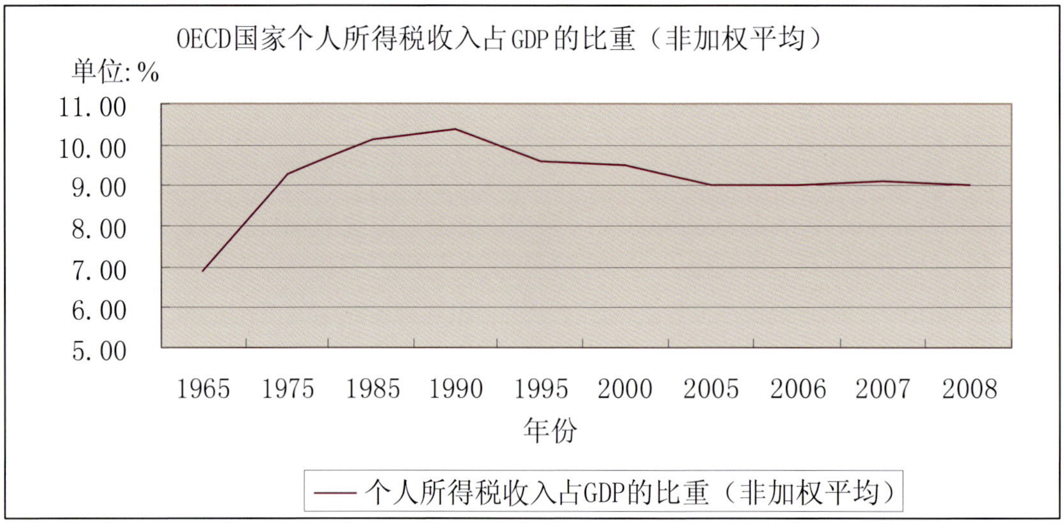
OECD国家个人所得税收入占GDP的比重（非加权平均）
单位:%
11.00
10.00
9.00
8.00
7.00
6.00
5.00
1965
1975
1985
1990
1995
2000
2005
2006
2007
2008
年份
个人所得税收入占GDP的比重（非加权平均）

目　录

专栏

图

表

CONTENTS

Boxes

Charts

Tables

1

中国个税改革：目标定位与路径选择

- 目前，我国个人所得税收入占税收收入的比重明显偏低，不利于发挥税收制度调节收入分配的作用
- 我国个税改革尽管艰难，始终坚持。走“综合与分类相结合”之路，是符合历史规律的、不容改变的根本目标
- 个税改革是推进我国新一轮税制改革的突破口。“十二五”时期是积极创造条件推进“综合与分类相结合”的个税改革的关键阶段，完全有必要也有可能抓住新的改革契机，推进个人所得税综合制改革
- 应遵循约束条件下的改进与优化这一指导思想，考虑征管条件的“硬约束”，采取增量调节为主，走渐进式推进的道路

China's Personal Income Tax Reform: Target and Path

- At present, China's personal income tax accounts for significantly lower proportion of tax revenue, which is not conducive to play the role of income distribution of tax system
- China's personal income tax reform is always being implemented in spite of the difficulties. The combined personal income tax system is a fundamental objective which is consistent with historical law and can not be changed
- The personal income tax reform is a breakthrough of promoting a new round of tax reform in China. The Twelfth Five-Year Plan Period is a critical stage to actively creating conditions for implement the combined personal income tax reform. It is absolutely necessary and possible to seize the new opportunity for reform to promote the comprehensive reform of personal income tax
- Following the guiding ideology of improvement and optimization under constraint conditions and taking account of the hard constraint of tax administration, the reform should focus on incremental adjustment and should be gradual

1. 中国个税改革：目标定位与路径选择

随着中国经济社会发展进入新的历史时期，收入分配日益成为社会各界关注的焦点问题。在政府调节收入分配的各项政策工具中，税收政策无疑占据了重要地位，个人所得税则首当其冲。由此，对整体税制的进一步改革而言，个人所得税的改革便具有了“牵一发而动全身”的意义。

中国下一步的个人所得税改革，有两个相互联系的目标：一是提高个人所得税收入的规模及其占税收收入的比重，促进税制结构的调整，形成直接税与间接税的均衡布局，缓解乃至扭转整体税制的累退性。二是实现个人所得税负担的公平分布，适当增加高收入者尤其是收入来源多元化的高收入群体的税负；同时，通过实行差别化的费用扣除标准等措施，相应降低中低收入群体的税收负担。

上述两个目标，仅仅依靠现行分类税制框架的完善是难以实现的。“十二五”时期，迫切需要积极创造条件，推进“综合与分类相结合”的个人所得税改革。

1.1 个人所得税改革的目标取向

1.1.1 个人所得税：基本内涵与功能演变

个人所得税的基本内涵

个人所得税是指对个人取得的收入或所得课征的一种税收。通常所说的个人所得，是指个人在一定时期内，由于劳动、经营、投资或者将其所有的财产、权利等提供或让渡给他人使用而获得的利润或收益。

对个人所得的解释，在理论上，大致可划分为两种学说：一是净资产增加说，即所得是一定时期内增加的资产与消耗的资产之余额；

二是所得源泉说，即所得是有连续来源的收益。而在实践中，由于现代经济活动日趋多元化，各国在确定所得税课税对象时，一般很少拘泥于某一学说，而是根据本国政治、社会、经济等的具体情况来确定课税所得的概念。概括而言，主要有如下四种：

一是以合法来源所得为主，即课税所得是国家的政策、法律允许并予以保护的所得；二是以连续性所得为主，即课税所得一般是经常性或连续性所得；三是以净所得为主，即课税所得要从总所得中扣除为取得这些所得而支出的费用；四是以实际取得的所得为主。

个人所得税的功能演变

自18世纪末诞生以来，个人所得税已经历了200多年的发展和完善。追溯个人所得税在英美等国家开征的初衷，大多是为了取得国家财政收入，以弥补战争经费的不足。而随着经济的发展和社会的进步，个人所得税逐步成为发达市场经济国家的主体税种，在筹集收入的同时，其调节收入分配的功能不断增强。

可以看出，这种趋势是与现代个人所得税所具备的多元化功能而不再仅仅是单一化的筹集政府收入功能相适应的。

税收的基本功能是为政府获取收入。在现代复合税制体系下，作为政策工具，不同的税种在为政府筹集收入的同时，还发挥着不同的作用。市场经济条件下，普遍课征的货物和劳务税具有中性特征，有利于减少税收的超额负担，征管成本较低而筹集收入的功能较强；在一般货物和劳务税之外选择部分货物和劳务课征的特殊货物和劳务税能够实现以较低成本筹集收入、引导消费、调节收入分配、纠正负的外部性等多重政策目标，是政府干预资源配置，弥补市场失灵的重要政策工具。而个人所得税、财产税通常则被认为具有较强的收入分配功能。在现代社会，个人所得税所具有的功能也被拓展为融筹集财政收入、调节收入差距、稳定经济运行于一体，而不再只是单一的功能目标。

但是，也应当注意到：不同税种作为政策工具在收入分配和结构调整方面的作用是以其收入功能为基础的，某一税种获取收入的数量在很大程度上决定了其作为政策工具的力度和效果，脱离了收入的数量特征，仅仅讨论某一税种在税制结构中的地位，是不全面的。

就中国当前的个人所得税制度而言，重视上述各项特征，是十分必要的，也有其重要意义——它直接关系到个人所得税的未来改革取向。

1.1.2 中国个人所得税：历史与现实

尽管受欧美国家和日本的影响，我国在晚清时期就已有课征所得税之议，清末甚至也起草过相应的所得税章程，但所得税作为一个税种正式出现，则是在民国期间。1914年初，公布了《所得税条例》，但因社会动荡，此后二十多年间未能真正施行。1936年，国民政府公布《所得税暂行条例》，其中包括对个人所得征税的内容，自同年10月1日起陆续开征。至此，我国历史上第一次实质性开征了个人所得税。1943年，国民政府公布《所得税法》，对个人所得征税的内容依然包括在其中。

从1949年到1978年间，我国个人所得税制度经历了一段曲折的发展过程。1953年时，曾经建议开征个人所得税，但由于种种原因，最终并没有实施。（刘佐，2001）1980年《中华人民共和国个人所得税法》的公布，是我国个人所得税制度发展史上的一个标志性事件。当时主要是为了适应对外开放的需要，因而税法规定的费用扣除额相对较高，我国公民基本不需缴纳个人所得税。

根据党的十四大的精神，为了适应发展社会主义市场经济的需要，我国于1994年实行个人所得税制度的全面改革，原来按照纳税人的类型分别设立的个人所得税、个人收入调节税和个体工商业户所得税三个税种合并为统一的个人所得税，并从纳税人征税项目、免税项目、税率、费用扣除等方面加以完善，从而首次形成了1949年以来比较完整统一的、适应经济发展需要的、符合我国国情的个人所得税制度。修正以后的《个人所得税法》自1994年1月1日起实行。《城乡个体工商业户所得税暂行条例》和《个人收入调节税暂行条例》同时废止。

从1980年迄今，《个人所得税法》一共修订了五次。（参见专栏1-1）现行《个人所得税法》是十届全国人大常委会第三十一次会议于2007年12月29日修正发布，自2008年3月1日起施行的。

《个人所得税法》、《个人所得税法实施条例》、《税收征管法》、《税收征管法实施细则》以及由财政税务主管部门发布的有关个人所得税的部门规章，构成了现行中国个人所得税法的主体法律基础。①

从总体上看，1994年的个人所得税制度改革，由于改革方案设计比较合理，得到了各方面特别是各级政府和广大纳税人的支持。它标志着我国的个人所得税制度朝着法制化、科学化、规范化、合理化的方面迈出了重要的一步。这对于促进我国的改革开放、经济发展、调节收入分配和维护国家权益都具有重大意义。

专栏1-1 《个人所得税法》的五次修订

《中华人民共和国个人所得税法》自1980年9月10日经五届全国人大第三次会议通过颁布以来，迄今为止共经历了五次修订，分别在1993年、1999年、2005年和2007年完成。

根据1993年10月31日第八届全国人民代表大会常务委员会第四次会议《关于修改〈中华人民共和国个人所得税法〉的决定》第一次修正

根据党的十四大的精神，为了适应发展社会主义市场经济的需要，为了深化税制改革，简化税制，公平税负，1993年10月31日，八届全国人大常委会第四次会议审议了国务院关于《中华人民共和国个人所得税法修正案（草案）》的议案，决定对《中华人民共和国个人所得税法》作出重大修改。

全面改革后的个人所得税制度于1994年起正式实行。原来按照纳税人的类型分别设立的个人所得税、个人收入调节税和个体工商业户所得税三个税种合并为统一的个人所得税，并从纳税人征税项目、免税项目、税率、费用扣除等方面加以完善。

根据1999年8月30日第九届全国人民代表大会常务委员会第十一次会议《关于修改〈中华人民共和国个人所得税法〉的决定》第二次修正

1999年8月30日，九届全国人大常委会第十一次会议决定对《中华人民共和国个人所得税法》作如下修改：

一、删去第四条第二项中的“储蓄存款利息”。

二、增加一条，作为第十二条：“对储蓄存款利息所得征收个人所得税的开征时间和征收办法由国务院规定”。

此外，根据本《决定》对部分条文的顺序作相应调整。

根据2005年10月27日第十届全国人民代表大会常务委员会第十八次会议《关于修改〈中华人民共和国个人所得税法〉的决定》第三次修正

2005年10月27日，十届全国人大常委会第十八次会议决定对《中华人民共和国个人所

---

① 对中国个人所得税制度演进更详尽的分析参见本报告第2章。

专栏1-1（续）

得税法》作如下修改：

一、第六条第一款第一项修改为：“工资、薪金所得，以每月收入额减除费用一千六百元后的余额，为应纳税所得额。”同时，对“个人所得税税率表一”的附注作相应修改。

二、第八条修改为：“个人所得税，以所得人为纳税义务人，以支付所得的单位或者个人为扣缴义务人。个人所得超过国务院规定数额的，在两处以上取得工资、薪金所得或者没有扣缴义务人的，以及具有国务院规定的其他情形的，纳税义务人应当按照国家规定办理纳税申报。扣缴义务人应当按照国家规定办理全员全额扣缴申报。”

根据2007年6月29日第十届全国人民代表大会常务委员会第二十八次会议《关于修改〈中华人民共和国个人所得税法〉的决定》第四次修正

2007年6月29日，十届全国人大常委会第二十八次会议决定对《中华人民共和国个人所得税法》作如下修改：

第十二条修改为：“对储蓄存款利息所得开征、减征、停征个人所得税及其具体办法，由国务院规定。”

根据2007年12月29日第十届全国人民代表大会常务委员会第三十一次会议《关于修改〈中华人民共和国个人所得税法〉的决定》第五次修正

2007年12月29日，十届全国人大常委会第三十一次会议决定对《中华人民共和国个人所得税法》作如下修改：

第六条第一款第一项修改为：“工资、薪金所得，以每月收入额减除费用二千元后的余额，为应纳税所得额。”同时，对“个人所得税税率表一”的附注作相应修改。

资料来源：本书课题组根据相关法律条文整理。

1.1.3 现行个税在整体税制中的地位与作用

个税在现行税制体系中的地位

2009年，我国个人所得税收入仅次于增值税、企业所得税、营业税、消费税，在18个税种中列第五位。但个人所得税收入占税收收入的比重仅为6.64%，占GDP的比重仅为1.16%。2010年个人所得税收入规模快速增长，实现收入4 837.17亿元，同比增长22.5%，但个人所得税收入占税收收入的比重仍仅为6.61%。[①] 由表1-1也可以看出，2002年以来，个人所得税收入占税收收入的比重一直徘徊在7%左右，2005年以来还出现逐年下滑的趋势。总体来看，我国个人所得税收入占税收收入的比重明显偏低，不仅低于发达国家和转轨国家，[②] 也低于南非、印度、泰国等发展中国家。（参见专栏1-2）

从收入结构来看，2008年，个人所得税11个所得项目中，工资、薪金所得，个体工商户生产、经营所得和股息、利息、红利所得三项占到了个人所得税收入的90%以上，其中工资、薪金所得的比重超过60%。（参见表2-2）[③] 2009年，工资、薪金所得收入为2 483.09亿元，比重进一步上升至62.87%。[④] 股息、利息、红利所得项目中，储蓄存款利息

① 财政部：“2010年税收收入增长的结构性分析”，http://szs.mof.gov.cn/zhengwuxinxi/gongzuodongtai/201102/t20110201_436195.html。

② 更详细的分析参见报告第4章4.1的相关内容。

③ 对个人所得税收入结构更详尽的分析请参见本报告第2章的相关内容。

④ 财政部：“2009年税收收入增长的结构性分析”，http://szs.mof.gov.cn/zhengwuxinxi/gongzuodongtai/201002/t20100211_270552.html。

表 1-1　　2002～2009 年中国的税制结构　　单位：亿元

年份	税收收入	主要间接税种收入合计	主要间接税种收入的比重（%）	企业所得税收入	企业所得税收入比重（%）	个人所得税收入	个人所得税收入比重（%）	个税收入占GDP的比重（%）
2002	17 636.45	11 585.78	65.69	3 082.79	17.48	1 211.78	6.87	1.01
2003	20 017.31	13 536.39	67.62	2 919.51	14.58	1 418.04	7.08	1.04
2004	24 165.68	16 035.98	66.36	3 957.33	16.38	1 737.06	7.19	1.09
2005	28 778.54	18 683.07	64.92	5 343.92	18.57	2 094.91	7.28	1.13
2006	34 804.35	21 966.20	63.11	7 039.6	20.23	2 453.71	7.05	1.13
2007	45 621.97	27 366.60	59.99	8 779.25	19.24	3 185.58	6.98	1.20
2008	54 223.79	32 830.84	60.55	11 175.63	20.61	3 722.31	6.86	1.19
2009	59 521.59	35 043.71	58.88	11 536.84	19.38	3 949.35	6.64	1.16

注：主要间接税种收入合计是国内增值税、国内消费税、进口环节“两税”、营业税、关税、城建税减出口退税得到。

资料来源：历年《中国统计年鉴》。

专栏 1-2　部分国家个人所得税收入的比重

从国际比较来看，与发达国家和转轨国家相比，我国个人所得税收入的比重明显偏低，也低于南非、印度、泰国等发展中国家。根据 OECD 的统计，2007 年 GDP 总量排前 6 位的发达国家个人所得税收入占税收收入（剔除社会保障税）的比重为：美国，49.74%；日本30.82%；德国 39.59%；法国，26.98%；英国 36.89%；意大利，36.57%。这 6 个国家个人所得税收入占 GDP 的比重分别为：美国，10.8%；日本，5.5%；德国，9.1%；法国 7.4%；英国，10.9%；意大利，11.1%。（数据来源：OECD：《Revenue Statistics 1965—2008》。）

2007 年，俄罗斯、乌克兰、捷克、匈牙利、波兰、斯洛伐克、保加利亚、罗马尼亚等 8 个国家个人所得税收入占税收收入（剔除社会保障税）的比重非加权平均值为 19.4%。其中最高的是匈牙利，为 27.63%，最低的是保加利亚，为 12.25%。（数据来源：IMF：《政府财政统计 2008》。）

2007 年泰国的人均 GNI 为 3 400 美元，其个人所得税收入占税收收入（剔除社会保障税）的比重为 12.08%；南非的人均 GNI 为 5 720 美元，个人所得税收入占税收收入（剔除社会保障税）的比重为 27.83%。（数据来源：人均 GNI 数据来自世界银行的《World Development Indicators 2009》，税收数据来自 IMF 的《政府财政统计 2008》。）2008 年，印度的人均 GDP 为 1 068 美元，个人所得税收入占税收收入的比重为 10.95%。（数据来源：人均 GDP 来自世界银行的《World Development Indicators 2009》，税收数据来自《INDIAN PUBLIC FINANCE STATISTICS：2007—2008》。）

资料来源：张斌，2010。

所得[①]的比重较高，2006 年到 2008 年，储蓄存款利息所得占股息、利息、红利所得项目的比重分别是 68.89%、65.37% 和 47.69%，占个人所得税收入的比重则分别达到 18.77%、16.34% 和 8.80%。[②]

现行个税调节收入分配功能的不足

由上面的分析可以看到，从收入总量来看，个人所得税收入占税收收入的比重在近十年来一直没有突破 8%，个税收入占 GDP 的比重，更是长期稳定在略高于 1% 的水平。很显然，相对于占现有税收收入“大块头”的增值税来说，个税以如此微弱的份额，即便它具有完善的调节收入分配的功能，即便它能完全有效发挥调节收入分配杠杆的作用，收效恐怕也是极为有限的。

从近年来个人所得税分项目收入结构分析，个人所得税的收入来源高度不均衡，工资、薪金所得的比重相对偏高。尽管工资、薪金所得也能起到一定的收入分配功能，[③] 但在总体上看，难以对收入来源多元化的高收入群体起到有效的调节作用。

尽管在分类所得税制下，税务部门通过对工资、薪金所得以外的所得项目加强征管，如通过与工商部门加强沟通，做好股东变更程序的衔接工作，加强股权转让所得的征管等措施，可以增加来自其他所得项目的收入，但由于分类所得税制无法以人为单位进行收入的归集，难以实现扣缴义务人与纳税人之间信息的交叉核对，因此，不仅综合收入较高的纳税人在分类税制下的总体法定税负较轻，也容易产生征管漏洞导致难以对多元化的收入进行有效调节，如劳务报酬所得、稿酬所得按人次征收往往导致扣缴义务人通过多列人数和次数减轻税负。

此外，现行的分类所得税制还存在着收入均衡性与费用扣除标准“一刀切”的问题。

目前工资、薪金所得，劳务所得，稿酬所得等收入项目以月或次为单位计征产生了年度收入相同但收入均衡程度不同的纳税人之间税负的差异。尽管年终一次性奖金可以按 12 个月分摊计税的规定在一定程度上缓解了这种差异，但要从根本上解决这一问题，更多地还是要依靠实施按年度以人为单位归集收入的改革。

分类税制另一个难以解决的问题是实现费用扣除标准的差异化。社会各界围绕工资、薪金所得费用扣除标准的争论，其焦点并不仅仅是费用扣除标准的高低，而是无法根据纳税人的负担情况实现公平的税负分配。在以家庭为主要单位进行社会再生产的情况下，家庭总收入及基本的抚养、赡养等支出的差异反映了社会成员纳税能力的不同。在这个意义上，分类税制难以实现“量能纳税”。

当前，围绕着最新一轮的《个人所得税法》的修订（参见专栏 1－3），社会各界正在展开空前热烈的讨论。此次修订除了提出继续提高工资、薪金所得的减除费用标准，同时还将对工资、薪金所得，个体工商户生产、经营所得的税率级次级距进行调整。

此轮《个人所得税法》的修订，首次对税率级次级距进行调整，有利于更好地发挥个人所得税在收入分配调节方面的功能。但也应当看到，此轮修订仍然是在现行分类税制框架下的税制调整，它所涉及的，主要是现行个人所得税项下的一个征税项目——工资、薪金所得。其余的征税项目，除了个体工商户生产、经营所得有少许的调整之外，包括企事业单位承包（承租）经营所得、劳务报酬所得、稿酬所得、特许权使用费所得、利息（股息、红利）所得、财产租赁所得、财产转让所得、偶

① 2007 年 8 月 15 日，储蓄存款利息所得的税率下调为 5%。从 2008 年 10 月 9 日起，暂免对储蓄存款利息所得征收个人所得税。

② 2009 年《中国税务年鉴》。

③ 2007 年对工薪所得征收的个人所得税收入中，适用 20%（含）以上税率（即月工薪应纳税所得额在 5 000 元以上）的纳税人次占工薪所得总纳税人次的 4.43%，但缴纳税额却占工薪所得总税额的 44.44%。（财政部：“我国个人所得税基本情况”，www.mof.gov.cn/zhuantihuigu/.../t20090619_169579.html）

专栏1－3 《中华人民共和国个人所得税法修正案（草案）》

一、第六条第一款第一项修改为："工资、薪金所得，以每月收入额减除费用3 000元后的余额，为应纳税所得额。"同时，对"个人所得税税率表一"的附注作相应修改。

二、第九条中的"七日内"修改为"15日内"。

三、个人所得税税率表一（工资、薪金所得适用）修改为：

级数	全月应纳税所得额	税率（%）
1	不超过1 500元的	5
2	超过1 500元至4 500元的部分	10
3	超过4 500元至9 000元的部分	20
4	超过9 000元至35 000元的部分	25
5	超过35 000元至55 000元的部分	30
6	超过55 000元至80 000元的部分	35
7	超过80 000元的部分	45

（注：本表所称全月应纳税所得额是指依照本法第六条的规定，以每月收入额减除费用3 000元后的余额或者减除附加减除费用后的余额。）

四、个人所得税税率表二（个体工商户的生产、经营所得和对企事业单位的承包经营、承租经营所得适用）修改为：

级数	全年应纳税所得额	税率（%）
1	不超过15 000元的	5
2	超过15 000元至30 000元的部分	10
3	超过30 000元至60 000元的部分	20
4	超过60 000元至100 000元的部分	30
5	超过100 000元的部分	35

（注：本表所称全年应纳税所得额是指依照本法第六条的规定，以每一纳税年度的收入总额，减除成本、费用以及损失后的余额。）

《中华人民共和国个人所得税法》有关条文修正前后对照表

修正前	修正后
第六条 应纳税所得额的计算：一、工资、薪金所得，以每月收入额减除费用二千元后的余额，为应纳税所得额。 ……	**第六条** 应纳税所得额的计算：一、工资、薪金所得，以每月收入额减除费用3 000元后的余额，为应纳税所得额。 ……
第九条 扣缴义务人每月所扣的税款，自行申报纳税人每月应纳的税款，都应当在次月七日内缴入国库，并向税务机关报送纳税申报表。 工资、薪金所得应纳的税款，按月计征，由扣缴义务人或者纳税义务人在次月七日内缴入国库，并向税务机关报送纳税申报表。特定行业的工资、薪金所得应纳的税款，可以实行按年计算、分月预缴的方式计征，具体办法由国务院规定。	**第九条** 扣缴义务人每月所扣的税款，自行申报纳税人每月应纳的税款，都应当在次月15日内缴入国库，并向税务机关报送纳税申报表。 工资、薪金所得应纳的税款，按月计征，由扣缴义务人或者纳税义务人在次月15日内缴入国库，并向税务机关报送纳税申报表。特定行业的工资、薪金所得应纳的税款，可以实行按年计算、分月预缴的方式计征，具体办法由国务院规定。

专栏1-3（续）

修正前	修正后
个体工商户的生产、经营所得应纳的税款，按年计算，分月预缴，由纳税义务人在次月七日内预缴，年度终了后三个月内汇算清缴，多退少补。	个体工商户的生产、经营所得应纳的税款，按年计算，分月预缴，由纳税义务人在次月15日内预缴，年度终了后3个月内汇算清缴，多退少补。
对企事业单位的承包经营、承租经营所得应纳的税款，按年计算，由纳税义务人在年度终了后三十日内缴入国库，并向税务机关报送纳税申报表。纳税义务人在一年内分次取得承包经营、承租经营所得的，应当在取得每次所得后的七日内预缴，年度终了后三个月内汇算清缴，多退少补。……	对企事业单位的承包经营、承租经营所得应纳的税款，按年计算，由纳税义务人在年度终了后30日内缴入国库，并向税务机关报送纳税申报表。纳税义务人在1年内分次取得承包经营、承租经营所得的，应当在取得每次所得后的15日内预缴，年度终了后3个月内汇算清缴，多退少补。……

附：个人所得税税率表一（工资、薪金所得适用）

修正前：

级数	全月应纳税所得额	税率（%）
1	不超过500元的	5
2	超过500元至2 000元的部分	10
3	超过2 000元至5 000元的部分	15
4	超过5 000元至20 000元的部分	20
5	超过20 000元至40 000元的部分	25
6	超过40 000元至60 000元的部分	30
7	超过60 000元至80 000元的部分	35
8	超过80 000元至100 000元的部分	40
9	超过100 000元的部分	45

（注：本表所称全月应纳税所得额是指依照本法第六条的规定，以每月收入额减除费用二千元后的余额或者减除附加减除费用后的余额。）

修正后：

级数	全月应纳税所得额	税率（%）
1	不超过1 500元的	5
2	超过1 500元至4 500元的部分	10
3	超过4 500元至9 000元的部分	20
4	超过9 000元至35 000元的部分	25
5	超过35 000元至55 000元的部分	30
6	超过55 000元至80 000元的部分	35
7	超过80 000元的部分	45

（注：本表所称全月应纳税所得额是指依照本法第六条的规定，以每月收入额减除费用3 000元后的余额或者减除附加减除费用后的余额。）

个人所得税税率表二（个体工商户的生产、经营所得和对企事业单位的承包经营、承租经营所得适用）

修正前：

级数	全年应纳税所得额	税率（%）
1	不超过5 000元的	5
2	超过5 000元至10 000元的部分	10
3	超过10 000元至30 000元的部分	20
4	超过30 000元至50 000元的部分	30
5	超过50 000元的部分	35

（注：本表所称全年应纳税所得额是指依照本法第六条的规定，以每一纳税年度的收入总额，减除成本、费用以及损失后的余额。）

修正后：

级数	全年应纳税所得额	税率（%）
1	不超过15 000元的	5
2	超过15 000元至30 000元的部分	10
3	超过30 000元至60 000元的部分	20
4	超过60 000元至100 000元的部分	30
5	超过100 000元的部分	35

（注：本表所称全年应纳税所得额是指依照本法第六条的规定，以每一纳税年度的收入总额，减除成本、费用以及损失后的余额。）

资料来源：本书课题组搜集整理。

然所得和其他所得等9个项目的具体内容，并未纳入这次调整的范围。故而，严格地讲，本次调整充其量只能称之为“个人工薪所得税改革”。无论调整的具体内容是什么，无论调整的幅度有多大，它都只能算是以往“小步微调”式的改革的延续，而并非是个人所得税的整体改革。在此条件下进行的所谓调节居民收入分配，便只能降格以求——仅仅调节的是居民工薪收入分配。

在个人收入来源已完全多元化的今天，如果仅仅只满足于提高工薪所得减除费用标准或调整级次级距，而不考虑个人综合所得所体现出的收入差距，不考虑通过实施个人所得的综合课税制度，并辅之以相应的综合计征的差别税率，对真正高收入群体收入水平的调节作用将是极为有限的。在这个意义上，加快推进个人所得税综合制进程，加大对个人收入综合计征课税的力度，同时引入差别化的费用扣除，个税改革才更具有实质性意义。

1.1.4 个税改革目标：走向“综合与分类相结合”

从世界主要国家的普遍经验看，纯粹的个人所得税综合制模式是不存在的。固然有一些国家实行的是单一制或分类税制，但由于分类税制在调节收入分配方面具有许多无法克服的弊端，大多数国家采用的是“综合与分类相结合”这一主要模式。

所谓的“综合与分类相结合”模式，如果深入考察，可以将其细分为两种形式：一种是以分类税制为主，在分类计征、源泉扣缴的基础上，选择一部分所得项目采取综合计算应纳税所得额的办法，扣除必要的费用后，以相应的综合税率，课征个人所得税；另一种则相反，即所谓的“大综合”形式，以加总综合计算个人所有收入为主，在此基础上，规定部分所得项目不计入综合所得，采取分类单独课征所得税的形式。

中国的个人所得税制度，要走“综合与分类相结合”之路，这是早在“九五”计划就已提出、“十五”计划中确立并写明的改革目标。并且，这是符合历史规律的、不容改变的根本目标。在现阶段，存在较多争议的，只是采取何种“综合与分类相结合”模式的问题。

应当看到，个税改革由分类模式走向“综合与分类相结合”，有利于进一步加强其调节收入分配的作用；税务部门直面纳税人，有利于居民培养公民意识、纳税人意识，从而在国家和公民之间建立起一个良性的直接沟通的渠道；直接面对自然人的个税征管机制，有利于居民监督政府行为，从而推进社会的民主、法治建设进程。

时至今日，收入分配矛盾问题日益突出。为缓解或解决收入分配矛盾，个税改革已经不容我们再拖，且无多少躲闪的余地。而在现行分类税制框架下的修修补补已无法满足进一步调节收入分配的要求，因此，在抓紧出台收入分配制度改革方案的大势下，要着力推进“综合与分类相结合”的个人所得税改革。

1.1.5 改革目标的阶段性特征与逐步推进

下一步，关于个人所得税改革，有两个相互联系的目标：一是提高个人所得税收入的规模及其占税收收入的比重，促进税制结构的调整，形成直接税与间接税的均衡布局，缓解乃至扭转整体税制的累退性。二是实现个人所得税负担的公平分布，增加高收入者，尤其是收入来源多元化的高收入群体的税负；同时通过实行差别化的费用扣除标准等措施，相应降低中低收入群体的税收负担。

从调节收入分配的角度分析，这两个目标之间有着内在的关联。个人所得税作为政策工具在调节收入分配方面的作用是以其收入规模为基础的，其次才是一定数量的个人所得税负担在居民中的分布状况。如果个人所得税的收入规模很小，即使其全部由高收入群体负担，对收入分配调节的力度也有限。

从西方发达国家个人所得税的演变历程来

看，早期的个人所得税具有显著的“富人税”特征，税负负担主要集中于高收入者，纳税人数有限，实行综合制的征管成本相对较低。如1913年美国联邦所得税公布时，最低税率为1%，最高税率为7%，但当时仅有不到1%的人缴纳个人所得税。到1918年，虽然个人所得税的收入占到联邦税收收入的约1/3，也仅有不足5%的居民缴纳所得税。①

而随着经济的发展，人均收入水平的提高，个人所得税的纳税人逐步扩大到贫困线以上的所有收入阶层。2006年，个人所得税基本宽免额占人均GDP的比重美国仅有7.47%，大约相当于贫困线的标准；英国为7.15%，德国为18.42%。（岳树民、卢艺，2009）

就中国的情况而言，2009年，中国人均GDP为25 575元，城镇单位就业人员年平均工资为32 244元，② 工资、薪金所得的费用扣除标准为每年24 000元，占人均GDP和城镇单位就业人员平均工资的比重分别为93.84%和74.43%。也就是说，平均收入以上的城镇职工均为个人所得税的纳税人。这两个指标大体说明，中国目前的个人所得税制度正处于从“富人税”向“大众税”过渡的阶段。然而，从收入规模看，目前个人所得税收入占税收收入的比重不足7%，与这一阶段似乎并不相符。总的看来，来自高收入阶层的个人所得税收入相对偏低，工资、薪金之外的个人所得税收入规模较小应该是导致这一问题的主要原因。

因此，从国际经验来看，随着人均收入水平的提高，中国个人所得税改革的长期目标应定位为：在税收收入规模上成为重要的主体税种，在普遍纳税的同时，实现税收负担向高收入者的倾斜，提高税制整体的累进性。

而“十二五”及未来十年的中期目标应定位于积极创造条件推进“综合与分类相结合”的改革，重点是通过引入综合制的因素，进一步加强对收入来源多元化的高收入阶层收入的有效调节，实现个人所得税收入规模和比重的稳步提高，同时通过引入差别化的费用扣除标准降低中低收入阶层的税收负担。相对于现行的分类税制，中国未来个人所得税“综合与分类相结合”改革的实质是引入综合制因素，在这个意义上，可以将其简称为个税的综合制改革。③

1.2 实施个税改革的必要性和紧迫性

1.2.1 个税改革必要性：尽管艰难，始终坚持

推进改革，避免一味“搬家”

实行“综合与分类相结合”的个人所得税改革，自1996年写入“九五”计划至今已有15个年头。期间，该项改革要求在2001年《“十五”计划纲要》、2003年党的十六届三中全会《关于完善社会主义市场经济体制的决定》、2006年《“十一五”规划纲要》中不断被提出。2011年十一届人大四次会议刚刚通过的《“十二五”规划纲要》中再次明确提出：“逐步建立健全综合与分类相结合的个人所得税制度，完善个人所得税征管机制。”

① 郑幼峰：《美国联邦所得税变迁研究》，中国财政经济出版社2006年版，第84~86页。

② 《中国统计年鉴2010》。

③ 本报告所称的个税综合制改革强调在现行分类税制框架下综合制因素的引入，而不是分类制、“综合与分类相结合”、综合制概念框架下的“大综合”模式。

专栏1-4 “综合与分类相结合”个人所得税改革一再“被搬家”

- 1996年3月，八届人大四次会议：《国民经济和社会发展“九五”计划及2010年远景目标纲要》：“建立覆盖全部个人收入的分类与综合相结合的个人所得税制”。
- 2001年3月，九届人大四次会议：《国民经济和社会发展第十个五年计划纲要》：“建立综合与分类相结合的个人所得税制度”。
- 2003年10月，党的十六届三中全会通过的《关于完善社会主义市场经济体制的决定》：“改进个人所得税，实行综合和分类相结合的个人所得税制”。
- 2006年3月，十届人大四次会议：《国民经济和社会发展第十一个五年规划纲要》中指出：“实行综合和分类相结合的个人所得税制度”。
- 2011年3月，十一届人大四次会议：《国民经济和社会发展第十二个五年规划纲要》：“逐步建立健全综合与分类相结合的个人所得税制度，完善个人所得税征管机制”。

资料来源：本书课题组据相关文件资料整理。

从上述各项文件的表述可以看出，尽管改革历程艰难，受制于现行税收征管条件、征管能力和其他诸多因素，个税综合制改革从“九五”时期就已提出，“搬家”至“十五”期间，未能顺利推进；又再次“搬家”至“十一五”期间，仍未能顺利推进改革；但在政策层面，我国个人所得税改革的基本方向已非常明确，即始终坚持走向“综合与分类相结合”的个人所得税制度模式。

完善直接税，有效调节收入分配

当前，我国收入分配矛盾主要表现为居民收入差距过大以及居民收入在国民收入中占比偏低。随着收入分配差距进一步拉大，政府调节收入分配的政策措施成为社会各界持续关注的焦点，作为直接税重要税种的个人所得税，其调节收入分配的功能引起人们广泛关注，推进个人所得税改革的呼声越来越高。

应该看到，这一情形和中国现行以间接税为主体的整个税制结构息息相关。对居民收入分配实施有效调节的前提，在于政府手中必须握有适用的调节手段。在市场经济条件下，能够与居民收入分配直接对接的政府政策主要是财税政策，但我国现行财税政策并不具有或不充分具有这样的功能。

财税调节属于再分配层面。再分配说到底就是“劫富济贫”——用从高收入者那里得来的钱去接济低收入者。相对而言，“济贫”容易办到，通过调整财政支出结构或对特定支出项目实施倾斜，就可以在不动存量仅靠增量（呈稳定增长之势的财政收入）的前提下实现为低收入者或困难群体提供支援的目标，但“劫富”则难以实现。税收作为现实财政收入体系中的“主角”，其“劫富”功能要依托于直接税而非间接税，但我国税收收入的70%以上来源于间接税。而在占比不足30%的直接税中，“大头儿”还是有转嫁可能、归宿不易把握且并不直接触及居民收入的企业所得税。

进一步看，位于存量环节的直接税系列如财产税，在现行税制体系中还处于几乎空白的状态。这又意味着，面对由流量和存量两个层面所构成的收入分配差距，目前税收所能实施的调节至多触及流量而不能延伸至存量。（高培勇，2011）因此，当前在我国建立和完善直接税迫在眉睫。伴随着直接税改革的推进，个税综合制改革的重要性将日益凸显。

1.2.2 当前推进个税改革的重要意义

个税改革是推进整体税制改革的突破口

假如从现行税制自1994年诞生的那一天起算，迄今为止，整个税制体系已伴随中国经济发展，经历了不到20年的实践检验。面对当前中国收入差距拉大，间接税在整个税制体系中所占比重过大，各主体税种对收入分配问题难以发挥必要的调节作用等诸多问题，有必要及时反思现行税制的整体利弊，及时主动启动相关改革措施，而不应被动等待条件完善之后再寻求应对之策。基于这一考虑，积极推进个人所得税综合制改革，无疑是值得重视的一个关键环节。

更好地发挥税收调节收入分配的功能

推进个人所得税改革，首先应明确未来个人所得税在中国整体税制结构中的地位。1994年税制改革以来形成的以间接税为主体的税制结构在筹集收入方面具有显著的优势，实现了税收收入的持续稳定增长。但随着中国经济社会发展进入新的历史阶段，作为政府重要的政策工具，税收需要在调节收入分配和促进经济发展方式转变方面发挥更重要的作用。

造成中国目前收入分配问题的原因很多，其根源更多地存在于国民收入的初次分配环节。税收作为再分配环节政府调节收入分配的主要政策工具之一，应当发挥其应有的作用，而个人所得税无疑应是诸多税收政策工具中对收入分配调节最直接、最有效的工具。

尽管分类税制也能够发挥一定的收入分配功能，但难以有效应对收入来源多元化的挑战，也难以根据纳税人的实际情况实施差别化的费用扣除，因此，实施“综合与分类相结合”的改革有利于个人所得税更好地发挥调节收入分配的功能。

政府的“回应性”与纳税人意识

2010年，中国的税收收入规模超过73 000亿元，但社会公众持续关注的税种——个人所得税的收入规模仅有4 000多亿元。不过，由于它涉及众多的纳税人，因而，它所受到的关注程度远远超出我们的预期。目前个人所得税的改革已经不仅仅是政府部门和学术界关注的政策选择问题，而在很大程度上演变为社会公众对政府调节收入分配、实现公正和谐社会强烈诉求的一个重点领域。对此，政府的回应方式、回应结果究竟如何，也引发高度关注。个人所得税改革的启动和进展，在社会舆论的聚焦之下，其意义和影响远超出税制改革本身，而更多的具有政治和社会意义。

从纳税人权利的角度分析，由于社会公众在交纳间接税时并不能像交纳直接税那样明确地知道自己所承担的税收，如果纳税人不能准确地知道自己向政府交纳了多少税款，就难以对税收制度的公平程度进行判断，也无法有效参与税收政策的制定过程，因而间接税就其征收程序而言不利于社会公平的实现。在这个意义上，个人所得税由分类税制向“综合与分类相结合”税制的改革无疑将进一步增强纳税人意识，提高纳税人参与财政收支决策的积极性和主动性，而这对于税收法治化和预算法治化进程具有重要的推动作用。

提高“数目化”管理水平

黄仁宇曾提出，近代以来西方社会兴起的一个重要特征是实现了“数目化”管理。随着中国经济社会活动的复杂化，政府决策需要大量详尽准确的信息，而建立面对众多纳税人的个人所得税（综合申报）和财产税征管体系要求政府掌握社会成员大量的基本个人信息，如财产状况、收入状况、婚姻状况、抚养和赡养状况等，这将有利于以“数目化”管理为基础的整个社会管理模式的转变。

1.3 个税改革指导思想：现行约束条件下的改进与优化

“十二五”时期是积极创造条件推进“综合与分类相结合”的个人所得税改革的关键阶段。从总体上看，在充分借鉴国外个人所得税成功经验的基础上，结合中国现阶段的征管环境和征管条件，推进个税改革综合制的稳步实施，是符合中国现实国情的个税改革的指导思想。简而言之，就是要实现约束条件下的改进与优化。

1.3.1 坚持公平、效率不可偏废

从机制设计的角度看，税收公平是个税改革首先应遵循的原则之一，也应是个税政策要达到的目标之一。公平原则要求国家在征税时应使每个纳税人的税收负担与其经济状况和纳税能力相适应，并使各个纳税人之间的税收负担水平保持均衡，也就是所谓的“横向公平”与“纵向公平”。“横向公平”的核心是经济能力或纳税能力并处于同一水平的纳税人，应当缴纳数额相等的税收。而“纵向公平”则要求经济能力或纳税能力不同的人，应当缴纳数额不等的税收；纳税能力强的多纳税，反之，则少纳税。

毋庸置疑，影响个人所得税改革的因素有很多，公平问题只是其中之一，效率问题同样将施加重要影响。增加高收入阶层的税负，有利于调节收入分配，但也会抑制财富的创造，降低效率。在20世纪80年代兴起的世界性税制改革浪潮中，个人所得税比重较高的发达国家曾普遍降低了个人所得税的最高边际税率，同时重视发挥间接税的作用，不能不说与此有重要关联。中国作为发展中国家，促进经济增长始终是税制改革必须考虑的基本因素，在不同的经济发展阶段，公平与效率的关系要进行适时的调整。因此，个人所得税改革需要在公平与效率之间寻求动态的平衡。

1.3.2 加大对高收入者的调节力度

个人所得税作为直接税的一个重要税种，如果合理设计税制，对有效调节高收入者的收入将起到重要的作用。

从我国个人所得税的立法精神来考察，个人所得税的重要功能除了组织收入，另一个重要功能就是调节个人收入，缓解社会分配不公。个人所得税应根据纳税人收入和负担能力的大小，实行差别税率，适度增加高收入者的税负。但是，考虑到中国的现实国情，现有的高收入人群，其收入的主要构成部分并非工资、薪金所得。因而，通过在现行分类制框架下逐步加入综合征收的因素，有效综合个人所得，并采取合理的综合税率，加大对高收入人群收入水平的调节，是未来个税改革绕不开、躲不过的问题。

1.3.3 正视全球化竞争的压力

随着全球经济一体化的发展，生产要素尤其是资本的流动导致的国际税收竞争也在客观上制约了对资本所得征收较高的税负。20世纪80年代末90年代初，北欧国家率先放弃了综合制而采用二元制，即将个人收入所得分为资本所得与劳动所得，对资本所得课以比例的税率，对劳动所得课以累进的税率，而且资本所得的税负相对较轻。二元所得税制与传统的公平观念并无不一致，更关注效率和资本流动带来的压力。[①] 在经济全球化趋势日益明显的今天，从未来中国经济发展所面临的国内外环

---

① 参见本报告第3章的相关内容。

境来看，外部环境的制约也是中国个人所得税改革必须考虑的重要因素。

1.3.4 考虑征管条件的“硬约束”

当前，中国推进个人所得税改革面临的最主要问题是征管条件的制约，具体可以归纳为以下几点：

第一，1994年税制改革以来，中国整个税收征管体系建设主要围绕间接税展开，征管对象主要是企事业单位，即使是个人所得税，由于实行分类税制，征管重点仍然是代扣代缴单位，而不是自然人纳税人。现行的《税收征管法》及其《实施细则》的规定也主要集中于对单位纳税人，缺乏以自然人为征管对象，相对系统完整的法律规定和征管机制安排。

第二，“综合与分类相结合”的个人所得税改革要求税务机关掌握自然人的收入和财产、婚姻及抚养、赡养等信息。目前，社会中大量使用现金交易导致税务机关无法获取纳税人准确的收支信息；同时，与征管有关的信息分散在各个政府部门，如户籍和身份证信息在公安部门、银行账户的收支信息在银行系统、家庭婚姻信息在民政部门、房产信息在房管部门等。仅仅依靠税务部门难以完成上述分散信息的整合工作。而且，个人所得税作为地方税务局征管的税种，税务机关内部的信息也尚未实现联网，无法归集处理纳税人来自全国各地的收入信息。

第三，转向直接面对自然人的征管机制，将面临征管机制改革和信息整合的高昂成本，以及可能由此产生的对政府收入的影响。而且，目前个人所得税是中央与地方共享税，如果实行“综合与分类相结合”的个人所得税改革，势必要以人为单位归集其来自全国各地的收入，在按年度汇算清缴后进行补税和退税，这将涉及中央与地方财力的重新分配。如果没有来自高层的进一步推动，税务机关自身恐怕难以独立承担这一艰巨任务。

毋庸赘言，在过去的十多年中，主要是由于税收征管上难以跨越的障碍，我们并没有在这个方向上取得多少实质性的进展。或许是由于看不到短期出现革命性变化的希望，每当谈到个人所得税由分类制到“综合与分类相结合”的改革，便总会有条件不具备的忧虑和相伴而生的躲闪之举。

进入“十二五”时期，已经数次“搬家”的个税综合制改革，如何有效破题，有效推进改革进程，避免再一次“搬家”至“十三五”时期，将直接考验决策层和财税实际工作部门的智慧。

1.3.5 基于现实国情的“务实”态度

以上所说各项指导思路，如果做一个简单归结，可以说是“从征管现实出发、基于中国特殊国情”而展开的个税改革的“务实”态度。

从国际经验来看，发展中国家以间接税为主体的税制结构有其存在的必然性和合理性，而在调节收入分配的各项政策措施中，尽管个人所得税的作用非常重要，但也应高度重视发挥其他税种和公共支出政策的配合作用。

中国个人所得税改革的最终目标并不是建立美国式的“大综合”模式。虽然也有在改革伊始就直接实施“大综合”式个税改革的先例，但从个人所得税的发展趋势来看，完全意义上的综合制几乎是不存在的，即使是实施最完全意义上的个人所得税综合制的国家，仍然有分类征收的收入项目。

中国未来的个人所得税改革要立足于中国的现实国情，从个税在税收总收入中的地位、它所担负的主要功能以及未来究竟赋予个税何种地位的角度来判定。近期，在现行分类制下进行初步综合，即在现行分类制框架下，加入综合所得的因素，然后逐步过渡到较为完善的“综合与分类相结合”的税制，将是一条较为可行的改革路径。

1.4 个税改革原则与路径选择

1.4.1 改革原则：增量调节为主，渐进式推进

当前，如果将个人所得税改革与税制结构的存量调整联系在一起，期望通过增加个人所得税的收入规模和比重使其在收入分配和扩大内需等方面发挥更大作用，则现阶段以企事业单位纳税人为基础的整个个人所得税征管机制就要发生根本性转变。税务机关必须建立起能够每年处理数千万甚至上亿纳税申报单的征管系统，其初始的固定成本投入巨大，而且这一改革目标很可能要通过提高大部分纳税人的个人所得税负担，降低间接税负担的方式实现。这需要在控制政府收入风险、缓解社会压力和提高税收征管能力等多方面综合协调和权衡。

从西方发达国家个人所得税的演变历程来看，早期的个人所得税具有显著的“富人税”特征，税负主要集中于高收入者，纳税人数有限，实行综合制的征管成本相对较低。

如果下一阶段的个人所得税的综合制改革以税制结构增量调节为基本思路，税负的存量调整仅局限在税种内部，其改革的初始目标可以设定为“富人税”，即在年所得超过 12 万元高收入者自行申报的基础上，对有限数量的纳税人实行综合申报和累进税率。在我国税收征管环境和征管条件约束下，由于控制了纳税人数量，税收征管所需处理的信息有限，征管成本增加相对较少，综合制改革的初始成本将较低。

相较而言，上述后一种增量调节模式更为切合中国的现实国情。走“综合与分类相结合”的个税改革道路，“以分类为主，逐步加入综合因素”（在已有的分类税制的基础上逐步加入综合征收的因素），即在分类计征、源泉扣缴的基础上，首先对年所得超过 12 万元的纳税人的部分收入项目，采取综合计算应纳税所得额的办法，课以相应的综合税率，有利于确保现行税制度的可持续性，也有利于延续现有分类制的总体框架，这对于深化现行个人所得税制度的改革，是至关重要的。

此外，结合现实国情，在中国仍沿袭以单位归属来划分各个群体的前提下，以单位等扣缴义务人为运行基础的分类制征管机制，依托单位，实行应纳税款的代扣代缴制，也有其相应的优势，应予以保持，以逐步向完善的“综合与分类相结合”的课税模式过渡。

1.4.2 个税改革的可行路径选择

在以提高个人所得税的规模和比重，培育未来主体税种为长期目标的前提下，目前，中国的个人所得税改革需要在完善税制和提高征管能力两个方面入手。税制的完善不仅需要综合权衡经济社会发展特定阶段对公平和效率的要求，应对国际税收竞争的压力，更需要与征管能力的相适应。而且，现阶段征管条件的制约是个人所得税改革面临的主要问题，在很大程度上决定了个人所得税改革的进程。

如果暂时抛开所谓理想税制模式的探讨，从征管的角度分析中国个人所得税改革可能的路径，我们认为，纳入综合征收范围收入项目的多少并不是决定改革进程的主要因素，即使是将工资、薪金所得与劳务报酬所得合并征收的“小综合”改革同样需要建立规模庞大的纳税人综合申报平台，初始的固定成本投入不会有显著的减少。自行申报纳税人的数量和信息的可获得性对改革成本的影响更大。

中国个人所得税改革需要解决的主要问题

有两个：一是加强对高收入者的税收征管，重点是提高收入来源多元化的高收入者的税收负担；二是通过调整工资、薪金所得的税率级次和累进程度，实行按年度计税和差别化的费用扣除标准降低中等收入阶层，尤其是工薪阶层的税收负担。在征管条件的约束下，可以通过分阶段的循序渐进改革逐步实现上述两个目标。具体来说，可以分为短期、中期和长期三个阶段：

第一阶段：在分类所得税制框架下，短期可以考虑调整工资、薪金所得的费用扣除标准、税率级次级距，完善工资、薪金所得税负的分布；同时，加强对高收入阶层的税收征管，提高对各种非工资、薪金所得项目的征管能力，为下一步推出“综合与分类相结合”的改革积累经验。

第二阶段：“十二五”期间及未来十年可以设定为初步建立“综合与分类相结合”税制的阶段。基本目标是引入差别化的费用扣除标准，同时以年所得超过12万元高收入者自行纳税申报制度为基础，建立针对高收入阶层的具有综合性质的所得税制度。这一阶段改革的基本思路是在尽可能减少自行纳税申报人数，降低改革初始成本的前提下，推进以高收入阶层为主要对象的综合制改革。

第三阶段：在总结第二阶段改革经验的基础上，逐步增加差别化费用扣除项目，扩大综合申报的人数，根据经济社会发展的要求，进一步完善个人所得税制度，最终确立个人所得税主体税种的地位。

必须强调指出的是，以上所说，大体只是一种过渡时期的方案构想。中国经济的发展具有复杂性，过渡时期所可能具有的种种特殊性应当予以充分考虑。只有在通盘谋划的前提下，关注个税改革措施与其他政策工具的有效协调、配合，才有可能构造出较为完善的“综合与分类相结合”的个税制度。

1.5 小结：“聚光灯”照耀下的个税改革

作为直接税的一个重要税种，我国的个人所得税已走过了30多年的发展历程。在调节收入分配、缩小收入差距的话题成为当前社会热点的时候，个人所得税已经成为广受关注的改革焦点。收入分配问题引发各阶层高度关注，在这一大背景下，探讨个税的进一步改革方向，其重要意义不言而喻。“十二五”时期，中国经济社会发展将进入新的历史发展阶段，完全有必要也有可能抓住新的改革契机，推进个税改革的实施。

（1）推进个税改革，是深化现行税制改革的重要“抓手”与突破口。现行税制自1994年奠定基本的运行框架以来，历经不到20年的发展，一些与当前经济发展形势不相适应的地方，有必要反思并逐步加以改进。目前，个税改革所遭遇的种种困境，其实只是这些问题的一个侧面。

（2）推进个税改革，提高个税在税收总收入的比重，有利于个税作为政策工具发挥更大的作用，更好地调节不同阶层间的收入差距。在我国尚缺乏调节收入分配的有效工具和手段之时，重视个税的调节功能，并将其发挥到最佳状态，值得财税学界和财税实践部门认真总结。

（3）推进个税改革，是培育公民意识的一个良好的试验场。以面对自然人为主要特征的个税征管机制，将逐步改变我国以往的个税征收模式，从而有可能在政府部门与居民之间探索出一条良性沟通的渠道，这对于化解潜在的各种社会问题，都将是有益的探索。同时，改进个税的征收模式，也是密切纳税人与政府公共事务联系的一个重要纽带，是稳定社会的一个重要环节。

主要参考文献

高培勇："个税改革须'双管齐下'"，《人民日报》，2010年6月28日。

高培勇："转变经济发展方式：财税的责任与压力"，《人民日报》，2011年4月11日。

刘佐："艰苦的历程 辉煌的成就：改革开放30年来中国税制改革的简要回顾"，《税务研究》，2008年第10期。

刘佐："新中国个人所得税制的回顾与展望"，《税务研究》，2001年第9期。

吴旭东、陈波：《个人所得税》，辽宁人民出版社1994年版。

夏国祥：《近代中国税制改革思想研究：1900－1949》，上海财经大学出版社2006年版。

项怀诚等：《个人所得税调节谁》，经济科学出版社1998年版。

岳树民、卢艺："我国个人所得税免征额界定的比较分析"，《税务与经济》，2009年第5期。

张斌："个人所得税改革的目标定位与征管约束"，《税务研究》，2010年第9期。

郑幼峰：《美国联邦所得税变迁研究》，中国财政经济出版社2006年版。

2

中国个人所得税的现状与问题

- 中国个人所得税征管制度是随着中国个人所得税制度的建立与发展而形成的，在分类所得税制下，个人所得税征管制度明显具有分类计税的特色
- 尽管强调代扣代缴与自行纳税申报相结合的双向申报制度，但在实践上，还是以代扣代缴为主要征管方式
- 中国个人所得税制度的改革目标是建立“综合与分类相结合”的所得税制度，但现行的建立在对货物和劳务课税基础上的、以企业或单位为重点纳税人的税收征管机制，难以适应个人所得税进一步改革的要求

Current Situation and Problems of China's Personal Income Tax

- China's personal income tax administration system has being evolving with the establishment and development of China's personal income tax system. The significant characteristic of personal income tax administration system is taxing by classification due to schedular personal income tax system
- Although dual reporting system formed by withholding at source and self-declaration of personal income tax is emphasized, in practice, the personal income tax administration is dominated by withholding at source
- The target of China's personal income tax reform is to establish the combined personal income tax system. But, current tax administration, which is based on tax on goods and services and takes the enterprise or unit as key taxpayer, could impede to further reform the personal income tax

2. 中国个人所得税的现状与问题

经过30多年的发展，中国个人所得税已成为现行税制体系中可担负调节收入分配功能的一个重要税种。随着中国经济社会发展进入新的历史时期，收入分配问题日益成为社会各界关注的焦点，而目前中国个人所得税实行的分类税制，制约了个人所得税调节功能的发挥。"十二五"时期，是个人所得税制度进一步发展完善的关键阶段，迫切需要在现行分类税制的基础上，引入综合制的因素，推进"综合与分类相结合"的改革。与此相适应，个人所得税的征管制度也必须做出相应调整，以保证综合制改革的顺利推进。

2.1 中国个人所得税制度的演进

我国的个人所得税制度正式始于1980年，[①] 从那时起至今，个人所得税制度大体经历了两大阶段。第一个阶段是从改革开放后的1980年到1993年，这个阶段个人所得税是区分纳税人的性质分别制定所得税法（条例等），不同的纳税人适用不同的税法（条例等）；第二个阶段是从税制改革的1994年至今，这个阶段是对所有的纳税人适用统一的个人所得税法，实行统一分类征收模式。

我国个人所得税征管制度是随着我国个人所得税制度的建立与发展而形成的，或者说，由于我国个人所得税制度主要采用分类税制，因此，个人所得税征管制度的发展明显带有分类税制下的特色，并与之相辅相成。

① 新中国个人所得税的雏形可追溯到1950年政务院颁布的《全国税政实施要则》，其中规定了薪给报酬所得税和利息所得税，但当时前者并未开征，后者于1959年停征。因此，从1960年到1980年的21年间，我国没有个人所得税。

2.1.1 第一阶段：分散的个人所得税制度

在这个阶段，我国个人所得税制度基本上由三部分构成，区分不同的纳税人分别适用《中华人民共和国个人所得税法》、《中华人民共和国个人收入调节税暂行条例》和《中华人民共和国城乡个体工商业户所得税暂行条例》。

我国实行改革开放之初，随着对外经济交往的不断扩大，在华取得收入的外籍人员日益增多，为了维护国家的税收利益，1980 年 9 月五届全国人大三次会议通过《中华人民共和国个人所得税法》，对在中国境内居住满 1 年，从中国境内、境外取得所得的个人和不在中国境内居住或者在中国境内居住不满 1 年，从中国境内取得所得的个人征收个人所得税。《中华人民共和国个人所得税法》将个人所得项目分为工资、薪金所得，劳务报酬所得，特许权使用费所得，利息、股息和红利所得，财产租赁所得和经财政部确定征税的其他所得，实行代扣代缴与自行纳税申报相结合的双向申报制度。

随着改革开放和经济体制改革的深入，人民群众的收入水平有了显著提高，为了防止社会成员之间收入水平差距过大，1986 年 9 月国务院颁布了《中华人民共和国个人收入调节税暂行条例》，规定从 1987 年 1 月 1 日起对中国公民开征个人收入调节税，缴纳个人收入调节税的纳税人不再缴纳个人所得税。由于个人收入调节税的费用扣除标准低，所以个人所得税的纳税人自 1987 年 1 月 1 日起仅限于外籍人员。个人收入调节税的征税对象为纳税人的工资、薪金收入，承包、转包收入，劳务报酬收入，财产租赁收入，专利权的转让、专利实施许可和非专利技术的提供、转让取得的收入，投稿、翻译取得的收入，利息、股息、红利收入和经财政部确定征税的其他收入。个人收入调节税也是采取分类征管模式，实行代扣代缴与自行纳税申报相结合的双向申报制度。

此外，为了促进个体经济的健康发展，1986 年 1 月国务院颁布了《中华人民共和国城乡个体工商业户所得税暂行条例》，对从事工业、商业、服务业、建筑安装业、交通运输业以及其他行业，经工商行政管理部门批准开业的城乡个体工商业户，就其每一纳税年度的收入总额，减除成本、费用、工资、损失以及国家允许在所得税前列支的税金后的余额，开征城乡个体工商业户所得税，并采取类似企业所得税的征管模式，按年计算，分月或分季预缴，年终汇算清缴，多退少补。

由此可见，在这一阶段，即从 1980 年到 1993 年，我国个人所得税实际上存在着 3 种系列：对外籍人士征收的个人所得税、对中国公民征收的个人收入调节税和对城乡个体工商业户征收的城乡个体工商业户所得税。这 3 种系列的个人所得税，适用于不同的法律法规，并采取不同的征管模式，相互间不存在交叉。

2.1.2 第二阶段：统一的分类个人所得税制度

为了深化社会主义市场经济体制改革，建立适应市场经济体制需要的税制框架，也为了统一、规范与进一步完善个人所得税，1993 年 10 月八届全国人大常务委员会第四次会议通过《关于修改〈中华人民共和国个人所得税法〉的决定》，把个人所得税、个人收入调节税与城乡个体工商业户所得税的法律法规在进行修改完善的基础上，合并为新的《中华人民共和国个人所得税法》，实现了“三法合一”，并于 1994 年 1 月 1 日起施行。

在这个阶段，不再区分纳税人，而是对境内外纳税人实行同等待遇，统一征收个人所得税。征税对象包括工资、薪金所得，个体工商户的生产、经营所得，对企事业单位的承包经营、承租经营所得，劳务报酬所得，稿酬所得，特许权使用费所得，利息、股息、红利所得，财产租赁所得，财产转让所得，偶然所得和经国务院财政部门确定征税的其他所得。对不同的所得项目采用不同的税前扣除标准和适用不同的税率等级，仍然采取的是分类征管模式，实行代扣代缴与自行纳税申报相结合的双向申报制度。

在此之后，为适应社会经济形势的需要，全国人大常委会于 1999 年 8 月、2005 年 10 月、2007 年 6 月和 2007 年 12 月，分别对《中华人民共和国个人所得税法》进行了第二次、第三次、第四次和第五次修正。其中，第二次修正对 1999 年 11 月 1 日后孳生的储蓄存款利息所得征收 20% 的个人所得税；[①] 第三次修正决定自 2006 年 1 月 1 日起将个人所得税工资、薪金所得减除费用标准由以前的 800 元/月上调到 1 600 元/月；第四次修正规定"对储蓄存款利息所得开征、减征、停征个人所得税及其具体办法由国务院规定"；[②] 第五次修正决定从 2008 年 3 月 1 日起，个人所得税工资、薪金所得减除费用标准由 1 600 元/月提高到 2 000元/月。

纵观这几次修正，基本上是在 1993 年《中华人民共和国个人所得税法》第一次修正的框架内进行的。个人所得税制度的基本内容没有发生实质性变化，与之相适应的征管模式也依然没有特别显著的变化，还是沿袭了既有的征管模式，采取分类征管模式，实行代扣代缴与自行纳税申报相结合的双向申报制度。只不过，这是在统一的《中华人民共和国个人所得税法》规范下进行的。[③]

2.2 中国个人所得税的现状

2010 年，中国个人所得税收入为4 837.17 亿元，同比增长 22.5%，个人所得税收入占税收总收入的比重为 6.61%，占 GDP 的比重为 1.16%。虽然个人所得税收入占税收收入的比重不高，但增长迅速，是一个十分有潜力的税种。在所得税制模式上，目前中国采用的是分类所得税制，在这种制度下，尽管强调代扣代缴与自行纳税申报相结合的双向申报制度，但从实践上看，还是以代扣代缴为主要征管方式。

2.2.1 个人所得税收入增长较快

自从 1994 年中国全面实行个人所得税以来，其收入规模逐年递增。尤其是进入 2000 年以来，个人所得税收入规模随着个人收入水平的提高而呈显著增长趋势。2002 年个人所得税收入突破千亿，达 1 211.78 亿元；2005 年上升到 2 094.91 亿元；2007 年增长到 3 185.58亿元；2010 年更是达到 4 837.17 亿元的水平。(参见图 2－1)

1994 年中国个人所得税收入仅为 72.70 亿元，1995 年才过百亿元（为 131.50 亿元）；从百亿元到千亿元，用了 7 年时间；而从 1 000亿元增长到 2 000 亿元用了 3 年时间；从 2 000 亿元增长到 3 000 亿元用了 2 年时间；从 3 000 亿元增长到 4 000 亿元用了 3 年时间。可以预期，2011 年个人所得税收入很容易就能突破 5 000 亿元大关。2000 年到2010 年，从个人所得税收入与财政收入、税收收入比较来看，其增速有 7 年时间超过财政收入增速，有 6 年时间超过税收收入增速。(参见图 2－2)

---

① 但对个人取得的教育储蓄存款利息所得以及国务院财政部门确定的其他专项储蓄存款或者储蓄性专项基金存款的利息所得免征个人所得税。

② 随后国务院决定，对储蓄存款利息所得在 2007 年 8 月 15 日后按照 5% 的比例税率征收个人所得税。以后又规定 2008 年 10 月 9 日（含）后孳生的利息所得，暂免征收个人所得税。

③ 《中华人民共和国个人所得税法》即将面临第六次修正，如何修正以及对既有的征管模式有何影响，我们将拭目以待。

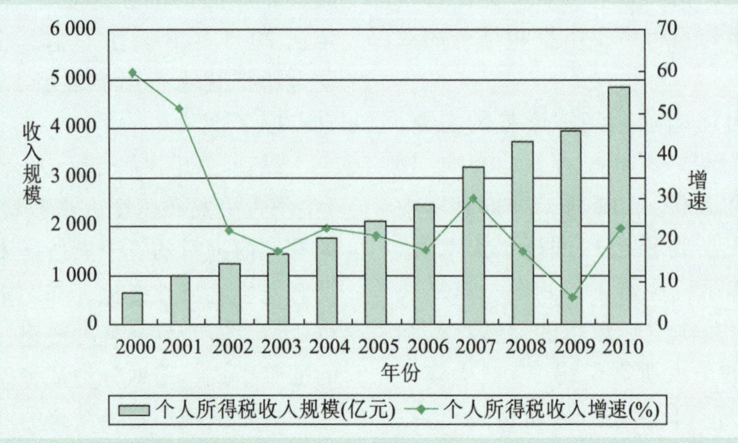

图 2－1 2000～2010 年个人所得税收入规模及其增长速度

资料来源：根据《中国统计年鉴 2010》及《2010 年国民经济和社会发展统计公报》有关数据整理计算。

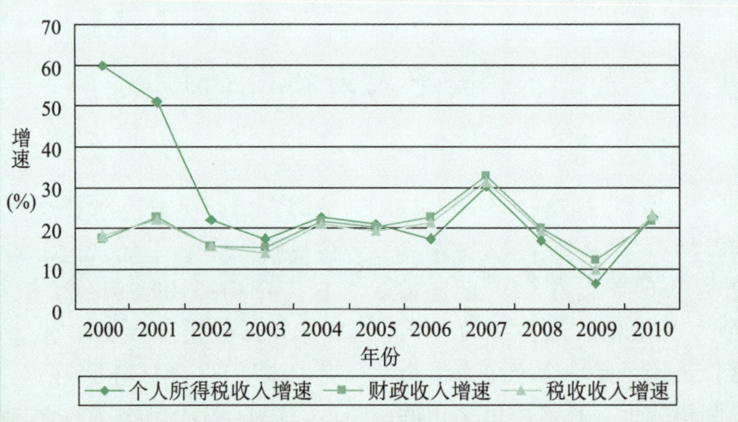

图 2－2 2000～2010 年财政收入、税收收入及个人所得税收入增速比较

资料来源：根据《中国统计年鉴 2010》及《2010 年税收收入增长的结构性分析》有关数据整理计算。

上述分析表明，个人所得税收入近些年增长迅速，是一个相当有潜力的税种。这种趋势的意义在于：一方面个人所得税征管应受到越来越高度的重视；另一方面，也为个人所得税的进一步完善，即从分类所得税制模式向“综合与分类相结合”个人所得税制度模式转型创造了条件。

2.2.2 个人所得税制度模式的选择：分类所得税制

在个人所得税制度模式上，存在三种模式，即综合所得税制、分类所得税制、“综合与分类相结合”所得税制（也称混合所得税制），① 目前中国采取的是分类所得税制模式。

在分类所得税制下，纳税人的各种来源所得，按其性质，适用不同的税制规定，采用不同的费用扣除标准和税率等，分别课征个人所得税。也就是说，纳税人的全部应税所得以各自独立的方式纳税，互不联系贯通。

分类所得税制按所得类别分别制定扣除项

① 有关这三类所得税制的情况参见本报告第 3 章的相关内容。

目，实行累进税率与比例税率相结合。由于对不同的所得项目实施分类计征，不需要以人为单位归集计算综合收入，因此分类所得税制无法对收入来源多元化的高收入阶层的收入进行有效调节，也无法以家庭为单位引入差别化的费用扣除项目，其调节收入分配的功能受到较多限制。

在征管中，分类所得税制通常以支付方为主要征管对象，实施代扣代缴制度。这种征管模式，使得税务机关不必直接面对纳税人就可将税款征收上来，减少了纳税人与税务机关的直接利益冲突，满足了税务机关筹集税收收入、节约征管费用、保持征管效率的需要，因此分类所得税制在征管上具有一定优势。但是，这种模式对有支付方的连续稳定收入来源的所得项目（如工资薪金所得、储蓄存款利息所得）的征收具有优势，而对于无明确支付方的所得项目征管相对薄弱。对所得来源多、收入分散的人来讲，容易导致避税、逃税现象，造成税收流失，较难以完整全面地反映纳税人的实际纳税能力。

中国个人所得税实行分类所得税制。纳税人包括居民纳税义务人和非居民纳税义务人，① 应税所得采取正列举方式，分为11项，具体包括工资、薪金所得，个体工商户的生产、经营所得，对企事业单位的承包经营、承租经营所得，劳务报酬所得，稿酬所得，特许权使用费所得，利息、股息、红利所得，财产租赁所得，财产转让所得，偶然所得，经国务院财政部门确定征税的其他所得等。

在税率上，实行超额累进税率和比例税率两种形式，对工资、薪金所得适用5%～45%的九级超额累进税率；个体工商户的生产、经营所得，对企事业单位的承包（承租）经营所得，个人独资企业和合伙企业投资者的生产经营所得，适用5%～35%的五级超额累进税率；稿酬所得，劳务报酬所得，特许权使用费所得，利息、股息、红利所得，财产租赁所得，财产转让所得，偶然所得和其他所得等均适用20%的比例税率。

在费用扣除上，实行定额扣除和定率扣除两种方法，比较简明易行，但扣除标准较低，对于一些情况比较特殊的家庭难以完全兼顾。为了鼓励特定纳税人或照顾部分特殊人群，《个人所得税法》及相关法规规定了若干个人所得税减免税政策。②

在征管方式上，实行代扣代缴和纳税人自行纳税申报两种方式。对工资、薪金，劳务报酬，稿酬，利息、股息、红利等各项所得，一般由支付所得的单位和个人代扣代缴个人所得税。但对于年所得12万元以上的，从中国境内两处或者两处以上取得工资、薪金所得，从中国境外取得所得以及取得应税所得没有扣缴义务人等情形的纳税义务人，则要求其到主管税务机关办理纳税申报。

2.2.3 代扣代缴是主要征管方式

个人所得税征纳双方存在着明显的信息不对称，因此，如何加强对个人所得税的征管，是各国征管实践中普遍遇到的难题。其中，在征管中实行源泉扣缴制度，由支付方代扣代缴税款是许多国家普遍采用的基本征管措施。代扣代缴制度不仅适用于分类所得项目的计征，即使在实行综合所得税制的国家，对年终纳入综合计征范围的所得项目也通常要求支付方进行预扣预缴，再按照综合所得税率进行汇算清缴。

而中国现行的分类所得税制不要求年终以

---

① 居民纳税义务人是指在中国境内有住所，或者无住所而在境内居住满1年的个人，其从中国境内和境外取得的所得，均应依法缴纳个人所得税；非居民纳税义务人是指在中国境内无住所又不居住或者无住所而在境内居住不满1年的个人，其从中国境内取得的所得，应依法缴纳个人所得税。

② 如省级政府、国务院各部委和军级以上单位以及外国组织和国际组织颁发的科学、教育、文化等方面的奖金，国债利息等；单位和个人按规定缴纳的住房公积金、基本养老保险费、基本医疗保险费、失业保险费，个人转让自用5年以上、并且是唯一的家庭生活用房取得的所得，城镇居民按照国家规定标准取得的拆迁补偿款，经国务院财政部门批准免税的其他所得等。

人为单位对收入进行归集，因此代扣代缴制度更为重要，在个人所得税征管中发挥着基础性的作用。

《中华人民共和国个人所得税法》及其《实施条例》、《中华人民共和国税收征收管理法》及其《实施细则》都非常重视个人所得税的代扣代缴，规定个人所得税以支付所得的单位或者个人为扣缴义务人，实行代扣代缴。为了鼓励扣缴义务人的扣缴行为，还规定了对扣缴义务人按照所扣缴的税款，付给2%的手续费。

为加强个人所得税的征管，完善代扣代缴制度，国家税务总局于1995年4月颁布了《个人所得税代扣代缴暂行办法》（国税发［1995］65号），规定“凡支付个人应纳税所得的企业（公司）、事业单位、机关、社团组织、军队、驻华机构、个体户等单位或者个人，为个人所得税的扣缴义务人”，进一步明确“按照税法规定代扣代缴个人所得税是扣缴义务人的法定义务，必须依法履行”，除了“个体工商户的生产、经营所得”外，其他10类所得，扣缴义务人在向个人支付①应税所得时，“不论纳税人是否属于本单位人员，均应代扣代缴其应纳的个人所得税税款”。

从近年来个人所得税分项目收入看，工薪所得项目个人所得税收入占个人所得税总收入的比重在50%以上，工薪阶层作为社会的主要群体，构成了个人所得税的最大税源。鉴于工薪项目所得一般采取代扣代缴方式缴纳个人所得税，考虑到其他项目所得（如股息、利息、红利所得，劳务报酬所得等）也实行代扣代缴，因此，通过代扣代缴方式征收的个人所得税收入，在整个个人所得税收入中占有主导地位。

从发达国家个人所得税的征管实践看，代扣代缴也是征管制度的重要组成部分，但由于实行全部或部分收入项目的综合计征，因此代扣代缴更多地是自行申报制度的补充或辅助措施。相比较而言，中国个人所得税的代扣代缴更多地与分类所得税制模式相适应，是最重要的基本征管制度；而在分类所得税制下的代扣代缴，由于各类所得扣缴标准不一，扣缴义务人或税务机关又不能及时将扣缴税款情况通报纳税人，不仅使纳税人难以知道个人到底缴纳了多少税款，也让近些年推行的自行纳税申报发挥不了应有的效果。

2.2.4 自行纳税申报是辅助征管方式

其实即便是在分类所得税制下，对于没有代扣代缴义务人的所得项目，也必须辅之以自行纳税申报。但是直到2006年，关于年所得12万元以上的纳税义务人必须进行纳税申报的规定的出台，自行纳税申报制度才真正进入公众的视野。

自行纳税申报的由来

早在1993年10月，《中华人民共和国个人所得税法》第一次修改时，在明确纳税人、扣缴义务人的纳税申报义务的同时，也对自行申报进行了明确相关规定。1994年1月，国务院颁布的《中华人民共和国个人所得税法实施条例》（国务院令第142号）中，对自行申报地点作了进一步明确。

1995年4月，国家税务总局颁布了《个人所得税自行申报纳税暂行办法》（国税发［1995］第77号），② 就规定有五种情形必须向税务机关申报所得并缴纳税款。③ 2001年6月，国家税务总局发布《关于进一步加强对高收入者个人所得税征收管理的通知》（国税发［2001］第57号），提出“要扩大纳税人自行申报收入的试点，对年收入达到一定标准的纳

---

① 支付包括现金支付、汇拨支付、转账支付和以有价证券、实物以及其他形式的支付。

② 此文件从2007年1月1日起废止。

③ 这五种情形分别是：（1）从两处或两处以上取得工资、薪金所得的；（2）取得应纳税所得，没有扣缴义务人的；（3）分笔取得属于一次劳务报酬所得、稿酬所得、特许权使用费所得、财产租赁所得的；（4）取得应纳税所得，扣缴义务人未按规定扣缴税款的；（5）税收主管部门规定必须自行申报纳税的。

税人，应要求其在年度结束后3个月内向主管税务机关申报全年收入和缴纳个人所得税的情况；须申报的具体收入标准，由各省级税务机关根据当地经济发展程度、个人收入水平和税务机关的监控能力确定”。2005年7月，为了进一步加强和规范税务机关对个人所得税的征收管理，国家税务总局在印发的《个人所得税管理办法》（国税发［2005］第120号）中进一步明确规定，“对税法及其实施条例，以及相关法律、法规规定纳税人必须自行申报的，税务机关应要求其自行向主管税务机关进行纳税申报”。

2005年10月《中华人民共和国个人所得税法》第三次修订时，第八条扩大了纳税人自行纳税申报的范围，规定“个人所得超过国务院规定数额的，在两处以上取得工资、薪金所得或者没有扣缴义务人的，以及具有国务院规定的其他情形的，纳税义务人应当按照国家规定办理纳税申报”。2005年12月《中华人民共和国个人所得税法实施条例》进行了修订，其中第三十六条明确了纳税人应当按照规定到主管税务机关办理纳税申报的情况，对于年所得12万元以上的纳税义务人，规定“在年度终了后3个月内到主管税务机关办理纳税申报”；另外，《实施条例》规定，“纳税义务人办理纳税申报的地点以及其他有关事项的管理办法，由国务院税务主管部门制定”。根据上述规定的精神，国家税务总局按照“方便纳税人、调节高收入、便于税收征管、突出管理重点”的原则，于2006年11月印发了《个人所得税自行纳税申报办法（试行）》（国税发［2006］第162号），对个人所得税自行纳税申报作了具体详实的规定，由此全面铺开了中国个人所得税的自行纳税申报工作。

此外，《中华人民共和国税收征收管理法》也对自行纳税申报作了相应规定。1993年该法颁布时，就明确指出税务机关应当建立、健全纳税人自行申报纳税制度。2001年该法修订时，规定纳税人可以直接到税务机关办理纳税申报。2002年9月修订后的《中华人民共和国税收征管法实施细则》（国务院令［2002］第362号）进一步指出，税务机关应当建立健全纳税人自行申报纳税制度。

可见，个人所得税自行纳税申报并非是一种制度创新，它是随着中国个人所得税制度的建立与完善而逐步发展起来的。但要指出的是，2006年开始实施的年所得12万元以上纳税人要进行纳税申报的规定具有重要意义，如果说“从中国境内两处或者两处以上取得工资、薪金所得”，“从中国境外取得所得”，“取得应纳税所得，没有扣缴义务人的”这三项规定只是对分类税制下代扣代缴制度的必要补充，那么年所得12万元以上纳税人要进行自行申报的规定则不仅着眼于现行分类税制框架，而且可以视为未来实行“综合与分类相结合”的个人所得税改革的重要征管基础。

自行纳税申报的主要特点

第一，是在分类所得税制的基础上“嫁接”综合申报制。自行纳税申报，尤其是12万元以上纳税义务人的自行纳税申报，是在不改变分类所得税制的基础之上，附加了一道程序—让纳税人按照综合所得税制的口径，将各类应纳的收入合并计算，并由纳税人于年末自行向税务部门办理个人所得税纳税申报。由此，决定了这次实施的个人所得税自行申报的一个本质特征就是在分类所得税制的基础上“嫁接”综合申报制。（高培勇，2007）

第二，自行纳税申报是对代扣代缴申报的补充。尽管个人所得税法律法规规定了纳税申报有代扣代缴申报与自行纳税申报两种形式，但一直以来因缺乏有针对性的管理措施，自行纳税申报更多地是有名无实。直到《个人所得税自行纳税申报办法（试行）》出台后，这种方式才具有了一定的可操作性。但是，由于分类税制下年所得超过12万元纳税人的自行申报仅仅限于申报而并未以申报为基础实施综合计征，因此现行的自行纳税申报只是对代扣代缴申报的补充，仅具有税收征管的意义。

第三，自行纳税申报是一种双向申报，这

种方式并不意味着削弱或取消原有的代扣代缴方式，有代扣代缴义务的单位仍然需要按规定进行个人所得税的申报。一方面，代扣代缴义务人要进行源泉扣缴申报；另一方面，符合条件的纳税义务人要自行进行纳税申报。也就是说，即使扣缴义务人已经代扣代缴了个人所得税并进行扣缴申报，也不能免除符合条件的相关纳税义务人自行纳税申报的义务。这两种申报方式互不代替，而是相互配合使用。

第四，自行纳税申报并非仅针对于年所得12万元以上的纳税义务人。按照《个人所得税自行纳税申报办法（试行）》的规定，年所得未达12万元，但有下列情形之一的也需要办理纳税申报，这些情形包括：①从中国境内两处或者两处以上取得工资、薪金所得的；②从中国境外取得所得的；③取得应纳税所得，没有扣缴义务人的；④国务院规定的其他情形。

第五，自行纳税申报的范围不仅是工资、薪金所得，而是包括《中华人民共和国个人所得税法》规定的11个应税项目，也就是：①工资、薪金所得；②个体工商户的生产、经营所得；③对企事业单位的承包经营、承租经营所得；④劳务报酬所得；⑤稿酬所得；⑥特许权使用费所得；⑦利息、股息、红利所得；⑧财产租赁所得；⑨财产转让所得；⑩偶然所得；⑪经国务院财政部门确定征税的其他所得。

第六，较多强调纳税人的义务。当前关于纳税人自行纳税申报的法律法规，从申报期限、申报内容到法律责任等，大都是从侧重于纳税义务人的义务方面做出规定的。对于诸如申报后能否撤销、修改，如何享受减免税待遇，如何退税等，简而言之，关于纳税人在自行纳税申报中享有怎样的权利，个人所得税的相关法律法规中要么没有，要么含糊不清并无较为明确的规定，着重强调的却是税务机关的职权与纳税人的义务，这使得纳税人在自行纳税申报中担负的义务与享有的权利不对等。

自行纳税申报的实施效果

2006年11月颁布的《个人所得税自行纳税申报办法（试行）》标志着中国正式启动了对高收入群体的个人所得税自行纳税申报制度。

（1）2006年度。

截至2007年4月2日自行纳税申报期结束，全国各地税务机关共受理2006年度自行纳税申报人数1 628 706人，申报年所得总额5 150.41亿元，已缴税额790.84亿元，补缴税额19.05亿元，人均申报年所得额316 227元，人均缴税额49 733元。

从地区构成看，北京、上海、广东、江苏、浙江、山东、福建、天津、深圳、宁波、青岛、厦门等省市申报人数占总申报人数的81%、申报年所得额的84%、申报税额的85%。从行业构成看，主要集中在银行、保险、证券、烟草、电力、电信、石油、石化、航空、房地产、制造业、医院、高校等较高收入行业。从人员构成看，主要是收入较高行业和单位的管理人员及职工、个人投资者、私营企业主、个体工商户、部分文体工作者、中介机构从业人员、外籍人员等。从所得项目构成看，主要是工资薪金所得、利息股息红利所得、个体工商户的生产经营所得、财产转让所得、劳务报酬所得，这五个项目的申报人数占总申报人数的89%。①

（2）2007年度。

全国各地税务机关共受理自行纳税申报人数2 126 786人，比2006年增加498 080人，增长30.58%；申报年所得总额7 735亿元，人均申报年所得额36.4万元；已缴税额1 057亿元，应补税额21亿元，人均缴税额5.1万元，申报已缴税额占2007年全国个人所得税收入3 186亿元的33.18%。

---

① “国家税务总局举办新闻发布会　介绍近期热点问题”，北京地方税务局网站（http://shiju.tax861.gov.cn/wenzi/wenzi.asp?more_id=1132163），2007年4月26日。

从地区分布来看，全国各省市受理自行纳税申报人数均比2006年有所增加，其中，申报人数超过5万人的有10个省市，超过10万人的有6个省市，超过20万人的有4个省市。北京、上海、江苏、广东、浙江、深圳、山东、湖南、四川、福建、天津、宁波、青岛、厦门等14省市申报人数占全国总申报人数的82.33%，其合计年所得额和已缴税额分别占全国的82.11%和82.56%。①

（3）2008年度。

2008年年所得12万元以上纳税人自行申报的人数约为240万人，占全国个人所得税纳税人数的约3%，而缴纳的税额为1 276亿元，占全国个人所得税总收入的34%，自行申报人员多集中在电力、金融、石油、电信等部门和公司股东、企事业高管等职业。②

（4）2009年度。

截至2010年3月31日申报期结束，全国共有2 689 150人到税务机关办理2009年度个人所得税自行纳税申报，与2008年同期相比，申报人数增加287 573人，增长12%。

申报已缴税额1 384亿元，比2008年增加108亿元，增长8.46%。申报应补税额16.42亿元，申报应退税额0.53亿元。申报缴税额占2009年度个人所得税收入总额的35.05%。纳税人人均申报年所得额34.78万元，人均申报应纳税额5.24万元。

纵观近四年的自行纳税申报数据，可以发现：年所得12万元以上纳税人每年缴纳税款占个人所得税当年收入的1/3左右，而且这个比例在逐年上升；每年缴纳税款增量占当年个人所得税收入增收额的40%以上；人均应纳税额在5万元以上。③ 有关情况见表2－1。

表2－1　2006～2009年自行纳税申报情况一览表

年度	个人所得税总收入（亿元）	自行纳税申报人数（万人）	自行纳税申报纳税人已缴纳税款（亿元）	申报缴税额占个人所得税收入的比重（%）
2006	2 454	163	791	32
2007	3 186	213	1 057	33
2008	3 722	240	1 276	34
2009	3 949	269	1 384	35

资料来源：根据《中国统计年鉴2010》和有关新闻报道整理计算。

自行纳税申报的意义

从2007年开始实行的自行纳税申报，尤其是年所得12万元以上的纳税人必须自行纳税申报的制度，一定程度上有助于个人所得税发挥其调节收入分配的职能，有利于构建和谐社会。具体到个人所得税制度建设而言，它的积极意义在于：

第一，为个人所得税制度从分类所得税制模式向“综合与分类相结合”所得税制模式转型作了“预演”。中国目前个人所得税制度

① “2007年度年所得12万元以上个人自行纳税申报工作概述”，国家税务总局网站（http：//www.chinatax.gov.cn/n8136506/n8136548/n8136623/8278863.html），2008年4月18日。

② 财政部个人所得税课题研究组：“我国个人所得税基本情况”，新华网（http：//news.xinhuanet.com/fortune/2009－06/18/content_11558168.htm），2009年6月18日。

③ “2009年度税务总局就加强高收入者个税征管等问题答记者问”，中央政府门户网站（http：//www.gov.cn/gzdt/2010－05/19/content_1609449.htm），2010年5月19日。

采行分类所得税制模式，“十二五”规划明确提出“逐步建立健全综合与分类相结合的个人所得税制度”，可见，向“综合与分类相结合”所得税制模式转型为下一步中国个人所得税制度改革的方向。在这种新的税制模式下，自行纳税申报将成为普遍形式，并与代扣代缴同等重要，共同成为个人所得税征管的主要内容。

尽管当前实行的自行纳税申报，是“嫁接”在分类所得税制的基础之上的，因而存在这样或那样的不足，但是，无论是对纳税人还是对税务机关而言，都不同程度上接受了自行纳税申报这个概念，也依照相关规定按期及时自行纳税申报、受理这种申报。通过这几年的自行纳税申报实践，对各方来说都积累了相关的经验，也知道其中存在的问题，这为以后向“综合与分类相结合”个人所得税制度模式顺利转型提供了一个“场景模拟”，并奠定了条件。

第二，为税务机关加强个人所得税征管提供了方向。在中国现行税制中，就单个税种的财政贡献来讲，增值税、营业税等间接税占主体；就纳税人来看，是企业或单位纳税人占多数。这种税收及其纳税人的分布状态，决定了当前中国税务机关的征管机制主要服务于间接税与企业或单位纳税人，其最大特点是便于征管。个人所得税属于直接税，其纳税人是差别万千的自然人，其所得来源多种多样，这对税务机关如何强化其直接税征管力度带来了挑战。

个人所得税实行自行纳税申报，给税收征管水平的提高提供了另一条重要渠道。代扣代缴固然重要，但信息来源较为单一，税务机关若是只依靠扣缴义务人的扣缴申报，可能会造成与纳税人的实际收入存在偏离的情况；而实行自行纳税申报，无疑是又增加了一条核实纳税人收入信息的渠道，从而实现两类申报信息的交叉比较、互为证据。可以这样认为，个人所得税征管的基础就在于涉税信息。然而，两类申报信息的汇总、整理与分析以及随之而来的税源监控，对常年习惯于间接税征管的税务机关形成严峻考验。进一步推进个人所得税改革，必然要求税务机关加快从既有的间接税征管机制向直接税征管机制转型，而当前的自行纳税申报则为这种转型提供了“操练场”。

第三，为纳税人培养依法纳税意识创造了条件。在 2005 年《个人所得税法》修订后，明确规定“个人所得超过国务院规定数额的”要进行纳税申报之前，个人所得税的征管主要依靠扣缴义务人的代扣代缴。绝大部分纳税人不是通过本人而是经由扣缴义务人的扣缴申报来被动地向税务机关进行纳税申报，很多纳税人很难知道自己哪些所得要纳税、要纳多少税、该如何纳税。当前关于不履行自行纳税申报义务的要承担相关法律责任的规定，促使了高收入的纳税人要主动地履行自行纳税申报义务，从被动纳税申报到主动纳税申报，并以相应的法律处罚为后盾，促进了纳税人纳税遵从度的提高，有助于培养其主动纳税意识。这种主动纳税意识，虽然对年所得 12 万元以上的这部分纳税人群体有直接影响，但也间接影响到所有其他纳税人，这种纳税意识潜移默化的培养不仅有利于面向直接税的新型征管机制的构建，更是为“综合与分类相结合”个人所得税改革奠定了良好的基础。

2.3 中国个人所得税面临的问题

从“九五”计划到“十五”计划，到“十一五”规划，再到当前的“十二五”规划，都提出建立或实行“综合与分类相结合”的个人所得税制度。然而，时至今日，我国的个人所得税制度依旧是在分类所得税制的框架下运行。一些改革举措，如提高费用扣除标准、加大对高收入阶层的征管力度、年所得12万元以上的纳税人须自行纳税申报等，都只是对这一框架的修修补补，而难以成为迈向“综合与分类相结合”的个人所得税制度的实质性进展。

2.3.1 个人所得税收入整体规模偏小

从个人所得税在我国税收体系中的地位来看，如图2-3所示，其离主体税种的地位还有不小的距离。

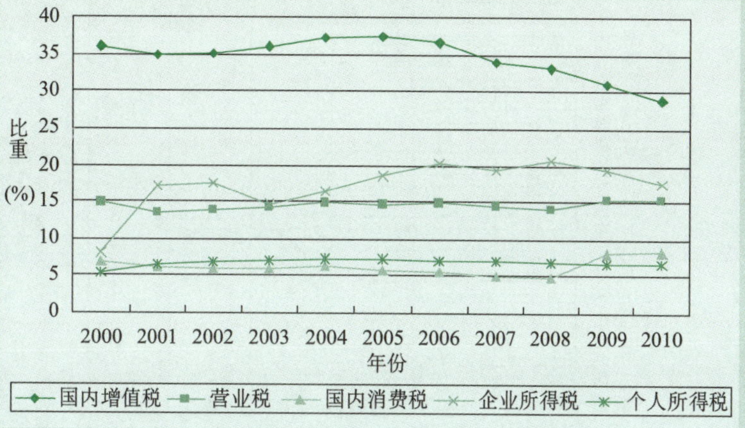

图2-3 2000~2010年主要税种收入占税收收入的比重

资料来源：根据《中国统计年鉴2010》及《2010年税收收入增长的结构性分析》有关数据整理计算。

从图2-3中可以看出，2000年以来，国内增值税、营业税、国内消费税、企业所得税与个人所得税这几项税收，合起来占到了整个税收收入的70%~80%左右。其中：国内增值税收入虽呈下降趋势，但依然是中国第一大税种，占比在30%左右；企业所得税增长较快，是近年来的第二大税种，占比约为18%；营业税近几年趋增，其规模仅次于企业所得税；个人所得税的地位与国内消费税相当。① 因此，总体而言，个人所得税目前尚属“小”税种，2010年，其收入仅占税收收入6.61%，排到了国内消费税的后面。

从地方层面上看，如图2-4所示，2009年全国各地个人所得税收入合计占各地税收收入的比重约为6.1%，以此作为标准来衡量，当年超过这个数值的地区为上海（9.7%）、北京（9.3%）、广东（7.6%）、贵州（6.8%）、新疆（6.7%）、浙江（6.3%）、福建（6.1%）。以上数据说明，个人所得税收入占比相对较高的多为东部沿海经济发达地区。据有关资料显示，2010年，上海、北京、江苏、广东和浙江五省（市）的个税收入约占全国个税收入的50%。② 尽管如此，个人所得税在各地也属于“小”税种，即便与企业所得税加起来，还是难以撼动由国内增值税、营业税为主构成的间接税的主体地位。

根据上面的分析，我国个人所得税收入近些年虽然增长迅速，未来也是一个很有潜力的税种，但就目前而言，其占税收收入的比重，无论是从整个国家层面，还是从地方层面，都是一个“小”税种，其收入贡献度远不如增值税、营业税、企业所得税等。在这种情况下，考虑到税务机关一般总是首先从收入贡献

---

① 即便将海关代征的进口环节增值税和消费税考虑进去，从近几年看，增值税、企业所得税、营业税、消费税与个人所得税在整个税收收入中的格局也不会发生变化。

② 马晖：“中产税赋之问：东部5省市个税占全国50%”，《21世纪经济报道》，2011年4月26日。

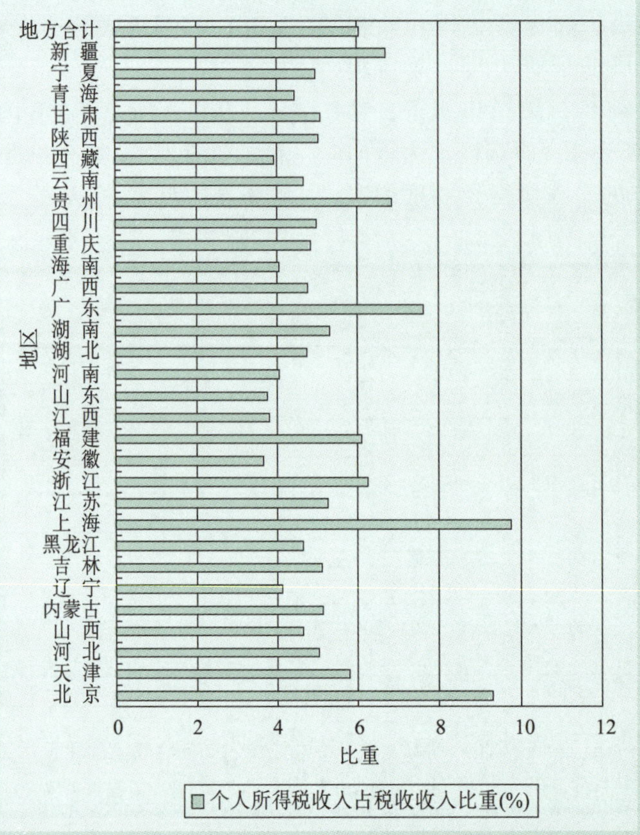

图 2-4　2009 年各地个人所得税收入比重

资料来源：根据《中国统计年鉴 2010》有关数据整理计算。

度来判断一个税种是否重要，当某一个税种收入贡献度较低时，可以预见的是，税务机关难免缺乏加强其征管、甚至进一步完善这个税种的激励。我国个人所得税征管水平不高，进一步完善的步伐缓慢，其原因恐怕正是如此。

2.3.2　现行个人所得税制度的收入调节功能不足

近年来，收入差距扩大的趋势越来越显著。目前，我国的基尼系数已经超过了 0.45，已超过收入分配警戒线；[①] 从大行业划分看，平均工资最高的行业（金融业）是最低的行业（农林牧渔业）的 4.7 倍，如果看细分行业，差距已扩大到 15 倍。[②] 温家宝总理在 2010 年的《政府工作报告》中指出，收入分配差距较大已成为当前影响改革和发展的主要问题之一。缩小收入分配差距，税收的功能不应缺位。

在税收体系中，直接税体系中的个人所得税与财产税，一个从流量，一个从存量，皆能起到调节收入分配的作用。但是，在当前中国税制中，面向个人的财产税如房产税、遗产税，要么可以忽视不计，要么还未开征，造成财产税在调节收入分配中几乎发挥不了什么作用。于是，人们希望个人所得税能起到应有的作用。

然而，当前个人所得税的分类制形式，将

① 李长安：“缩小收入分配差距须突破四大制度性障碍”，《京华时报》，2011 年 3 月 7 日。

② 白天亮：“行业收入不怕差距怕不公”，《人民日报》，2011 年 2 月 17 日。

所得分为11类并分别计征，不同来源所得的税率、扣除标准的不同。其结果就是，对于同一数额的所得，因其属于不同来源的所得导致缴纳的税款不同，也更容易使具有多种来源所得的高收入纳税人，通过拆解收入、变更纳税项目等税收筹划方法来规避税收，或少纳税款，使个人所得税的调节功能大打折扣。

而对于工薪阶层，由于其收入来源单一，又是公开的显性收入，则成为个人所得税征收的重点人群，成为当前中国个人所得税的纳税主体。（参见表2-2）

表2-2　2000~2008年个人所得税分项目收入占比情况表　单位：%

项目＼年份	2000	2001	2002	2003	2004	2005	2006	2007	2008
工资、薪金所得	42.87	41.22	46.36	52.32	54.13	55.50	52.57	54.97	60.31
个体工商户生产、经营所得	20.12	16.07	15.29	14.15	14.18	14.15	13.60	12.56	12.81
企事业单位承包经营、承租经营所得	3.19	2.70	1.95	1.79	1.56	1.32	1.25	1.16	1.39
劳务报酬所得	2.08	1.90	1.87	1.98	1.99	2.09	2.00	1.96	2.14
稿酬所得	0.14	0.12	0.11	0.13	0.13	0.11	0.10	0.08	0.07
特许权使用费所得	0.02	0.02	0.05	0.03	0.03	0.02	0.03	0.03	0.02
利息、股息、红利所得	28.70	34.94	31.72	26.96	25.64	24.54	27.16	24.94	18.42
财产租赁所得	0.31	0.20	0.16	0.19	0.21	0.20	0.24	0.24	0.26
财产转让所得	0.14	0.17	0.14	0.30	0.32	0.47	1.34	2.29	2.65
偶然所得	1.29	1.66	1.67	1.51	1.28	1.07	1.17	1.16	1.15
其他所得	0.84	0.71	0.34	0.27	0.20	0.21	0.24	0.41	0.57
税收滞纳金、罚款收入	0.31	0.28	0.33	0.37	0.34	0.32	0.30	0.21	0.22

资料来源：根据2001~2009年历年《中国税务年鉴》相关数据整理计算。

如表2-2所示，在个人所得税分项目收入中，工资、薪金所得，个体工商户生产、经营所得及利息、股息、红利所得是其三大主要收入来源。其中，工资、薪金所得的个税收入占个人所得税收入的比重，从2000年的42.87%上升到2008年的60.31%，而其他两项所得的个税收入基本呈逐年递减趋势。

也正因为如此，当前对个人所得税改革的关注，许多人将焦点放在了工薪费用扣除标准的提高上。这种做法虽然简单易行，但依旧是在分类所得税制的框架内转圈，在短期内有助于减轻一部分工薪阶层人群的税负。时至今日，随着收入来源的日益多元化，尤其是诸如财产转让所得和利息、股息、红利所得这类的非劳动所得大幅度增长，但税收收入贡献度却无相应提高。

尽管2010年5月国家税务总局下发了《关于进一步加强高收入者个人所得税征收管理的通知》（国税发［2010］54号）、2011年4月国家税务总局下发了《关于切实加强高收入者个人所得税征管的通知》（国税发［2011］50号），要求强化对财产转让所得与利息、股息、红利所得的征管，但是当前中国个人所得税制度的设计，即对劳动所得采用累进税率，而对非劳动所得采用比例税率，由此造成了劳动所得者税负相对偏重，甚至出现因分属不同项目所得而让收入低的纳税人可能要比收入高的纳税人负担更多税款的情况。这意味着，现行个人所得税制度不仅调节收入分配的功能严重弱化，甚至还有可能形成收入分配的逆向调节。

因此，发挥个人所得税调节收入分配的功

能，就不能只着眼于单项收入的调节，而应是将个人的全部收入加总，进行综合调节，这样才能让个人所得税真正起到调节收入分配的作用。故而，个人所得税由分类税制向“综合与分类相结合”税制转型，调节收入分配功能应成为其重要推动力。

2.3.3 现行征管机制难以适应个人所得税进一步改革的需要

在我国现行税制中，就税种的财政收入贡献来讲，增值税、营业税等组成的间接税体系占主体；就纳税人构成来看，是企业或单位纳税人的财政收入贡献度最大。这种税收及其纳税人的分布格局，决定了当前我国税务机关的征管机制主要服务于间接税与企业或单位纳税人，以货物和劳务为主要课税对象，以企业或单位形成的法人为主要纳税人。因此，现行的征管机制，可以概括为建立在对货物和劳务课税基础上的以法人为重点纳税人的征管实践。如果仅从当前我国财政收入的贡献度考虑，这种征管机制的选择自然有其合理的成分在里面。

1994年税制改革以来，增值税一直是我国第一大税种，它的财政贡献度最大。因此，对它的征管是高度重视，建立了以加强增值税管理为主要目标的“金税工程”。“金税工程”运行以来，国内增值税收入连年高速增长，除经济发展的因素外，增值税征收率①的提高在其中也起到了重要作用。有关研究显示，2001年增值税征收率为67.61%、2002年为75.63%、2003年为73.87%、2004年为87.08%、2005年为84.69%、2006年为86.26%。② 这个数字，高于OECD国家平均70%的征收率水平，与英国85%的增值税征收率不分伯仲。③

企业所得税的征管则体现了对法人单位征税机制的不断完善。2006年，国家税务总局颁布了《企业所得税分类管理指导意见》，依据纳税人税源规模、财务核算状况、纳税方式、纳税信誉等级、存续年限等因素，将纳税人分为重点纳税人、非重点纳税人和核定征收纳税人。对于重点纳税人，“要以全面管户为主，以税源监控和日常管理为重点，以税源分析和预测、纳税评估为手段，在各个环节实行全面精细化管理”。④ 目前，企业所得税已成为我国第二大税种，2010年其收入占整个税收收入的比重为17.5%。⑤

可见，当前我国税务机关征管的重点是法人纳税人和以增值税为代表的间接税。在这种征管格局下，虽然近些年税务机关制定了不少关于加强个人所得税征管的规章，也取得了一定的效果，但并没有取得实质性的进展。在征管上，当前税务机关直接面对的是法人纳税人，向它们直接征税；而对于要缴纳个人所得税的自然人纳税人，一般是通过代扣代缴这种形式实行间接征管，这就割裂了个人所得税纳税人与税务机关的直接联系。

个人所得税在性质上与企业所得税类似，都是对纳税人的所得为课税对象，但在我国前者的收入贡献度远低于后者，而纳税人却要远多于后者。随着个人所得税的收入贡献度逐渐提高，也随着它所肩负的调节收入的分配功能日益重要，税收征管机制亟待从以法人纳税人为重点的间接税征管机制向以法人、自然人并重，间接税与直接税并重的征管机制转型，尤其是要建立直接面向人数众多、收入来源日益多元化的个人所得税纳税人的征管机制。这种转型，将为个人所得税向综合与分类税制的进一步改革提供坚实的征管保障，因为从一定意

① 指增值税实际收入与增值税能力之比。

② 许善达、夏国洪等：“金税工程增值税征管信息系统”，《中国科技奖励》，2008年第10期。

③ 黄智文：“中国增值税征收率的测算、影响因素及对策”，《涉外税务》，2006年第7期。

④ 国家税务总局：《企业所得税分类管理指导意见》（国税发［2006］129号），http://www.chinaacc.com/new/63/67/88/2006/9/wa8951201979600274-0.htm，2006年8月。

⑤ 财政部税政司：“2010年税收收入增长的结构性分析”，http://szs.mof.gov.cn/zhengwuxinxi/gongzuodongtai/201102/t20110201_436195.html，2011年2月。

义上讲，税制改革也就是税收征管的改革。

2.3.4 分类计税无法与综合申报对接

“综合与分类相结合”的个人所得税制度的一个基本特征是综合申报，要求纳税人需要将多项所得项目加以汇总，然后进行综合申报。可是，根据我国现行的个人所得税法，应税所得项目共有 11 类，并依据所得项目的不同情况实行定额、定率和会计核算 3 种费用扣除方法并分别适用比例税率和两套累进税率。参见表 2-3。

表 2-3 我国个人所得税费用（成本）扣除方法与适用税率表

应税所得项目	费用（成本）扣除方法			税率类型	
	定额扣除	定率扣除	会计核算	累进税率	比例税率
工资、薪金所得	√			√	
个体工商户的生产、经营所得	√		√	√	
对企事业单位的承包经营、承租经营所得	√		√	√	
劳务报酬所得	√	√			√
稿酬所得	√	√			√
特许权使用费所得	√	√			√
利息、股息、红利所得[a]					√
财产租赁所得	√	√	√		√
财产转让所得			√		√
偶然所得[a]					√
其他所得[a]					√

注：[a] 指利息、股息、红利所得，偶然所得和其他所得无费用（成本）扣除规定。个人从中国境内上市公司取得的股息、红利所得，暂按 50% 计入个人所得税的应纳税所得额。

资料来源：根据《中华人民共和国个人所得税法》与《中华人民共和国个人所得税法实施条例》整理。

根据不同所得情况实行不同的费用（成本）扣除方法和适用不同的税率，在一定程度上适应了个人所得税征管水平低的需要，也正因为此，代扣代缴成为个人所得税征管的主要方式，它有利于税务机关低成本地将各种所得来源的税款征收上来。但是，从另一方面看，不同来源的所得实行不同的费用（成本）扣除标准与适用不同的税率（即累进税率与比例税率，下同），这种制度安排，却明显成为实行综合与分类所得税制度的障碍。

对纳税人而言，随着收入的多元化，不少纳税人要面对不同的费用（成本）扣除标准和不同的税率，增加了纳税人自行计算其综合所得与税款的难度。在这方面，现行的自行纳税申报就是一个例子，它既需要纳税人申报税前收入，也需要申报已纳税额、应纳税额等。然而，不同的费用（成本）扣除标准和不同的税率，在涉税信息不充分的条件下，让纳税人根据已纳税税额情况还原税前收入，并不是简单的加减乘除就可以轻易完成的，由此大大增加了纳税人的负担。

对税务机关而言，为适用分类计税而实行的代扣代缴征管方式并以此为重点，尽管可以保证个人所得税收入及时地征缴，却也导致了税务机关缺乏进一步提高征管水平以适应向“综合与分类相结合”的个人所得税制度转型的激励。这种转型，要求税务机关不仅掌握纳税人各种来源的所得，而且还要根据掌握的纳税人综合所得的情况核定纳税人的税款。但是，在分类所得税制度下，分类计税的便利让税务机关满足于以代扣代缴为主的征管现状，尽管要求年所得12万元以上的纳税人进行综合申报，但由于该项申报的核实需要建立以人为单位归集其全部收入的信息系统，难以与现行的分类税制及代扣代缴的征管机制实现有效对接，因此制约了自行申报制度作用的充分发挥。

2.3.5 代扣代缴成为完税的主要方式

当前对个人所得税征管主要采取了代扣代缴的方式，按照现行个人所得税制度的安排，由于实行分类计税，不同来源的所得适用不同的费用（成本）扣除标准，因此大部分所得项目在代扣代缴阶段就已完成。这样一来，考虑到我国个人所得税纳税人的年所得多数在12万元以下，故此对于这部分纳税人而言，代扣代缴的完成也就意味着其纳税义务的结束，而无需向税务机关进行纳税申报。

在分类所得税制下，代扣代缴制度设计简便，易于税款征纳，降低了征管成本，有利于进行源泉控管，能较好地防止了税款流失，并能保证尽可能充分地取得税收收入。但是，个人所得税制度要实行“综合与分类相结合”的改革，就需要引入自行申报制度。不过，“综合与分类相结合”的个人所得税制度并不排斥代扣代缴，即使在一些实行综合所得税制度的国家，代扣代缴与纳税申报都存在着不同程度的关联。（参见专栏2－1）

专栏2－1 部分国家个人所得税工资所得源泉扣缴与纳税申报的关系

工资是个人所得的重要部分。由雇主在支付雇员工资时代税务机关扣缴雇员应纳的个人所得税，这是许多国家在个人所得税征管上的一种方法。一些西方国家称其为PAYE（Pay－As－You－Earn），意即“发工资时即缴税”。

实行了工资源泉扣缴后，还是否需要纳税人申报个人所得税？这是实行PAYE的一个关键政策抉择。这既关系着税制的公平性，也关系着征管的可行性。各国往往根据各自的征管能力及社会、文化、传统和经济等背景权衡利弊后，作出选择，大致有以下几种情况：

1. 在实行分类所得税制的国家，工资源泉扣缴税即为最终税，纳税人不必再申报。

2. 在实行综合所得税制的国家，则有如下三种模式：

（1）预缴式PAYE。即工资源泉扣缴税只作为个人所得税的预扣，到年终不管有无其他所得，纳税人都要申报，核定全年应纳所得税额，减除已预扣的税额，多退少补。美国年中由雇主采用简式PAYE代扣雇员薪税，年终要求雇员100%申报。这样做纳税人和税务机关的工作量都十分庞大，非一般国家所能承受。美国这样做是因为所得税是其支柱税种，国民有良好的纳税传统，由大规模的计算中心处理申报表，成本也并不很高。实行预缴式PAYE的国家还有加拿大、澳大利亚、瑞典和菲律宾等。

（2）半最终式PAYE。其做法是对工资以外的所得规定一个申报线。当非工资所得超过这个限度时，即要求纳税人申报；反之，工资源泉扣缴税即为最终税。纳税人因有特殊扣除或要求退税，也允许申报，但也可规定一个申报线，扣除额达不到该申报线的，则不允许申报。这样就可以大量减少申报人数。规定申报线的高低，可与税务机关的管理能力相适应。有其他所得但未达到申报线的纳税人将会得到少缴税的好处；税务机关因此而少征的税收则可以认为被减轻征管负担的好处所抵偿。实行半最终式PAYE的国家有荷兰、德国、英国、匈牙利、印度尼西亚、智利和肯尼亚等。

（3）最终式PAYE。最终式PAYE相当于将工资收入从其他所得中隔离出来单独征税，在这一点上和分类所得税制相似。不同之处在于前者适用所得税率表转化来的月工资税率扣

专栏 2－1（续）

除表，仍与所得税挂钩，当年中工资变化时，可累计或调整或年终调整；而后者则自成体系，适用单独的税率表，不但工资所得与其他所得隔离，而且各个纳税期限（月或周）也都是隔离的。最终式 PAYE 不需要纳税人再申报。目前俄罗斯就实行这一模式。

资料来源：王裕康："国外个人所得税工资部分的源泉扣缴"，《中国税务》，1996 年第 6 期。

像在中国台湾地区，其个人所得税实行综合制，称为综合所得税。它的综合所得税的征管主要有三大部分组成：即所得扣缴、结算申报、调查核定。根据规定，各类所得的扣缴，实行就源扣缴（即代扣代缴），由扣缴单位在支付各项所得时，将所得人应缴的所得税款，按照规定的扣缴率预先扣下，且依规定填写扣缴凭单，向税务机关申报，并将扣缴凭单交付所得人办理结算申报。从综合所得税的征收情况看，这种就源扣缴成为主要纳税方式。（参见表 2－4）

表 2－4　2001～2008 年度中国台湾地区综合所得税实征数及扣缴税款统计表　单位：新台币亿元

年度	实征数额①	扣缴税款额②	②占①的比重（%）
2001	2 449.58	1 911.10	78.02
2002	2 271.80	1 749.28	77.00
2003	1 974.04	1 734.50	87.87
2004	2 148.25	1 977.74	92.06
2005	2 966.04	2 335.57	78.74
2006	3 343.30	2 605.72	77.94
2007	3 475.26	2 781.74	80.04
2008	3 897.44	3 033.61	77.84

资料来源：中国台湾地区"财政部赋税署"业务统计。

从一些国家和中国台湾地区个人所得税的实践来看，代扣代缴也是实行"综合与分类相结合"的个人所得税制度的必要组成。重要的区别在于：在分类所得税制下，代扣代缴往往就意味着纳税义务的终结；而在"综合与分类相结合"的个人所得税制度下，代扣代缴是完成纳税义务的必要环节，纳税人要将扣缴义务人出具的扣缴凭证作为年度终了后向纳税机关进行纳税申报、结清税款的依据。因此，分类所得税制下的代扣代缴，在"综合与分类相结合"的个人所得税制度下应继续保留，只不过它应转变为所有纳税人完成其纳税义务的一个环节，作为办理税款结算时的依据。①

2.3.6　税源监控是亟待解决的难题

个人所得税无论是采行分类税制还是"综合与分类相结合"税制，如何进行税源监控都是税务机关所面临的挑战。

第一，个人收入来源多元化。随着市场经济的发展，我国个人收入来源日益多元化。既有按劳分配的收入，也有按资分配的收入；不

① 在一些国家和地区，也并非所有纳税人都要进行纳税申报的，但代扣代缴制度仍然发挥着作用。是否进行纳税申报要视具体规定而定，比如中国台湾地区，个人全年综合所得总额不超过当年度规定的免税额及标准扣除额合计数的纳税人，可免办理结算申报。

仅有货币收入，也有非货币收入。这种收入格局和趋势，在纳税人不主动进行纳税申报的情况下，处于涉税信息劣势的税务机关便无法掌握这些人的真实完整收入来源和具体收入状况，也就难以及时足额地征税。

第二，现金交易量大。由于我国金融机构的个人信用业务不发达，其支付系统不能提供便捷的服务，也由于长期以来普通百姓都有喜好现金交易的传统习惯，造成我国经济生活中充满了庞大规模的现金交易，而且交易频繁。现金交易的后果是交易双方都没有留下交易的相关记录，导致个人的收支信息隐蔽化，易逃避监管，税务机关很难从个人的收支信息中了解掌握其收入情况，从而增加了个人所得税的征管难度。因此，加强对现金交易的监管，严格控制现金使用范围和使用额度，同时不断提高金融服务的质量与范围，尽可能减少现金交易量与交易范围，是个人所得税进一步改革中不容忽视的“瓶颈”问题。

第三，涉税信息系统不完备。个人所得税纳税人规模庞大，其涉税信息更是难以估量。实行“综合与分类相结合”的个人所得税制度，因其需要对纳税人大部分各种来源的收入汇总核定税款，故对纳税人的涉税信息将有更高的要求。我国当前的“金税工程”是以防范利用增值税专用发票骗税为主要目的建立起来的，要想将居民个人的涉税信息纳入这一工程，恐怕还需要时间对“金税工程”进行技术升级。在涉税信息的采集上，银行、海关、工商、税务等部门虽然实现了一定程度的信息联网，但出于部门利益的考虑，索取其他部门的信息积极，而提供本部门的信息却消极，信息共享的效率不高，形成了“信息孤岛”，导致纳税人的涉税信息不完整，严重制约了个人所得税向“综合与分类相结合”税制的进一步改革。

主要参考文献

财政部个人所得税课题研究组：“我国个人所得税基本情况”，新华网（http：//news. xinhuanet. com/fortune/2009 - 06/18/content_ 11558168. htm），2009年6月18日。

高培勇：“个人所得税改革内容、进程与前瞻”，《理论前沿》，2009年第6期。

高培勇：“尽快启动直接税改革——由收入分配问题引发的思考”，《涉外税务》，2011年第1期。

高培勇：“税制改革：实现突破　期待完善”，《中国税务》，2010年第12期。

高培勇：“个税自行申报：特征、意义、难题与出路”，《财政与税务》，2007年第7期。

高学江、刘丽：“2000—2008年OECD成员国个人所得税变化及对我国的启示”，《涉外税务》，2010年第4期。

黄智文：“中国增值税征收率的测算、影响因素及对策”，《涉外税务》，2006年第7期。

计金标：“浅析OECD各国近年来个人所得税改革及其对我国的借鉴意义”，《中央财经大学学报》，2009年第10期。

贾康、梁季：“我国个人所得税改革问题研究”，《经济学动态》，2010年第3期。

理查德·M. 伯德等：《发展中国家税制改革》，中国金融出版社1994年版。

刘军、郭庆旺：《世界性税制改革理论与实践研究》，中国人民大学出版社2001年版。

刘佐：“中国个人所得税制度发展的回顾与展望——纪念〈中华人民共和国个人所得税法〉公布30周年”，《税务研究》，2009年第9期。

卢艺：“从国外二元所得税制的经验看我国个人所得税课税模式选择”，《税务研究》，2010年第6期。

马伟等：《台湾地区税收制度》，当代中国出版社2009年版。

庞凤喜：“增强涉税信息的对称性应成为强化税收征管的聚焦点——兼论个人所得税全员全额申报”，《涉外税务》，2009年第10期。

宋传江：“实行以家庭为申报单位改革个人所得税的思考”，《中国财政》，2009年第6期。

唐红卫：“个人所得税征管中存在的问题与对策”，《涉外税务》，2008年第8期。

夏宏伟、王京华：“OECD成员国个人所得税征管制度比较研究”，《涉外税务》，2009年第10期。

许善达、夏国洪等：“金税工程增值税征管信息系统”,《中国科技奖励》,2008 年第 10 期。

杨志勇:“完善我国个人所得税的几点思考”,《中国税务》,2009 年第 12 期。

岳树民:“个人所得税自行纳税申报的制度建设”,《中国税务研究》,2008 年第 2 期。

张斌:“个人所得税改革的目标定位与征管约束”,《税务研究》,2010 年第 9 期。

中国社会科学院财政与贸易经济研究所:《“十二五”时期的中国财税改革》,中国财政经济出版社 2010 年版。

中国社会科学院财政与贸易经济研究所:《中国:启动新一轮税制改革——理念转变、政策分析和相关安排》,中国财政经济出版社 2003 年版。

3

个人所得税变迁的世界趋势

- 除了实施国内居民收入再分配等传统政策目标之外，在全球范围内竞争税基和促进投资与经济增长的考虑，也日益成为推动个人所得税变迁的重要因素，且在全球化背景下后者的重要性正在强化
- 个人所得税制度改革的政策目标由分配正义向经济效率倾斜
- 个人所得税制度改革中分类制因素悄然回归。“综合与分类相结合”的模式是当前世界各国的主流选择
- 个人所得税税基由收入向消费转移。储蓄与投资总体上比当前消费享有更优惠的税收待遇；资本比劳动更受优待
- 传统超额累进税率结构的“平化”倾向明显。个人所得税最高边际税率向下调整，级次减少，累进性降低

Evolutionary Trend of Personal Income Tax in the World

- Besides traditional policy objective such as income redistribution, competing for tax base and prompting investment and economic growth in the world increasingly becoming important factors, whose importance are strengthened in the context of globalization, in promoting the personal income tax development
- The policy target of personal income tax reform is in favor of economic efficiency rather than distributive justice
- The schedular elements comes back gradually in the personal income tax reform. The combined personal income tax is the mainstream of choice all over the world
- The personal income tax base switches from income to consumption. Savings and investment enjoy a more favorable tax treatment than current consumption on the whole; capital has more preferential treatment than labor
- Traditional excess progressive rate structure has been flatten with remarkable tendency. The top marginal personal income tax rate is lowered, the tax bracket is reduced, and the progressiveness is weakened

3. 个人所得税变迁的世界趋势

从2011年起开始实施的“十二五”规划，再次明确提出了建立“综合与分类相结合的个人所得税制度”的要求。然而，鉴于改革处在一个特殊的历史时点，国内公共政策要求强化其再分配功能的考虑与世界经济全球化进程要求其注重经济效率的考虑，从两个截然相反的方向同时对个人所得税的改革施加了压力，这决定了由现状通往目标的过程注定将会“道阻且长”。本章基于个人所得税变迁的世界趋势，旨在为理解中国的个人所得税改革确立全球视野和现实参照。

本章共分4个部分。首先，简单介绍传统个人所得税的征收原理，以便为后文分析个人所得税的演化建立知识基础；接着介绍传统个人所得税的三种典型征收模式（综合制、分类制和混合制）的特色及其历史演化；第三部分介绍当代几种典型的个人所得税改革提议，并尝试对影响各国个人所得税模式的因素加以分析；第四部分着重分析全球化背景下世界税制变革方向，并在此总的框架下理解个人所得税变迁的世界趋势。

3.1 个人所得税及其征收：分析基础

3.1.1 国民收支环流中的现代所得税

如果把国民经济总体比作一个蓄水池：水池的左边是进水口，代表收入；右边是出水口，代表支出；水池里的水量则代表这个国家在特定时点上持有的财富存量。国家征税的过程就是在居民（企业）取得收入、持有财富和运用收入的不同节点上，通过不同税种的设计和实施，将一部分社会资源由私人部门转移到公共部门的过程。

在国民收入的形成阶段，最主要的税收是所得税（income tax）；[①] 在国民收入的支出阶

① 严格来讲，还包括社会保障供款（social security contributions）、工薪税（payrolll taxes）等，这里暂不探讨。

段，最主要的税收是消费税（consumption tax，各国税制下的称谓不同，有的称之为货物和劳务税等）。除了对国民财富的流量课税之外，政府还以国民财富存量为课税对象汲取税收收入，称为财富税（wealth tax）。当然，对国民财富存量的课税最终也是由当年创造的国民财富流量负担的。

所得（income）即要素的收入，从宏观层面来讲就是国民收入（Y）。[①] 就所得的归属权来讲，任何一种来源的要素收入，要么为个人所有，要么为机构（企业）所有。传统上对个人所得和公司所得分开征税，因此，现代所得税体系由个人所得税（personal income tax，individual income tax）和企业所得税（corporate income tax，或公司所得税）两大类构成。

3.1.2 现代所得税制的综合型税基

无论个人还是企业，所取得的收入要么被用于当前消费，要么被储蓄起来或用于投资，从宏观角度看，那些被储蓄起来的私人收入最终也将通过资本市场转化为投资，因此就有收入＝消费＋储蓄（$Y = C + S$），或收入＝消费＋投资（$Y = C + I$）。

历史上出现过的各种所得税模式，其最基本的不同之处就在于税基上的差异。原则上，对所得的课税应当扣除纳税人为取得收入所产生的必要费用，也就是说，所得税的税基应当是净所得。那么，在全部的国民支出（$C + I$）中，有哪些部分是在课征所得税时可以考虑作为费用而从应纳税所得额中扣除的呢？关键之处是如何对待储蓄和投资。传统所得税制下，一般只允许扣除当前费用或成本，而对未来费用或成本（可以理解为家庭储蓄和企业投资性支出）不予扣除或不允许完全扣除。

就个人所得税而言，传统做法是扣除当前消费（current consumption），对未来消费（也就是储蓄及其收益）是否扣除，依个人所得税的不同模式而有区别。一般而言，在完全的综合制下，储蓄及其收益是包含在税基之内、不允许扣除的。就企业所得税而言，传统做法是扣除现金费用（如工资、利息），对于投资性支出，只允许扣除当期已经消耗的部分（即折旧）。也就是说，在传统的所得税制度下，家庭储蓄和企业的资本性支出都被不同程度地纳入所得税的税基，（Zee，2005）在这个意义上，与那些提议对国民收入中的储蓄部分免税、而只将用于当前消费纳入课税范围的所得税改革方案相比，我们说现代所得税的税基是综合型的。

总而言之，在国民收入形成的环节（$Y = W + R + P + D$），国家以所得税的形式参与要素收入的分配。一是通过公司所得税对企业利润（P）征税，其中，允许将工资（W）、利息（R）和折旧（D）作为费用扣除，但不允许资本设备支出（I）在其发生时取得扣除。二是通过个人所得税对工资（W）和利息（R，这里作为个人资本性收入的代表）征税，其中，允许扣除家庭或个人为取得收入而发生的相关费用、基本生计费用以及其他费用，但对未来消费（也就是储蓄及其收益）一般不予扣除。[②]

3.1.3 现代直接税体系中的个人所得税

总体来看，世界主要发达国家的税制演化都经历了从早期直接税（人头税、财产税等）为主体，到以间接税为主体，并最终发展为以现代直接税为主体（或以现代直接税与间接税双主体）的转变。推动这一结构性变迁的因素，既包含各国对更稳定的、更大规模的财政收入的需求，也包括税收征纳技术的进步以及

---

① 可以分解为工资（W）、利息（R，其他资本性收入也包括在内）、企业利润（P）和资本折旧（D）等几大部分，因此，以收入法计量的国民收入恒等式可写为：$Y = W + R + P + D$。

② 在个人所得和公司所得分开征税的传统所得税制度中，比较特殊的一类所得是股东红利。作为企业所得税的课税对象，需要缴纳企业所得税。但是对于已经分配的股东红利，又将成为个人所得税的课税对象，从而产生经济性双重课税的问题。

各税种的自身特点。

一般而言，所得税和财产税合称为直接税，而消费税被称为间接税。从上文对于国家征税一般原理的叙述可以看出，假如没有市场经济的充分发展和会计制度的相对完善，所得税的征收是不可想象的。在没有解决如何计算净所得这一关键的技术问题之前，不存在普遍征收所得税的基础。因此，所得税是现代社会的产物，是现代的直接税。如果说，以个人拥有的财产评估值为课税对象的现代财产税也是相对晚近的现象，那么，针对财产的拥有、交易等行为的早期财产税则古以有之。相对而言，早期财产税的征收则要容易得多。由于早期直接税的收入规模有限，因此，伴随国家收入规模需求的扩张和市场经济的发展，早期直接税的主体地位最终为间接税所取代。但是以间接税为主体的税制无法满足现代福利国家进行收入分配和宏观经济内在稳定性的双重要求，导致所得税后来居上，在现代国家的税收体系中占有相当重要的位置。

基于筹集收入和调控收入分配两大主要目标，现代直接税体系中的个人所得税于20世纪30～60年代逐步稳定、成型，其两大特征用维托·坦齐（Tanzi，2008）的话概括，即“综合税基+累进边际税率”（“global and progressive” income tax）。个人所得税制度不管如何改革，只要这两个特征没有根本性的变化，那么就可以认定，所谓的改革仍然没有突破个人所得税制度的传统框架，而只是传统框架之内的边际变革。

3.2 传统个人所得税的不同模式

传统个人所得税落实到实际征纳这一制度层面，由于个人所得有多种不同的来源，每种来源的性质和特点不同，就存在如何征收的问题。目前世界各国个人所得税的征收无外乎综合制（global income tax system，comprehensive income tax system）、分类制（scheduler income tax system）和混合制（combined income tax system）三种模式。不同模式间的区别主要体现在税基和税率的规定上，其中税基的区别最为关键。前文中已经提到，传统的个人所得税在确定税基时，允许扣除当前消费，但对未来消费（也就是储蓄及其收益）是否扣除，依个人所得税的不同模式而有区别。而混合制，则不同程度上兼备综合制与分类制的特征。

3.2.1 综合制个人所得税

综合制个人所得税下，纳税人的全部所得无论来源何方（是劳动所得，还是资本所得、转移性所得），也无论用途如何（用于消费还是储蓄），都将纳入课税范围。在税法实践上，它要求以纳税人为核心，计算其在任何地点、任何时间取得的任何来源与任何性质的总收入，经过合法的豁免、扣除程序后，计算出纳税人的综合所得（综合型个人所得税税基的理论起源参见专栏3-1），并按相应的税率表计算其应纳所得税额。

专栏3-1 综合型个人所得税税基的理论起源

典型的综合制个人所得税起源于美国。美国联邦宪法第16次修正案（1913年通过）赋予联邦政府就美国居民任何来源的所得进行征税的权力，且无需依据人口比例在各州分摊纳税义务。此后，所得税日渐发展为联邦政府的主体税收（Murphy和Higgins，1998，第743～

专栏 3－1（续）

744 页）。然而长期以来，究竟何种性质的个人收入可以计入纳税基础，一直缺乏理论上的说明。此种状态引起了美国学者试图从经济理论和其他国家税务实践的角度，探究个人所得税税基的兴趣。其中影响最大的是罗伯特·黑格（Robert Murray Haig）和亨利·西蒙斯（Henry C. Simons）分别于 20 世纪 20 年代和 30 年代提出的各自对于所得的理论界定。黑格（1921）从福利和效用的角度，认为任何“能够使两个时点之间个人经济状况好转的货币价值的净增加”都可称之为收入，西蒙斯（1938）则基于税收分配正义的视角，将收入定义为“个人在一段时期内的消费与积累之和”。虽然下定义的角度不同，但两个定义的实质是相似的，因而被称作“黑格—西蒙斯定义”。后世普遍认为，“黑格—西蒙斯定义”明显受到德国学者乔治·冯·施茨（George von Schanz*）的影响。因而，传统综合所得的定义，又被称为“施茨—黑格—西蒙斯定义”。

美国版综合型税基定义，注重纳税人取得收入的总量，而不是取得收入的来源、时间以及收入的性质等其他因素。它克服了此前所得税税基含义模糊、范围窄的缺陷。税基范围的扩张，迎合了 20 世纪 30～60 年代发达国家要求提高所得税占比以增加财政收入和通过税收进行再分配的社会思潮；同时，得益于 20 世纪 60 年代美国政策咨询者在全球范围内的大力推广，综合制个人所得税受到很多国家的追捧，纷纷仿而效之，至今仍是北美地区个人所得税的主流理念。

*：Georg von Schanz，“Der Einkommensbegriff und die Einkommensteuergesetze”，*Finanzarchiv* 13：1－87，1896，ISSN 00152218.

资料来源：作者根据网络资料编写。

3.2.2 分类制个人所得税

分类制个人所得税下，并非纳税人的全部所得都要纳税。通常采取正列举的方法，列举范围内的所得需要纳税，未被列举的收入不纳税。因此，分类制个人所得税是以所得为核心、基于纳税人的不同收入构成，分别确定该项收入是否需要纳税，在纳税的情况下，分别计算各类应税所得的税基并适用不同税率表的征纳机制。

在税法实践中，纳税人各项应税所得的确定，一般按其收入的性质与来源、并辅之以按收入的时期特征来分类。从微观层面来看，就其来源可简单地分为劳动所得（labour income）和资本所得（capital income）两大类。其中，劳动所得包括：工资、薪金、养老金以及社会保障收益、附加福利、不属于资本收入的特许权使用费，等等；资本所得包括：经营所得（business income）、利息、股息、租金、资本利得（capital gain income）、（来自所获资产的）特许权使用费，等等。不同来源的所得适用不同的扣除标准及税率表。

此外，根据各类收入的时期特征，一般只对具有持续性的、可重复产生的所得课税，而非持续的、一次性所得不课税。依此原则，转移性资本所得（capital transfers），例如遗产、赠与和寿险金（inheritance，gifts and life insurance amounts），通常为一次性收入，故不在纳税范围之内。但此类收入如果能够定期取得，也应计入应税所得。

以上两种个人所得税模式的根本区别在于，在国民收支环流的收入环节课税时，如何对待纳税人收入中用于储蓄的部分。

3.2.3 三种个人所得税模式的比较

综合制

综合制的支持者强调它作为政府宏观调控工具的优势，尤其是其调节收入分配和作为自动稳定器的作用；反对者则强调其效率方面的劣势，以及较高的征纳成本。

首先，综合税基能够全面反映纳税人的负担能力，符合税负分担的公平原则。

如果以收入作为衡量纳税人负担能力的指标，由于不同类别的个人收入在纳税年度内盈亏状况不同，同一纳税人可能当年的劳动收入有结余，但资本收入产生大幅亏损，用其收支相抵后的综合收入利于反映其真实财务状况和实际负担能力。又由于综合制下一般适用统一的累进税率表，保证了那些综合收入高、负担能力大的纳税人适用较高的边际税率，而综合收入低、负担能力较小的纳税人适用较低的边际税率，符合公共物品和服务成本分担上的公平原则，也有利于实施公平取向的居民间收入再分配。再者，纳税人年度收入的变化通常与总体经济周期走向相同，税率也将随宏观经济趋势和个人收入高低而自动变化，起到了宏观经济自动稳定器的作用。

其次，综合制下将纳税人用于储蓄的那部分收入也纳入综合税基，不利于储蓄和投资的形成，不利于长期经济增长。

一般而言，在完全的综合制下，储蓄及其收益是不允许从应纳税所得额中扣除的。即，对于纳税人的全部所得，不管其用于当期消费，还是储蓄起来以备未来消费，都需计入总税基并依法纳税。这样就造成个人收入中的储蓄部分实际上是双重纳税的，一次是在纳税人取得这部分收入之时，一次是在这部分收入获得投资收益之时。这客观上造成了对储蓄（即推迟了的消费）的歧视，从动态角度讲，必然会影响到纳税人在当下和未来之间配置资源的选择，不利于鼓励储蓄和促进资本形成，不利于总体经济增长。从另一方面来看，又由于资本所得的流动性较强，对其双重课税，会刺激旨在逃避税收的资本流动和国际间针对流动性税基的“不良”税收竞争。

第三，综合制个人所得税对征纳双方的素质都有较高的要求。由于综合制是围绕纳税人来汇总其收入的，而纳税人通常拥有多种收入来源，因此，必须由纳税人自行申报和征税机关有效稽查双保险，才能保证纳税人的综合收入信息是完整而确实的。前者要求纳税人具有较强的纳税意识，整个社会具有较为先进的税收文化，后者更要求征税机关有很强的征管能力和与相关机构间良好的行政协助制度。

分类制

相对而言，分类制在税收公平这个维度上缺乏优势，而在经济效率和低征纳成本方面，则优势明显。

第一，它对纳税人综合负税能力的反映可能不够全面。这取决于税制中规定的应税收入种类是否全面涵盖了纳税人的全部可能所得。一般未列入具体分类的收入不纳税，尽管有些国家将未明确分类的项目列入“其他收入”一类进行课税，但仍无法尽含全部收入。这一特点也决定了分类制个人所得税不利于实现收入再分配的目标。

第二，分类制下对纳税人的各类所得分别征税的做法，决定了在计算应纳税额时，各类所得分别适用不同的税基、税前扣除标准以及税率表。由于各类收入的征收办法是不同的，因此，必然影响到纳税人当期在不同来源间配置收入的选择，从而有损于静态经济效率。是否具备动态效率，则取决于对储蓄及其所得的分类征税办法。如果是对储蓄及其所得免税，则具备动态效率，否则不然。

第三，分类制个人所得税对征管遵从的要求相对较低。正是因为分类制下可以根据不同类别收入的性质分别规定征管方式，因此降低了对征管遵从条件的要求，社会为此支付的税制运行成本也相应较低。

比较普遍的是混合制

选取何种征收模式，在很大程度上，受到各国特定历史时期的政策目标、征管能力、纳税遵从理念以及国际竞争等诸多因素的影响。考察各国的实际税制发现，出于各种现实因素的考虑，没有哪个国家真正实行理想中的综合制；除了中国之外，实行纯粹分类制个人所得税的国家也不多见；比较普遍的是以综合制或分类制为主要特色，但同时兼具另一模式的某些特征，也就是“综合与分类相结合”的混合制。以美国、加拿大、澳大利亚为例，其个人所得税总体上算是综合制，但在不少条款上具有分类制的特征。例如，对投资所得（红利、利息）采取预征制（withholding tax），资本利得的个人所得税率通常比其他所得要低。类似地，欧洲国家和日本的个人所得税，以分类制为主要特色，但在一些具体条款上，却引入了综合制的因素。一些国家的税法允许各类所得的损益可以互抵，即是其典型的表现。（Ault 和 Arnold，2010，第 198 页）

3.2.4 个人所得税模式的历史演化

大多数国家最初的个人所得税制度选择具有偶然性。不过，经历了早期的种种探索，主要出于征管的便利，各国的个人所得税一般都回归到了分类制模式。下面，我们可以观察到两次大规模的转型。

一次是综合制的引入并成为主导。北欧国家属于转型国家，从分类制向综合制的转型发生在 19 世纪后半叶到 20 世纪头 10 年；北美国家属于综合制个人所得税的原生国家，其确立综合制个人所得税的时间大概在 20 世纪 30～60年代之间。另一次是由综合制向分类制的回归。这次转型同样是由北欧诸国领风气之先，20 世纪 80 年代后期以来北欧国家最先实行的二元制个人所得税是其代表。每次转型的背后都有来自国内公共政策或国际税收环境对一国税制变革的推动。在某种意义上，各国税制的演化其实也是一个回应社会变迁要求的过程。

个人所得税诞生初期：以分类制为主

个人所得税作为现代直接税，其主体税种的地位是基于各国在不同历史条件下的财政压力而奠定的。所谓的财政压力主要来自于两个方面，具有一定的历史共性。其一，早期各国征收个人所得税的原因，主要是由于卷入战争，原税制结构下取得的收入不足以应付战费所需，急于通过新的渠道融通资金，结果是个人所得税作为临时性税种而进入历史舞台。其二，两次世界大战之后，构造现代福利国家的需求推动各国的宏观税负进一步扩张，传统税制结构无法满足这一需求。以上两种因素，加上历史惯性，导致个人所得税一经产生并发挥作用后，就演化为常态和主体税种，并对税制结构的变革产生了深远的影响。

我们不清楚最早探讨分类制个人所得税理论可能性的人是谁，但至少意大利经济学家德维蒂·德马尔科（De Viti De Marco）和英国政治经济学家约翰·斯图亚特·密尔（John Stuart Mill）都在不同的场合表达过类似的主张，并且后者明确地主张，对储蓄课税缺乏道德依据。（Tanzi，2008）及至英国于 1803 年改行分类制后，鉴于其影响力和其他国家的仿效，分类制的推广加速了。在美国崛起并发挥影响力之前，个人所得税采行分类制是普遍的做法，欧洲大陆尤其如此（北欧国家例外）。

20 世纪 30～60 年代：由分类制走向综合制

推动这一时期个人所得税走向综合制的主要动因是国内分配正义的政策考虑。美国个人所得税的历史是一个典型。在二战以后，美国经济“异军突起”，同时居民收入差距扩大，国内要求公平收入分配的呼声甚高。美国经济学家亨利·西蒙斯以此为基本理由力推综合制个人所得税。尽管以何种标准作为衡量税负公平的工具仍有争议，但是在实践层面以及在普通公众心目中，已经接受了以个人年所得作为衡量指标的做法。既然如此，出于横向公平的考虑，就要求将纳税人全部年所得，不分其来源和性质，统统纳入征税范围。而出于纵向公平的考虑，则要求对不同年所得的纳税人给以不同的税收待遇，让收入高的群体承担较高的边际税率。

向综合制的转型同时也有赖于征管条件的成熟。美国科技发达，大型计算机处理技术的进步为此提供了技术支持。个人所得税在美国的发展奠定了传统个人所得税的两大基本特征，即："综合税基 + 累进边际税率"，这被维托·坦齐称之为世界税制发展史上两项革命性的技术性变革之一，对传统税制的发展至关重要。① 20 世纪 60 ~ 70 年代，美国的税收政策顾问在全球推广综合制累进个人所得税的理念，对综合制个人所得税在世界的普及和世界税制发展进程起到了重要影响。

分类制特征的复归：20 世纪 80 年代以来

传统个人所得税真正推进了分配正义了吗？其效率后果如何？至今仍是争论不休的话题。特别是在全球化背景下各国间的税收竞争加剧，这个问题又被推上了前台。

20 世纪 80 年代以来，全球化进程加快。在很多情况下，对吸引投资和高技能劳动力的优先考虑，一度压倒公平收入分配的国内政策目标，而成为主导税制变革的基本因素。此一背景下，产生了个人所得税分类制特征的复归。这是因为，分类制可以区分纳税人收入的不同来源与性质，针对各类税基的流动性程度而加以区别对待。

其中具有共性的是，欧洲国家普遍青睐二元制个人所得税（详见下文），而转型国家则更热衷于单一制个人所得税，北美国家虽然依然坚持综合制，但亦在现行税制中引入诸多分类制因素，主要是对于资本所得的税收优惠。对于个人所得税原本就不是主体税种的诸多发展中国家而言，可得的现有研究资料显示，多数研究都建议他们要考虑到全球税制变革趋势和本国征管实际，避免采用综合制，而应采用二元制或单一制个人所得税；针对于各国可能关心的税收公平问题，一般主张在仍以间接税为主体的基础上，适当降低间接税税负，同时结合公共支出政策，应对国内的公平收入分配的问题。

3.3 当代几种典型的个人所得税改革提议

3.3.1 二元制个人所得税：传统内的变革

二元制个人所得税（dual income tax system）的突出特点，是将纳税人的劳动所得与资本所得分开征税。劳动所得继续适用超额累进税率，而资本所得则适用比例税率，且资本所得适用的税率多为劳动所得的最低边际税率。

我们说二元制个人所得税是传统内的变革，主要是基于其对储蓄的扣除规定和累进税率而言的。上文已经提到，传统个人所得税具有两大基本特征，即："综合税基 + 累进税率"。一方面，二元制下保持了对储蓄的课税，只不过课税较轻，故仍然是"综合税基"；另一方面，二元制也保留了累进征收，只不过仅适用于劳动所得，故仍然是"累进税率"。在这个意义上，我们认为，二元制虽然是对传统

① 另一项重大的技术进步是起源于法国的增值税。此两项技术，使得对消费和所得的征收普遍化、常态化，最终确立了传统税基中消费、所得和财富"三足鼎立"的格局。

个人所得税的变革，但并未突破传统个人所得税的制度框架。

北欧国家于20世纪初期率先确立了传统个人所得税。最近20年以来，它们又再次领风气之先，在传统个人所得税框架内改行二元制个人所得税。二元制由于对资本所得有优惠，有利于吸引流动性税基，维护一国的经济竞争力和税收竞争力，具有效率优势；同时对劳动所得的累进课征，又兼顾了对收入再分配的平等考虑，自北欧四国先后实施以来，其影响力迅速扩及全欧洲。（Genser 和 Reutter，2007）甚至一贯坚持综合制的美国也受到影响，在其综合制个税中引入对资本所得的诸多优惠。一些学者更主张，由于二元制的优势，发展中国家应仿而效之，作为其个人所得税制度改革的目标。

3.3.2 单一制个人所得税：激进变革

单一税（the flat tax）

单一税的政策提议始发于美国，由美国经济学家罗伯特·霍尔（Robert Hall）和阿尔文·拉布什卡（Alvin Rabushka）（以下简称HR，Hall 和 Rabushka，1983）共同提出。本来意义上的HR单一税，是针对传统所得税制度的弊端而提出的改革建议，它提出以“对企业征收的现金流量税和对个人征收的支出税”的组合，来代替传统的“企业所得税和个人所得税”组合。HR单一税的改革提议，在改革个人所得税的同时，还涉及到了企业所得税的联动改革。之所以认为它是一种激进的变革方案，一是单一税取消了对储蓄的课税，使得所得税税基从“全部收入”转向“收入中用于当前支出部分”。二是累进税率的取消，即对应纳税所得额，不论其数额大小，一律适用统一的比例税率。

美国是最为典型的实施综合型所得税税基的国家，单一税的税改提议出现在美国并非偶然。其支持者认为，长期实施综合型所得税税基，导致美国储蓄率偏低，大大拖累了美国经济；为了增加激励，不得不在现行税制中引入各种优惠措施，又导致税收漏洞过多，保证不了综合制本身的公平考虑。但由于HR单一税过于激进，它在税基和税率两个方面都超出了传统所得税制度的边界。不仅将整个传统所得税制度的基础由收入转移到消费，而且在改革个人所得税的同时，必然也波及到对企业所得税的改革，作为一种税制改革方案，它从未得到过真正的实施。

单一制个人所得税（flat personal income tax）

由于现实中的个人所得税改革不一定非要涉及企业所得税（避免对股息的双重课税问题除外），因此，我们通常所说的单一税制，实际上指的就是单一制个人所得税。作为整体单一税制框架的一个组成部分，单一制个人所得税实质是一种以消费为税基的个人所得税（consumption-based personal income tax），它对应于传统的以所得为税基的个人所得税（income-based personal income tax）。

理论上，单一制个人所得税具有如下特征：①消费税基，以使个人收入只被课税一次。②废除各种扣除等税收优惠，保证税收公平。③是以单一法定税率向个人征收的直接税。（克里斯·爱德华兹、丹尼尔·J. 米切尔、冯兴元，2010）可以看出，单一制个人所得税的提议，旨在通过对资本免税和简化征税办法的方式，减少传统个人所得税对经济的扭曲，提高个人所得税的经济效率和征管效率。

但事实上，此种激进的个人所得税改革提议也未被完整地实施过。到2009年，全球共有27个国家和地区实行了单一制个人所得税改革。所有这些改革中，最醒目的特点是单一法定税率的施行。对个人储蓄提供了税收上的优惠，但完全免税的并不多见。一般而言，实行单一制个人所得税的国家都保留了基本宽免额或扣除额。

在最近20年以来的单一制税改潮流中，率先将单一制个人所得税付诸实施的是波罗的海沿岸的中东欧转型国家，作为其总体经济改革计划的一部分，实行单一制个人所得税主要是基于其并不乐观的税收遵从的现实，实行复杂的累进制反而会有损于追求经济平等的目标。（Gordon R. 和 W. Li，2005）另一方面，个人所得税在这些国家财政收入体系中的地位本来就微乎其微，实施单一制改革的机会成本较小。

直到俄罗斯于 2001 年加入到单一税率“俱乐部”中来，这一事实使其他转轨国家多年的实验开始被国际社会认真对待，来自理论研究的结论对此亦不乏分歧。其效应如何，仍有待于实践的检验。

3.3.3 影响各国个人所得税模式选择的因素分析

纵观世界各国个人所得税变迁史，可以发现，影响各国个人所得税模式选择的因素，以 20 世纪 80 年代为界，具有很明显的区别。在此之前，由于全球化进程尚未高度发展，各国的税制变革主要回应国内因素而做出变动。就个人所得税改革而言，最重要的政策考虑，是其在筹集财政收入和公平收入分配上的作用。而在 20 世纪 80 年代以后，全球化浪潮突飞猛进，越是开放度高的经济体，面临的外部竞争压力越大，由此，在税收制度的调整方面，开始更多地考虑外部因素和全球市场。

20 世纪 80 年代之前：国内公共政策目标和征管技术是主要的影响因素

（1）初始选择与路径依赖。

很难说哪种因素能够决定性地影响一国个人所得税模式的选择。大多数国家最初选择实施的个人所得税模式，仅仅是各种历史偶然因素合成的结果，并且这种结果因为制度惯性而被沿袭下来。典型的如美国，在 1864 年引入个人所得税的时候，由于当时个人所得税在美国还属于临时税和“小众税”①，为了筹集足够的收入而选择了宽税基的综合制。至今为止，美国个人所得税的税基在全球各国中仍然是最为宽泛的。英国 1799 年首次征收的个人所得税，也是综合制。（Douglas，1999）五年之后的 1803 年，英国才废除收入申报，同时引入（以普遍的源头代扣为支撑的）分类制。这一制度变革之所以发生在英国，与其历史上的相关法律传统和思想资源渊源甚深。② 不过，其税制中各类收入的实际划分，无论就内容、还是就其结构而言，却都不具有所谓的“科学性”（Ault 和 Arnold，2004），这足以说明决定税制演化的那些因素，本身十分复杂。法国从 1710 年开始，就将全部所得分为四类征税，（Sabine，1980）那时还是专制的路易十四时代（1643 ~ 1715），后来法国的个人所得税又因吸收了不少英国和普鲁士分类别个人所得税的做法，而具有明显的分类制特色。③

（2）地域特点与示范效应。

整体来看，欧洲国家选择分类制的较多、北美和亚太国家选择综合制较多。典型的如德国、法国、荷兰、瑞典等都以分类制特征为主要特色，这可能与英国分类制的影响与示范作用有关。但是，自美国崛起以后，英国的影响力相对削弱。一些北美和亚太国家，如加拿大、澳大利亚、新西兰，则受美国的影响较为明显，建立了以综合制为主要特色的个人所得税。不过，作为英联邦国家成员，加拿大、澳大利亚、新西兰的个人所得税虽然总体上以综

---

① 美国直到 1913 年通过第 16 次宪法修正案将个人所得税确立为永久性税收时，预期的纳税人口并不足总人口的 1%，而实际纳税人数更少。1939 年实际纳税人口仍不足总人口的 5%。（参见 Goode，1976）

② 其一，起源于英国的信托法传统中，就对收入（income）和资本（capital）有严格的区分；其二，对后世影响深远的亚当·斯密的思想中，早就对流动资本和固定资本（circulating and fixed capital）之间作出区分，在经营利润和资本利得（income profit and capital gain）之间作出区分；其三，英国引入所得税之时，已经存在对资本征收的其他税种，因此，在新的所得税中，将对资本的征税给予例外，是合理的。鉴于上述原因，在当时，很难找到实施综合制的充分理由。（Ault 和 Arnold，2004，第 115 ~ 116 页）

③ 法国的个人所得税极有特色。它在对个人所得分类课征个人所得税的基础上，还需就个人综合所得计算应纳税额。故法国的个人所得税属于综合分类制。

合制为特色，也都含有部分的分类制特征。而大多数发展中国家的个人所得税模式，则一般受到前殖民国家税制的影响与推动，这可以解释为什么原法属非洲国家和部分拉美国家选择实施分类制个人所得税。（Goode，1984）

（3）国内公共政策的优先目标。

从20世纪60年代以后个人所得税的改革潮流看，公共政策目标的影响更为明显。当一国税制更偏向于税负分担的公平目标，则选择综合制的可能性较大。无论从横向公平还是纵向公平的角度，综合制个人所得税都是最有利于实现这一政策目标的。如果公共政策目标更注重经济增长等效率目标，可能就会偏离综合制，而对储蓄实行优惠。或者说，在对劳动所得和资本所得的课税中，更优惠资本所得。至于优惠到什么程度，是对储蓄完全免税，还是只对某些资本所得予以优惠，取决于政策上的权衡。

我们注意到，从20世纪50年代开始，当再分配目标越来越受到政策关注，那些曾经以分类制为主要特色的国家，例如法国、比利时等，纷纷采纳了综合制的某些制度安排。一些原法属非洲国家，如乍得（Chad）、加蓬（Gabon）、刚果（Congo）等，以及大多数拉美国家现也都随之转向了综合制。（Goode，1984，第105页）

（4）征管条件。

对于征管成本的考虑，可以说是唯一具有一些确定性的决定因素。在个人所得税发展的前期，征管条件普遍比较低下，这解释了为什么分类制更受到欢迎。后来，随着纳税遵从理念和征管技术的进步，引入综合制优势的成本降低了，综合制才变得普遍起来。但即使如此，在征管条件不发达的发展中国家，分类征收仍是其首选。俄罗斯20世纪90年代初进行个人所得税综合制改革失败的例子，为此提供了很好的佐证。当时，为了解决收入分配不公正的问题，俄罗斯决定实行综合制的个人所得税。但是，由于其征管技术不到位，纳税人缺乏依法纳税的观念，企业没有完全的会计核算方法，社会缺乏诚信，不仅调节收入分配的目标实现不了，更导致大面积的逃漏税。此后，俄罗斯转行单一制个人所得税，至少在堵塞税收漏洞、增加财政收入方面取得了成功。

20世纪80年代之后：全球化的影响程度加深

全球化的发展正以前所未有的深度持久地影响着世界各国的政治、经济和社会生活，包括世界各国税制的未来发展方向。最近一波的全球化浪潮始于20世纪80年代，得益于这一时期交通、通讯技术和互联网的发展，资本和高技能劳动力等要素在全球范围内的流动性大大增强。一方面，流动性要素有条件在全球范围内寻找最理想的投资和工作环境，国际贸易与跨境消费规模持续扩大，从而带动了税基的全球性流动；另一方面，各国政府为了吸引投资和高技能劳动力，或主动或被动地走上了税收竞争之路，对资本和高技能劳动力等流动性要素给予更优惠的税收待遇。一些曾以综合制为主要特色的国家，也已经不那么综合。北欧国家更采取二元制，给予资本所得以明显优待。美国虽然坚持综合制，但其国内有关个人所得税改革的讨论，一直都在呼吁给予储蓄和投资以税收优待。

全球化背景下的税收竞争导致传统税基受到侵蚀、流动性税基的相对税率降低，也限制了主权国家政府利用税收工具实现国内公共政策目标的空间。尤其在那些对外经济开放程度较高、总体经济规模不大的国家，全球化已经超越其国内政治、经济因素，成为重塑其税制结构及其规模的主导力量。全球化的扩展导致世界各国税制发生了以下几方面的突出变化：

（1）主权国家的税政自主性：受到更多外部制约。

如果说封闭经济条件下，一国税制模式的选择只需考虑其自身历史条件、国内公共政策目标以及征管条件，那么，经济全球化的迅速发展已经改变了这种各国税政的"自主"状态。

首先，全球化将引导各国税制变革对经济

效率与社会公平目标作出新的权衡。20世纪80年代以来，世界各国税制改革普遍更为注重效率目标，注重促进增加储蓄和资本形成，这一“增长导向”（growth-oriented）的税改趋势与此前（特别是二战后开始的）“再分配导向”（redistribution-oriented）的税制改革形成鲜明的对照。从整体税基向消费的倾斜以及所得税税基的收缩来看，不仅各国的整体税制变革更加倾向促进经济效率的目标，就连素以最具再分配功能的个人所得税，也在顾及分配公平目标的同时，发生了向效率目标的靠拢。

其次，税收作为再分配工具的作用将不可避免地受到削弱。这是因为，第一，消费税在国家财政收入中的相对重要性上升，相对于所得税而言，消费税本身就是累退的；第二，所得税本身的税基也在收缩，其累进程度有所降低，以上变化必然会弱化税收（包括个人所得税）作为国内再分配之政策工具的能力。

第三，为避免国际间恶性税收竞争的不利后果，各国在展开税收竞争的同时，也加快了税收协调的步伐。税收协调本质上是参与国之间针对主权国家税政自主权的重新界定和一致同意，将不可避免地对一国的征税权起到重大的制约作用。

（2）传统税基的结构性调整：由收入转向消费。

传统上，国家征税的对象主要有三大类，即：收入（或所得，income）、消费（consumption）和财富（wealth），各个国家依其具体情况而采取了不同的税制结构。大多数国家采用所得税与消费税双主体税制。财产税固然重要，但鲜有国家以此为其主体税种，不过，财产税作为地方税主体税种的情况并不少见。

在全球化的压力下，传统税制的税基出现了结构性调整，明显发生了越来越倚重非流动性税基的趋势。也就是说，整体上，在对国民财富流量的征税过程中，各国明显有减少所得课税而扩大消费课税的迹象。从大的税收分类上看，虽然还不能因此而断定各国更依赖间接税而不是直接税。但主要税种的实际变化令人深思。最主要的表现就是最近20年以来，增值税在全球的迅速扩张，以及与之相对应的，个人所得税与企业所得税规模的相对收缩。（Norregaard J. 和 T. S. Khan，2007）究其原因，作为税基，消费比收入更缺乏流动性，而为了吸引和留住税基，各国对具备较强避税能力的要素的课税更为谨慎。

间接税重要性上升的事实，在此次全球性经济危机之后更为明显。由于所得税收入对经济下滑更为敏感，在所得税减收的情况下，为了弥补损失和缓解财政赤字，各国采取的主要应对措施，一是提高间接税税率，二是拓宽其税基。全球增值税（或货物和劳务税）平均税率由2009年的15.41%上升到2010年的15.61%。自2010年下半年以来，至少有10个国家或者提高了增值税（或货物和劳务税）税率，或者宣布将于2011年提高税率。荷兰将观光从业者和旅游机构纳入增值税纳税人范围，挪威将电子服务、丹麦将房地产销售与管理等也纳入征税范围。此外，一些国家也开始考虑引入全国性增值税（或货物和劳务税）的可能性，例如美国。[①]

（3）传统所得税的税基收缩：偏离综合型税基。

就所得税而言，一是发生了由传统税制下的综合型税基向消费型税基的转型。所谓综合型税基，即全部要素收入，无论其被用于消费，还是被用于储蓄和投资，都需要纳税。传统的个人所得税和企业所得税税基，是包含（或部分包含）储蓄和投资性支出的。但在全球化的压力下，为了提高竞争力或出于竞争流动性税基的动机，一些国家选择放弃（或部分放弃）对资本所得的课税，导致传统所得税税基的收缩。对各种储蓄及其收益给予差别性的

---

① KPMG，“KPMG's Corporate and Indirect Tax Survey 2010”，http：//www.kpmg.com/Global/en/Issues And Insights/Articles Publications/Documents/Corp - and - Indirect - Tax - Oct12 - 2010.pdf.

优惠待遇，包括：适用较低的单一税率，允许各种税前扣除、免税以及直接的税收抵免。其中，最为激进的单一税提议，主张只对全部收入中用于消费的部分征税，而私人储蓄和企业投资部分完全免税。这一方案下，传统的“个人所得税+公司所得税”的组合将发生根本性的改变。

（4）流动性税基（mobile tax base）之相对税率：“向下竞争”的趋势明显。

全球化背景下，各国为竞争流动性税基的努力，除了导致传统税基的结构性调整与所得税税基的收缩之外，也不可避免地导致相应税率的“向下竞争”。研究表明，自20世纪80年代中后期以来，全球范围内，间接税和直接税的法定最高边际税率和平均税率水平，都普遍地下降了。

尽管各国税制倚重间接税的趋势越来越明显，大多数国家提高了间接税的税率。但根据KPMG对全球114个主要国家间接税税制的分析，其间接税税率的平均水平还是从2004年的15.95%小幅下降到2010年的15.6%，这主要得益于拉丁美洲国家大幅度减低间接税税率的贡献。来自KPMG的数据还表明，全球114个主要国家公司税（含公司所得税和其他税收）税率从2000年的31.9%下降到2010年的25%。

另外，根据OECD收入统计和其他数据来源，OECD国家法定最高公司所得税税率的平均水平，已经从1985年的44%下降为2010年的23.9%。而追随美国20世纪80年代的减税风潮，各国个人所得税的最高边际税率大幅度下降。根据美国佐治亚州立大学Klara Sabirianova Peter等人2009年的一项研究，全球108个国家的法定最高边际税率按各国GDP加权平均值，从1981年的62%下降到2005年的36.4%。

3.4 小结：全球化背景下个人所得税的变革趋势

在全球化进程飞速发展，并已经实际影响到各国税政自主性的前提下，各国的税收制度改革出现了某种程度上的趋同性。作为整体税制中重要税种之一的个人所得税，也在全球化加速和整体税制转型的大背景下，表现出一些具有普遍性的变动趋势。

3.4.1 个人所得税制度改革的政策目标：由分配正义向经济效率倾斜

传统税制下，收入再分配的责任，主要由个人所得税来承担。因而，再分配功能较强的税制通常以所得税、特别是以累进课征的综合制个人所得税为主体。当年发达国家采用这种税制结构时，同样也是基于追求分配正义的国内政策目标考虑。

当全球化的进程有限，且国际资本、人员流动不那么便捷，跨国投资与生产的规模和程度尚小，跨境消费行为尚不普遍之时，各国个人所得税制度的选择，有条件忽视国际竞争因素而仅围绕国内政策目标来权衡。但时过境迁，在现今全球化背景下，各国税制改革已经超越了国内公共政策的单一考虑，而必须面对参与国际竞争与合作的各种挑战。

越是开放度高的经济体，越有可能受到外部竞争压力而对流动性税基更为优惠，因为税基自由移动的能力越强，其对税率的变动越敏感，就越容易逃离高税率的地区或国家。相对而言，资本比劳动更具流动性、高素质劳动力比普通劳动力更具流动性，个人所得税税制设计中对以上两种课税对象施以优惠，自然有利于吸引和留住高生产力要素，有利于提高一国竞争力和稳固税基。但另一方面，客观上也对流动性较低的、生产力较低的要素产生了歧视。而在传统的分配正义与经济效率权衡中，前者才是政策上需要加以照顾的重点。

然而，尽管存在此种道德上的两难，从各国个人所得税改革的措施中，仍然可以看出政策目标上由分配正义向经济效率倾斜的趋势。缓解这一困境的主流观点是，有必要在公共财政的支出安排上体现对社会弱势的照顾，并在间接税体系中，更大程度地引入累进性的制度安排。

3.4.2 个人所得税改革：分类制因素悄然回归

就个人所得税而言，各国税收政策回应全球化挑战的一个必然结果，是税制设计中分类制因素的悄然回归。总体趋势是，各国越来越多地选择对资本所得轻税、对劳动所得重税的差别化税收政策。

从对资本所得和劳动所得的综合征税，到对资本所得完全免税、仅对劳动所得征税（其实质就是工资税或支出税）之间，存在对资本所得不同程度的政策选择区间。北欧高福利国家于20世纪80年代起开始采用的二元所得税制是介于中间形式的一种选择。在全球化压力下，一方面，这些国家要维持较高的国民福利，不得不继续对劳动所得课征累进税以取得财政收入；另一方面，面对全球资本流动壁垒的日益消除，为避免资金的大量流出，不得不减轻资本的税负，但尚未发展到对资本的完全免税。北欧国家的二元制在其他欧洲国家引起了强大的反响，引起了一场全欧洲探讨向二元制转型的问题。

相较之下，老牌的综合制国家美国，虽然在理论建树上，是工资税和支出税提议的发起国，但其事实上的所得税制度运作，仅仅是小幅地偏离了综合制。即在个别的资本所得上，引入了分类制课征的因素。

3.4.3 个人所得税税基：由收入向消费的转移

由于各国个人所得税改革中分类制因素的回归，直接导致个人所得税税基发生转移。上文已在多处反复提及，传统个人所得税的税基是综合型的。然而，对储蓄及其所得的税收优惠，使得个人所得中用于当前消费的部分负担更多的税负。当然，在各国的税收实践中，此种转移发生的范围和程度有所不同。对储蓄及其所得完全免税的极端案例还没有发现，个人所得税税基由收入向消费的转移确已发生并仍在进行之中。除非全球化进程意外停止，这一转移的进程还将持续下去。

3.4.4 传统超额累进税率结构：“平化”倾向明显

高累进性的综合制个人所得税已经被证明不适应全球化竞争的大背景。全球化背景下整体税率“向下竞争”的重要表现之一，是传统个人所得税超额累进税率结构，发生了明显的“平化”倾向。

相较二三十年前，尽管大多数国家依然保持累进税率的设置，但是也都普遍地大幅度减少税率级次，大幅度地降低最高边际税率。一些前苏联和中东欧转型国家还实行了单一税率。个人所得税的整体累进性降低。（Sabirianova Peter、Buttrick 和 Duncan，2008）

以上分析表明，在全球化时代，利用个人所得税政策实施国内收入分配目标的努力，将会受到越来越大的限制。一个国家的个人所得税政策乃至于全部税收政策，在新的约束条件下，必将面临新的权衡。基于这一历史背景，中国的现行个人所得税改革的目标如何定位、其与间接税改革如何协调配合、如何顾及财政收入的考虑，诸如此类的重大问题，已经无法仅仅立足于国内视野而给出全面的答案。

我们认为，“综合与分类相结合”的关键之处在于综合到什么程度，与普通大众更关心劳动所得相比，政府出于税收分配公平的考虑，更关心在多大程度上应将资本所得纳入累进征收的轨道。由于资本具有全球流动性，顾及到税基的可能流失，各国政府都对资本施行更为优惠的税收待遇，这是中国政府在推行个人所得税综合制改革过程中所要面对的一个新的难题。

主要参考文献

克里斯·爱德华兹、丹尼尔·J. 米切尔、冯兴元：“国际单一税运动与中国”，九鼎公共事务研究所系列论文，2010 年。

Ault, H. and B. Arnold, *Comparative Income Taxation: A Structural Analysis*, 3rd ed, Alphen aan den Rijn, the Netherlands: Kluwer Law International, 2010.

Ault, H. and B. Arnold, *Comparative Income Taxation: A Structural Analysis*, 2nd ed, The Hague: Kluwer Law International, 2004.

Genser, B. and A. Reutter, "Moving towards Dual Income Taxation in Europe", International Studies Program, Andrew Young School of Public Studies Working Paper 07 - 17, 2007.

Goode, Richard, *Government Finance in Developing Countries*, Washington, D. C.: The Brookings Institution, 1984, pp. 167 - 169.

Tanzi, V., "Globalization, Tax System, and the Architecture of the Global Economic System", in Vito Tanzi, Alberto Barreix, and Luiz Villela (eds.), *Taxation and Latin American Integration*, Harvard University, 2008.

Gordon, Roger and Wei Li, "Tax Structure in Developing Countries: Many Puzzles and a Possible Explanation", NBER Working Paper No. 11267, 2005.

Haig, Robert M., "The Concept of Income—Economic and Legal Aspects", in R. M. Haig, *The Federal Income Tax*, New York: Columbia University Press, 1921, pp. 1 - 28.

Hall, R. E., and A. Rabushka, *Low Tax, Simple Tax, Flat Tax*, New York: McGraw - Hill, 1983.

Norregaard, J. and T. S. Khan, "Tax Policy: Recent Trends and Coming Challenges", IMF Working Paper WP/07/274, 2007.

Sabine, B., *A Short History of Taxation*, London: Butterworth, 1980, p. 114.

Simons, Henry, *Personal Income Taxation: the Definition of Income as a Problem of Fiscal Policy*, Chicago: University of Chicago Press, 1938, p. 49.

Zee, Howell H., "Personal Income Tax Reform: Concepts, Issues, and Comparative Country Developments", IMF Working Paper WP/05/87, 2005, http://www.imf.org/external/pubs/ft/wp/2005/wp0587.pdf.

4

世界主要国家个人所得税比较

- 最近 40 年以来，全球范围内出现了个人所得税最高边际税率和平均边际税率双双下降的趋势；虽然累进税率仍是主流，但税率级次明显减少，单一税率的出现尤其引人关注
- 个人所得税仍是实施收入再分配的重要政策工具之一，但在全球化背景下兼顾经济效率的考虑导致课税模式的重大变革
- 中东欧国家（最近包括一些发达经济体）单一税制的尝试，对于缺乏直接面向纳税人的直接税征管经验的中国，亦有值得借鉴之处。影响各国个人所得税模式选择的各种因素中，征管条件至为关键
- 相比之下，中国现行个人所得税相对较高的最高边际税率和较多的税率级次，却未能筹集到同样可观的财政收入，也决定了它的再分配功能之弱
- 征管制度的缺陷是中国个人所得税实施综合制改革的最大制约

Comparison of Major Countries' Personal Income Tax

- The highest and average marginal rates of personal income tax both have tended downwards in recent 40 years in the world. Although the progressive rate is still dominant, the tax bracket has been reduced significantly. The emergency of flat rate is particularly remarkable
- The personal income tax is one of the important policy instruments of income redistribution, but the taxation model has undergone significant changes because of consideration of economic efficiency in the context of globalization
- Attempts to adopt the flat tax pattern of Central and Eastern Europe (and some developed economies recently) can be learned from by China that lacks experience of direct tax administration to directly face to taxpayers. Among the factors that affect countries to select personal income tax pattern, tax administration is crucial
- China can not raise the same revenue from current personal income tax that has relatively higher top marginal rate and much more tax brackets, which limit personal income tax to play its role of income redistribution
- The deficient tax administration is the biggest constraint for China to comprehensively reform its personal income tax

4. 世界主要国家个人所得税比较[①]

本章是第3章基本结论的深化和展开，我们将围绕税基范围的大小、税率结构、免税和扣除、征管方式等主要的税制要素对典型国家的现行个人所得税制度进行分析，并进行初步的比较研究。

4.1 个人所得税现状

个人所得税由临时性税种逐步发展为常设税种，并由补充性的新税种演化为主体税种的过程中，历经了种种变革，其在各个国家的表现，既有共同之处，也有诸多差异。由于个人所得税在发达国家的发展最为充分，数据也最为全面，本章的分析主要基于OECD国家，需要时也兼及转轨国家与发展中国家。

4.1.1 个人所得税规模：与OECD国家的对比

近40年以来，全球化进程的深化，引发了各国基于新的外部环境进行税制改革的探索，[②]导致个人所得税发生了结构性的变化。就个人所得税体系本来就较为完善的OECD国家而言，个人所得税仍是其主体税种，但其收入占全部税收收入和GDP的比重均有所下降。

OECD国家1970～2008年间的相关数据表明，近40年来，虽然税收收入占GDP的平均比重平缓上升，但与此同时，个人所得税收入占GDP的平均比重却体现出平缓的下降趋势。[③]

---

① 本章涉及的部分国别资料，除本章作者外，还有以下人员整理提供：张斌、蒋震、范建鏋、何代欣、张德勇、苑德宇、徐妍、冯静、于树一等，在此致谢。

② 参见本报告第3章3.3的相关内容。

③ 这种平缓是平均了各国间差异的结果。事实上，具体国家间的差异还是比较明显的，只是这种差异产生了相互抵消的作用，从而导致各国平均水平只具有平缓变化的特征。

20 世纪 80 年代之前，税收收入占 GDP 的比重平均为 23. 81%，个人所得税收入占 GDP 的比重平均为 10. 13%；20 世纪八九十年代期间，税收收入占 GDP 的比重达到 26. 59%，个人所得税收入占 GDP 的比重降为 9. 50%；进入 21 世纪，税收收入占 GDP 的比重基本维持不变（26. 12%），而个人所得税收入占 GDP 的比重则降到了 9. 11%。（参见图 4 - 1）

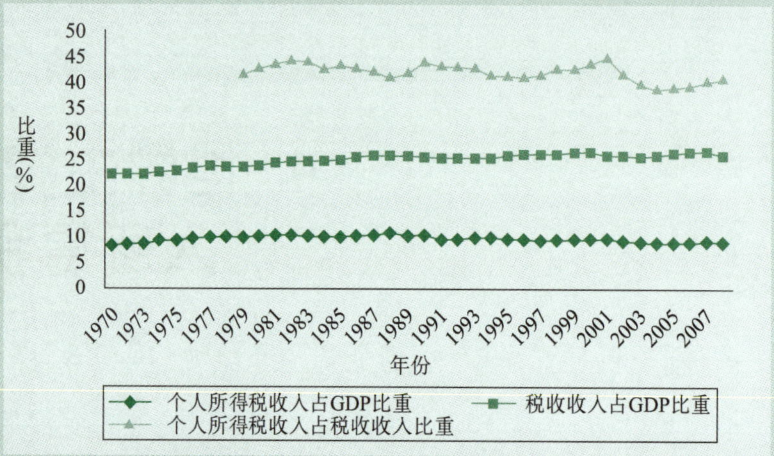

图 4 - 1　1970 ~ 2008 年 OECD 国家个人所得税收入、税收收入及 GDP 的相对变化态势

注：由于 OECD 国家税收收入统计中含社会保障缴款，为与中国数据可比，这里 OECD 国家税收收入为扣减社会保障缴款后的调整数。

资料来源：OECD，“Stat Extracts”，http：//stats. oecd. org/index. aspx? lang = en。所涉及的平均比重均为非加权平均数。

以上两个比重数值此消彼长的一个结果是，OECD 国家个人所得税收入占 GDP 的平均比重明显地下降了，由 1970 年的 10% 多下降并最终稳定在 9% 左右。不过，个人所得税收入占 GDP 比重的下降迄今为止仍未动摇其主体税种的地位。

2010 年中国税收收入占当年 GDP 的比重为 18. 39%，其中，来自个人所得税的收入占税收收入的比重为 6. 61%，仅占当年 GDP 的 1. 22%。国别数据的比较（参见图 4 - 2）显示，中国税收收入占 GDP 的比重低于 OECD 国家的非加权平均水平（25. 81%），考虑到中国公共服务水平相对较低，这一差异是可以理解的。中国个人所得税收入占税收收入的比重（6. 61%）却明显低于 OECD 国家（41. 20%），占 GDP 的比重则更低，更谈不上是主体税种。

4. 1. 2　个人所得税税率

最高边际税率下降，税率级次减少

在全球化背景下，个人所得税税率结构发生了一些具有共性的变化，即最高边际税率下降的同时，税率级次也在减少。发达国家的表现尤为明显。KPMG（2010）对全球 86 个国家个人所得税税率的调查（图 4 - 3），以及相关研究对部分国家税率级次变化趋势（表 4 - 1）的分析都表明，近年来，平均的边际税率有平缓的下降趋势，而大多数国家的税率级次也在减少。斯洛伐克的税率改革最为激进，税率由 7 个级次直降为单一税率。

累进税率仍是主流，单一税率涌现引人关注

目前世界上大多数国家个人所得税均采用

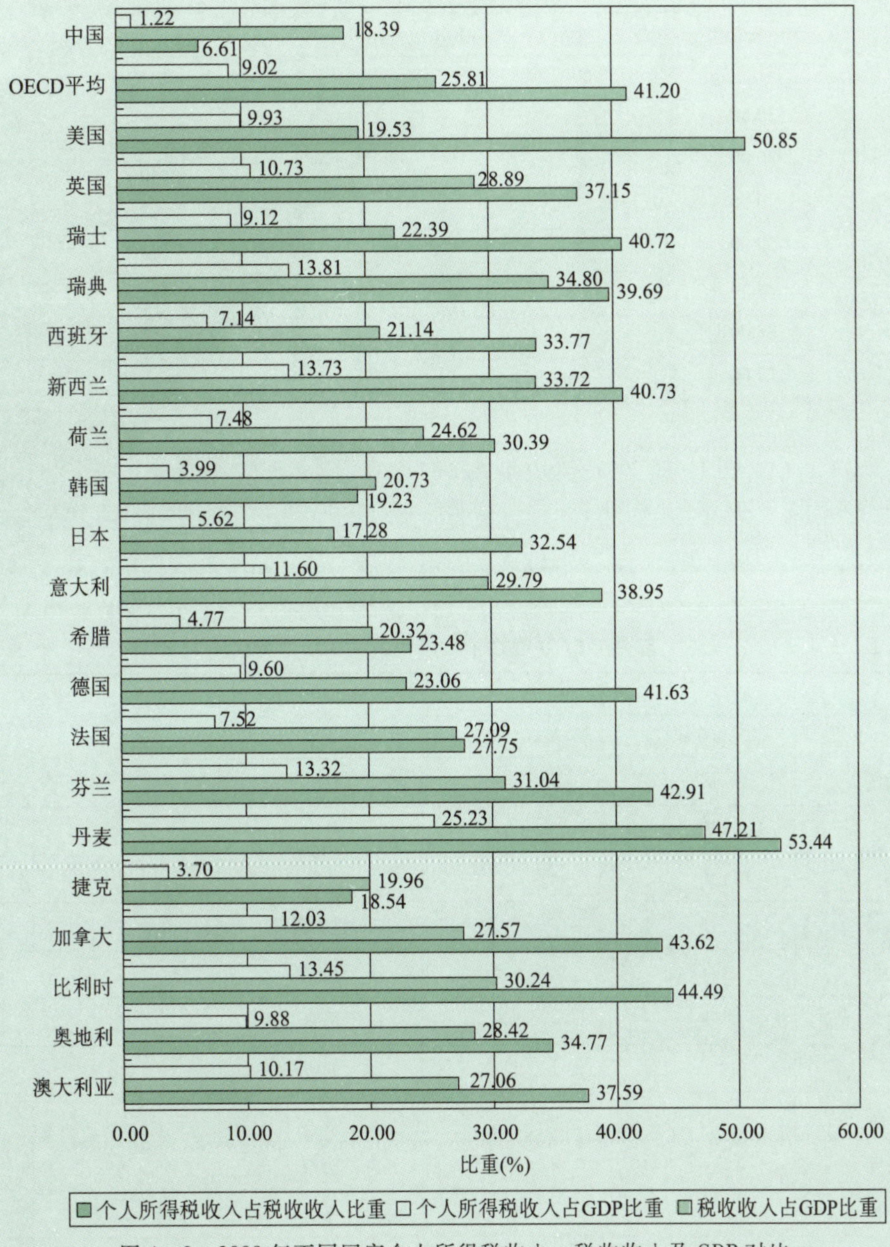

图 4-2　2008 年不同国家个人所得税收入、税收收入及 GDP 对比

注：其中，中国为2010 年数据。由于OECD 国家税收收入统计中含社会保障缴款，为与中国数据可比，这里OECD 国家税收收入为扣减社会保障缴款后的调整数。

资料来源：《中国统计年鉴 2010》、国家统计局的《2010 年国民经济和社会发展统计公报》、财政部的《2010 年税收收入增长的结构性分析》；OECD，"Stat Extracts"，http：//stats. oecd. org/index. aspx? lang = en。

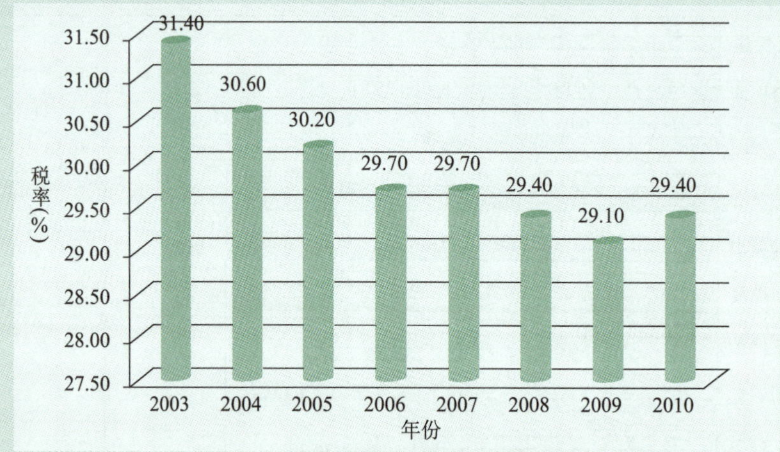

图 4－3　2003～2010 年个人所得税平均边际税率变化趋势

注：值得强调的是，在边际税率下降的同时，最低级次的税率水平反而有所上升，上升幅度为 0.3%。

资料来源：KPMG，2010。

表 4－1　部分 OECD 国家个人所得税税率级次变化

国家	级次		国家	级次	
	2000 年	2005 年		2000 年	2005 年
卢森堡	17	16	日本	4	4
瑞士	12	12	韩国	4	4
法国	6	6	荷兰	4	4
葡萄牙	5	6	奥地利	4	3
美国	5	6	丹麦	3	3
比利时	7	5	希腊	5	3
芬兰	6	5	挪威	3	3
墨西哥	10	5	波兰	3	3
西班牙	6	5	瑞典	3	3
土耳其	6	5	英国	3	3
新西兰	4	5	匈牙利	3	2
澳大利亚	4	4	冰岛	2	2
加拿大	3	4	爱尔兰	2	2
捷克	4	4	斯洛伐克	7	1
意大利	5	4			

注：其中冰岛、捷克分别于 2007 年、2008 年实行单一税率改革后，其税率级次进一步减至 1 级。

资料来源：Brys，B. 和 H. Christopher，2005。

累进税率结构。在这一大背景下，以中东欧国家为主体的 27 个国家（地区）实行单一税率，尤为惹人注目。表 4－2 列出了实行单一税率的国家（地区）及其税率。

表 4－2 单一税率“俱乐部”

单位：%

国家（地区）	单一税率个税生效年份	个税单一税率	企业所得税税率
泽西岛	1940	20.0	20.0
中国香港	1947	15.0	16.5
根西岛	1960	20.0	20.0
牙买加	1986	25.0	33.3
爱沙尼亚	1994	21.0	21.0
立陶宛	1994	24.0	15.0
拉脱维亚	1995	25.0	15.0
俄罗斯	2001	13.0	24.0
斯洛伐克	2004	19.0	19.0
乌克兰	2004	15.0	25.0
伊拉克	2004	15.0	15.0
罗马尼亚	2005	16.0	16.0
格鲁吉亚	2005	12.0	15.0
吉尔吉斯斯坦	2006	10.0	10.0
德涅斯特河沿岸共和国	2006	10.0	10.0
特立尼达	2006	25.0	25.0
冰岛	2007	35.7	18.0
哈萨克斯坦	2007	10.0	30.0
蒙古	2007	10.0	25.0
马其顿	2007	10.0	10.0
蒙特尼哥罗	2007	15.0	9.0
阿尔巴尼亚	2007	10.0	10.0
毛里求斯	2007	15.0	15.0
捷克	2008	15.0	21.0
保加利亚	2008	10.0	10.0
波黑	2008	10.0	15.0
白俄罗斯	2009	12.0	24.0
27 国（地区）的平均值		16.2	18.0

资料来源：克里斯·爱德华兹、丹尼尔·J. 米切尔、冯兴元，2010。

中国现行个人所得税的税率级次过多

与其他国家税率结构相比，可以发现我国个人所得税税率级次过多，虽然最低边际税率处于中等水平，但最高边际税率过高。（参见表 4－3）

表 4－3 2011 年部分国家个人所得税边际税率及税率级次

国家	应税所得起征点	税率				级次	
		最低边际税率	（其中：地方最低税率）	最高边际税率	（其中：地方最高税率）	中央	（地方）
美国[①]	—	10%	—	35%	—	6	—
加拿大[②]	—	19%	（4%）	46.5%	（17.5%）	4	—
澳大利亚	$6 001	15%	—	45%	—	4	—
英国	£ 2 440[③]	20%	—	50%	—	3	—
法国	€5 875	5.5%	—	40%	—	4	—
德国	€8 005	14%	—	45%	—	3	—
日本	—	9%	（4%）	50%	（10%）	6	（3）
瑞典	—	54.73%	（29%）	61%	（34.75%）	3	—
印度	Rs. 16 001[④]	10%	—	30%	—	4	—
越南	—	5%	—	35%	—	7	—
巴西	R $17 208	7.5%	—	27.5%	—	4	—

注：①美国个人所得税采用了六级超额累进税率，但美国税法将纳税人区分为单身者、家庭联合申报或具备资格的鳏（寡）者、已婚分别申报者和户主申报者四类，每种类型纳税人在不同税率级次所对应的应税所得是不同的。

②加拿大个人所得税分为联邦所得税和省级所得税，各省个人所得税应税所得起征点、税率结构有所不同。

③2010/2011 纳税年度为 2 440 英镑，2011/2012 纳税年度为 2 560 英镑。

④根据印度税法规定，不同纳税人应税所得不同。男性纳税人净所得 160 000 卢比以上的需缴纳个人所得税；女性纳税人净所得 190 000 卢比以上的需缴纳个人所得税；65 岁以上纳税人净所得 240 000 卢比以上的需缴纳个人所得税。

资料来源：根据 wikipedia、http：//www.taxrates.cc、各国家税务局资料整理。

中国现行个人所得税的最高边际税率过高

图 4－4 比较了 2009 年一些国家个人所得税最高边际税率的情况，并相应标出了这部分国家适用于最高边际税率的应税收入。[①] 可以看出，我国个人所得税 45% 的最高边际税率在世界范围内属于高税率国家群，资料显示，我国个人所得税最高边际税率仅次于丹麦（62.28%）、瑞典（56.74%）、荷兰（52%）、比利时（50%）、澳大利亚（50%）、日本（50%）、以色列（46%）、爱尔兰（46%）等国，列于世界第十位。适用于最高边际税率的应税收入，我国在世界的排名更为靠前，列于第六位，前五位分别是瑞士（630 312）、美国（372 950）、德国（334 448）、新加坡（217 317）和日本（182 062）。

中国作为发展中国家，应更多地关注最高边际税率对效率的影响，在调节收入分配和促进经济发展之间进行权衡。在这个意义上，个人所得税的边际税率不宜过高，应适度调低。

此外，中国现行个人所得税的这种税率结构设计，存在一些内在的缺陷：一是在周边多

① 此应税收入均换算为美元。

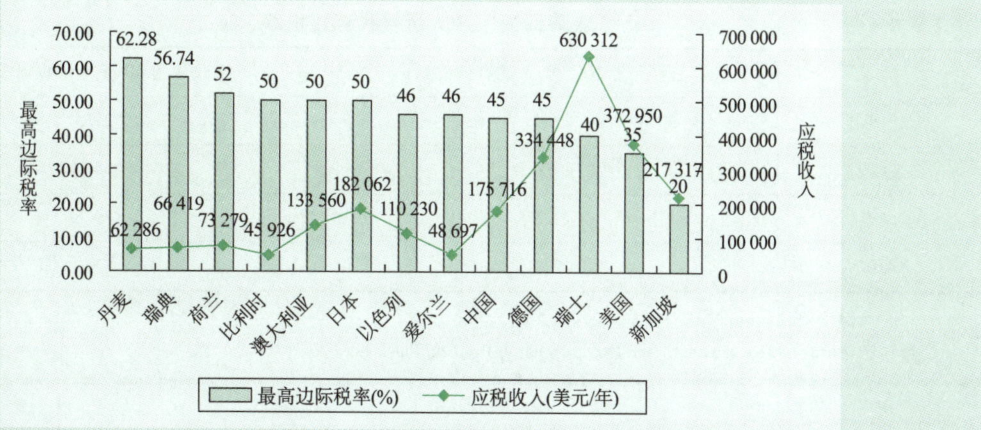

图 4－4　2009 年部分国家最高边际税率及应税收入

资料来源：http：//www. gfmag. com/tools/global－database/economic－data/10442－personal－income－tax－rates. html#axzzlFZN8ITaw；OECD Tax Database，http：//www. oecd. org/document/60/0，3746，en_ 2649_ 34533_ 1942460_ 1_ 1_ 1_ 1，00. html#pir。

国采用单一税率及低税率的情况下，（参见图 4－5）不利于我国的国际税收竞争，表 4－4 比较了"金砖四国"个人所得税有效税率，可知在较低收入区间，我国个人所得税税率较有竞争力，但在较高收入区间，高税率的劣势凸显；二是在分类税制下，45% 的最高边际税率仅适用于工资、薪金所得，适用这一边际税率的纳税人数非常少，能够起到的实际调节效果有限。

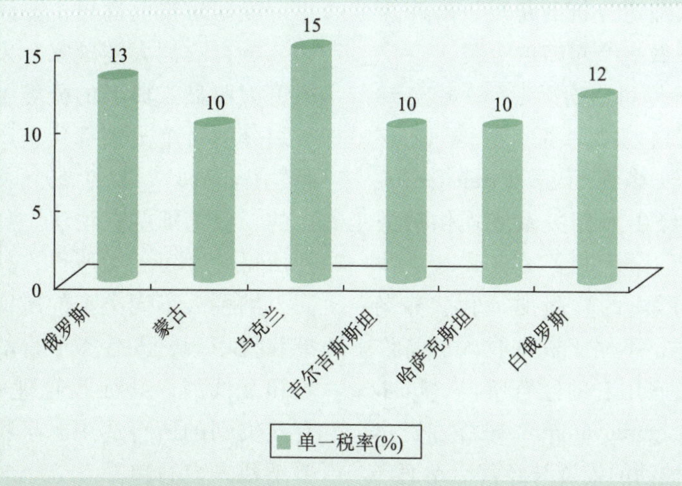

图 4－5　中国周边国家采用单一税率的个人所得税税率对比

资料来源：http：//flattaxes. blogspot. com/。

表 4－4 “金砖四国”个人所得税有效税率* 单位：%

国家	毛收入为 10 万美元的有效税率	毛收入为 30 万美元的有效税率
巴西	27.5	27.5
俄罗斯	13.0	13.0
印度	27.5	29.8
中国	22.0	35.0

*：有效税率指全部所得税收入与毛收入之比。

资料来源：http：//www.kpmg.com/IN/en/WhatWeDo/Tax/FlashNews/。

4.2 个人所得税课税模式的国际比较

4.2.1 对个人所得的粗略分类

个人所得税不同课税模式之间的区别，最主要在于税基范围的差异。由于税法是一国国内法，其表述方式和术语千差万别，为了分析的方便，我们首先从理论分析的角度，对作为课税对象的个人所得做一个粗略的分类。

假定个人全部所得可以分为：（1）劳动所得（earned income）；（2）资本所得（capital income）；（3）转移性所得（transfer income）。劳动所得即经由雇佣关系或提供劳务所获得的报酬，包括工资薪金（含奖金、津贴）、（货币或实物形式的）附加福利、养老金以及社会保障收益、不属于资本收入的特许权使用费、以及自我雇用者的经营所得（business income from self-employment）等等。资本所得是指经由主动和被动的投资与经营活动而产生的收入。包括利息（interest）、股息红利（dividend）、租金（rent）、资本利得（capital gain income）、（来自所获资产的）特许权使用费等等。转移性所得为不附带对等回报的单方面的收入获取，例如，得自政府发放的养老金、他人的赠与和遗产分割等。由于转移性所得就其最终来源又可拆分为劳动所得和资本所得，在此不做讨论。

4.2.2 个人所得税模式比较

分类制

根据对当前世界主要国家个人所得税的具体分析，欧洲大陆国家个人所得税的分类制特征更为明显。典型的分类制的特征如下：①所得划分的每个类别都代表产生收入的一种“来源”（source），囊括在个人所得税应税范围之内的，仅为那些在税法中具有对应来源的经常性所得；②每一类所得，其计税的方法各不相同，纳税人不同类型的所得适用不同的扣除标准和税率表；③各类所得的损益之间原则上不可相互抵消，其征收管理的方式也各不相同，有些类别的所得适用源泉扣缴制，另一些则需要纳税人自行申报。

英国曾是典型的分类制国家。但其现行的个人所得税已经具备了很强的综合制色彩。也就是说，它虽然还保持着对所得进行分类这一形式，但在计税时，往往将劳动所得、某些经营所得、甚至某些资本所得合并计税，而放弃了每一类所得分别计税的方式。具体而言，除利息、股息和信托收入之外的资本所得，均已并入劳动所得综合征收。这一变化在日本、德国等国的分类制个人所得税中都可以观察到，故我们可以称之为分类综合制，重点在分类。（参见 4.5.2）当前来看，似乎只有中国的现行个人所得税还保持着分类制的典型特征。

综合制

北美国家的个人所得税则以综合制为主要特征，其中以美国最典型。综合制下，要求个人的全部所得，不分其来源和性质都要纳入课税范围。实际税基是在综合所得的基础上，减去免税和扣除的部分。

所谓全部收入，是指能够实际或潜在地增加纳税人在一定纳税期间内的实际消费能力的一切收入。因而，它既包括纳税人收入中用于实际消费的部分，也包括了纳税人收入中用于储蓄和投资的部分，以及相应的资本性收入，甚至，它还应当包括纳税人所持有财产的估定增值部分（尽管这部分收入并未导致纳税人实际现金流的增加）。

在计算应纳税额时，原则上综合制不区分所得的性质与来源，而将不同性质与来源所得视同对待，经法定的税前扣除，再根据纳税人的申报身份，就其全部应纳税所得额适用统一的累进税率表。

不过，在各国个人所得税的实践中，这样纯粹的综合制并不存在。由于估值的困难，无论其个人所得税模式怎样，只有极少数的国家（如瑞典）对个人住房的估定增值收入征税。分类制因素的引入，使得综合制个人所得税事实上也对劳动所得和资本所得给以区别性待遇。

加拿大个人所得税总体上应属于基于所得分类的综合制，我们称之为综合分类制，重点在综合。首先，税法上关于所得的定义是综合的，但又给出了具体的分类。只是与典型分类制下不同，各类所得下的损益可以互相抵补。并且，因不能确定具体来源而排斥在个税征纳范围之外的收入少之又少，这也偏离了经典的分类制原则。

大洋洲的澳大利亚、新西兰虽是英联邦国家，但其确立个人所得税时正值美国式综合制流行的时期，因而它们的个人所得税总体上是综合制的，只是后来也引入了若干分类制的因素。但资本利得不纳入个人所得税课税范围，而对之课以独立的资本利得税的做法，则反映了英国分类制的影响。

二元制

北欧诸国奉行的二元制实质是分类制的一种。只不过对纳税人的应税所得划分的类别较少，一般只区分为劳动所得与非劳动所得两类，并分别课征个人所得税。具体做法为，对劳动所得实行超额累进税率，对非劳动所得课征单一比例税。北欧诸国的经验是，对非劳动所得的比例税率大致与企业所得税税率和对劳动所得课税最低级次税率相等。（参见表 4－5）

单一制及其他[①]

亚洲国家之间的经济和制度分化较明显，那些率先发展起来的经济体，由于其经济发达、个人所得税在财政收入中的地位更为重要，因此，可以并入欧洲、北美洲与大洋洲的发达经济体一起分析。而对于经济较为落后的经济体，以及大部分的转型国家由于个人所得税的地位在国家收入体系中并不重要，因此，历来较为缺乏对个人所得税的重视与研究。不过，转型经济体的单一制个人所得税实践已经引起了全球性的兴趣，成为最近 20 年以来全球个人所得税变迁的一个亮点。

表 4－6 列举了典型国家个人所得税的模式，我们分别考察各国个人所得税下对劳动所得和资本所得的征税办法有何不同，并专门考察对资本所得中的资本利得如何征税。

① 南美洲、非洲诸国相对来说属于后发展国家，其个人所得税受前殖民国家的影响较大。限于篇幅，本章没有做具体的考察。

表 4－5　北欧四国所得税改革前后的税率　　单位：%

国家	劳动所得税率	资本所得税率	企业所得税税率
丹麦			
1987 年税制改革前	48～73	48～73	40
1987 年税制改革后	50～68	50～56	50
1994 年税制改革后	38～58	38～44 或 58	34
当前	34.3～51.5	28～42	25
芬兰			
1993 年税制改革前	25～57	25～57	37
1993 年税制改革后	25～57	25	25
当前	25～51	28	26
挪威			
1992 年税制改革前	26.5～50	26.5～40.5	50.8
1992 年税制改革后	28～41.7	28	28
当前	28～40	28	28
瑞典			
1991 年税制改革前	36～72	36～72	52
1991 年税制改革后	31～51	30	30
当前	54.73～61	30	28

资料来源：Sørensen，Peter，1994，第 59 页；以及 www.taxrates.cc；http：//www.worldwide－tax.com/。

表 4－6　典型国家的个人所得税模式及其主要特征

国别	主要特征	个人所得税		纳税单位	私人资本利得				
		税基	税率结构		不征税	征税			
						独立征收资本利得税（CGT）	纳入个税征收		
							与其他所得合并征收	单独税目征收	与其他所得相比，税率有无优惠
美国	综合制	综合收入	10%～35%（联邦）	户主、单身个人、已婚个人或已婚联合（任选）			√		√①
加拿大	综合分类制	综合收入	19%～46.5%（含省级个税）	个人		√	√		√②

续表

国别	主要特征	个人所得税		纳税单位	私人资本利得				
					不征税	征税			
						独立征收资本利得税（CGT）	纳入个税征收		
		税基	税率结构				与其他所得合并征收	单独税目征收	与其他所得相比，税率有无优惠
澳大利亚	综合制＋分类因素	综合收入	15%～45%	个人			√		√，对纳税人持有一年以上的资产的利得，（税基）减半征收个人所得税。
英国	分类综合制③	劳动所得＋（利息、股息、信托收入之外的）资本所得 利息所得 股息所得 信托收入	20%～50% 20%④ 10%，32.5%，42.5% 40%	个人，但税收抵扣以家庭为单位		√	√		√，10 100英镑以内的资本利得免税，10 101～5 000 000英镑之间，适用10%税率。
日本	分类综合制⑤	C、D、E、I、J五项收入综合征收，其他几项分别单独征收	9%～50%（含地方税）	个人				√	√，股票交易的资本利得按20%征收（其中：中央15%、地方5%）。
荷兰	分类综合制	劳动所得 大宗股利 储蓄和投资所得	33.45%～52% 25% 按资产净值的1.2%计税	个人	√				√，资本利得基本免税，仅在特殊情况下例外。例外时有税率优惠。
法国	综合分类制	分类扣除，但综合计征	5.5%～40%	家庭（含非婚同居）			√		√⑥
德国	分类综合制	工薪所得、其他所得⑦	14%～45%	个人或家庭（可选）			√		√，长期资产的资本利得有优惠，税率为25%，短期资产的资本利得纳入综合所得课税。

续表

国别	主要特征	个人所得税		纳税单位	私人资本利得				
					不征税	征税			
						独立征收资本利得税（CGT）	纳入个税征收		
		税基	税率结构				与其他所得合并征收	单独税目征收	与其他所得相比，税率有无优惠
瑞典	二元制	劳动所得 资本所得 经营所得	54.73% ~61%（含地方税） 30%（中央税） 需对其中的劳动所得和资本所得进行分离，并适用不同的税率	个人			√		√，纳入资本所得征收，适用30%税率。⑧
俄罗斯	单一制	劳动所得 股息、红利所得 其他（如博彩）	13% 9% 35%	家庭			√		税率无优惠。⑨
中国	分类制	工资、薪金年所得	5% ~45%	个人				√	√，20%税率。

注：①来自纳税人长期持有资产（12个月以上）的利得，税率为15%，若持有时间少于（含）12个月，则按通常的所得税税率纳税，但若该纳税人适用的所得税税率在15%以下，则其资本利得免税；符合条件的红利（来自美国公司或符合条件的外国公司），也按15%纳税。

②资本利得税（CGT）法条规定，将资本利得纳入个人所得一并征收。税基减半。

③在对所得进行分类的基础上，就部分所得引入综合计税方法。

④低收入纳税人的储蓄所得，纳税人按10%征收个人所得税。所谓“低收入纳税人”，是指扣除基本免征额之后的年应税所得低于2 440英镑（2010/2011纳税年度）的纳税人。2011/2012年度低收入纳税人的标准调整为2 560英镑。

⑤共分10类，分别是：A. 利息所得（interest income）；B. 股息所得（dividend income）；C. 不动产所得（real property income）；D. 经营所得（business income）；E. 工薪所得（employment income）；F. 退休金所得（retirement income）；G. 山林所得（timber income）；H. 资本利得（capital gains）；I. 偶然所得（occasional income）；J. 其他所得（miscellaneous income）。

⑥在大量免税前提下，仍有优惠税率，其中：处分财产的利得，按29.1%征收（17% +12.1%附加税）；处分股票的利得，若年收益超过25 830欧元，按31.17%征收（19% +12.17%附加税）。

⑦仅仅是纳税方法有区别，工薪所得为源泉扣缴，其他所得（含自我雇佣所得、资本利得等）为个人预缴+年终申报。

⑧但其应纳税额的30%可从劳动所得应纳税额中抵扣。（但当净资本损失超过10万瑞典克郎，仅可抵扣21%）

⑨出让股份或有价证券的利得纳入劳动所得课税，税率无优惠，为13%；居民纳税人转让持有3年以上的财产的利得免税。

资料来源：作者参照Ault，H. 和B. Arnold（2010），KPMG（2011），以及来自www.taxrates.cc的网络资源整理。数据更新至2010年。

以上简单的比较分析可以发现，尽管不同税制模式存在理论上的差别，但在现实的税制中：

（1）不同模式间的差异并非绝对的。事实上，由于全球化下竞争税基的考虑，综合制下也有对资本所得的优惠；而由于个人所得税传统的再分配功能不可能抛弃，因此分类制下亦有综合制因素；

（2）在整体朝向“综合与分类相结合”模式的走向中，我们看到更多二元制的色彩，即对资本所得与非资本所得区别对待，非资本所得上综合累进课征的传统做法仍然盛行；

（3）至于自我雇用收入，由于难以区分其中的资本所得和劳动所得，大多数国家都选择纳入综合税基，或者至少纳入劳动所得综合计税，只有在二元制下才对其中的资本所得和劳动所得进行分离，并分别计税。

（4）无论号称哪种模式，传统个人所得税的累进性都没有最终消除，即使在单一税率的改革中，也事实上存在着多种税率并存的情况，并保留税前扣除，实际上的税率结构都不同程度地保留了累进性。国别比较还发现，现实中的各国税制依然保持对资本利得征税，尽管其税收待遇相对其他形式的所得更为优惠。这一事实作为一面“镜子”，反映出第 3 章所提到的激进改革提议——HR 单一税，目前而言仍然只是理论上的。个人所得税在持续的变革中，仍然保持着其传统的姿态。

4.3 个人所得税税基

4.3.1 部分所得项目的比较

通常，在不同的个人所得税模式下，不仅税法上对于所得的定义各不相同，而且免税项目和费用扣除的规定也不一样，但同一类税收模式，又用一定的共性可寻，因此，从一国个人所得税的总体特征入手，仍是理解各个税制要素细节安排的最好途径。

税基是最能反映一国个人所得税特色的要素，在对个人所得税的基本模式和典型国家个人所得税制度有所了解的基础上，我们选取典型国家个人所得税税基中的部分所得项目（表 4－7）和部分费用扣除项目（表 4－8），比较其在不同个税模式下的税收安排，以进一步观察不同模式下税基范围的差异。

（1）附加福利（fringe benefits）。一般是指雇主在正常工薪之外为雇员提供的（实物或货币形式的）职务津贴。主要包括：工作餐、班车、工装、免费的饮料与零食、养老与医疗保险、儿童保育、在职培训、带薪假期，等等。将附加福利计入税基存在一定的困难。第一，通常不容易辨识附加福利只是工作条件的一部分，还是确实增加了雇员的实际消费利益；第二，雇员一般只能被动接受雇主提供的附加福利，而且有些附加福利是以实物形式提供的，因而按市场价值将之计入税基未必完全合理；第三，很多小额附加福利是由雇员集体共享的，难以将其利益进行分割，并按源泉扣缴的方法扣税。

尽管存在上述困难，但是在综合制下，将附加福利计入税基是合理的。而在分类制下，除非附加福利确实可以归入某类应税所得名下，原则上不能确定其来源的附加福利不计税。但总体来看，一些与公共政策有关的附加福利，如儿童保育、公认的工作条件（免费咖啡、偶尔的礼物等）等是免税的。对于我们比较关注的由雇主提供的私人养老金或退休计划的税务处理问题，一般都允许雇主对其缴存部分进行当期扣除，若所缴存的养老金由信托机构管理，则累积的金额在未分配之前免税。澳大利亚是个例外，其个人所得税对雇员的附加

表 4－7　　个人所得税税基：部分所得项目*

国别	附加福利	私人赠与	偶然所得	非法所得	资本利得	个人自住房屋的推定租金	博彩所得
美国	√，部分纳入	×	√	√	√	×	√
加拿大	无一定之规，取决于具体的法律规定	×	×	√	×，课以资本利得税	×	√，作为经营收入
澳大利亚	×，代之以对雇主征收的附加福利税（FBT）	×	×	√	√	×	√，作为经营收入
英国	√，部分纳入	×	×	√	×，课以资本利得税	×	√，作为经营收入
日本	√，部分纳入	×	√	√	√	×	√，作为偶然所得纳税
荷兰	√，部分纳入	×	×	√	×，基本免税	√	√
法国	√，有例外	×	×	√	√	×	√，作为经营收入
德国	√，部分纳入	×	×	√	√	基本不纳税	√，作为经营收入
瑞典	√，部分纳入		×	√	√，有条件	√	
俄罗斯	√，部分纳入				√		√

*：“×”表示不纳入个人所得税税基，“√”表示纳入个人所得税税基。

资料来源：Ault，H. 和 B. Arnold，2010，第 246 页，并参照网络资源更新。

福利不征税，而是在支付环节向雇主征收相应的附加福利税（fringe benefit tax）。

（2）私人赠与（personal gifts or bequests）。我们注意到，无论何种税制模式下，一般对私人赠与是不课税的。在综合制下，受赠人获得的赠与收入免税，可以避免对出赠人已经纳税的所得重复课税。分类制下，则是因为赠与所得通常不在税法规定的任何类别的应税收入之列，而免于交纳个人所得税。但并不排除对私人赠与课以其他税收，如遗产与赠与税等。

（3）偶然所得（windfalls，non-business/profit-seeking）。综合制下偶然所得应纳入课税范围，美国联邦个人所得税即是如此。但英联邦国家，如澳大利亚和加拿大，偶然所得不纳税。分类制下偶然所得因没有对应的科目，亦不纳税。实行分类综合制的日本个人所得税法中，偶然所得虽是一个独立的税目，但实际上并入一般所得纳税。

（4）非法所得（illegal income，otherwise

表 4-8 个人所得税税基：部分扣除项目

国别	通勤费用	育儿费	因违法而发生的支出（如罚款等）	个人消费利息支出*	医疗费用	慈善捐赠
美国	无扣除	不扣除，但可有限抵扣	有限扣除	有限扣除（个人住房）	有限扣除	有限扣除
加拿大	无扣除	有限扣除	无一般性的限制性规定	无扣除	有限抵扣	有限抵扣
澳大利亚	无扣除	无扣除	有限扣除	无扣除	有限抵扣	附带大量限制的扣除
英国	无扣除	不扣除，但可抵扣	无扣除	有限扣除	无扣除	有限扣除
日本	无扣除	无扣除	无一般性的限制性规定	无扣除	有限扣除	有限扣除
荷兰	有限扣除	有限扣除	无一般性的限制性规定	无扣除	有限扣除	有限扣除
法国	有限扣除	无扣除，有限抵扣	无一般性的限制性规定	无扣除	无扣除	有限抵扣
德国	可扣除	标准扣除额，实际发生的额外费用可扣除	无扣除	无扣除	有限扣除	有限扣除
瑞典	有限扣除	不扣除，但通过支出给养育孩子的家庭以财政补贴	无扣除	完全扣除	无扣除	无扣除

注：* 是指个人为取得资本性收入而产生的利息成本。

资料来源：Ault, H. 和 B. Arnold, 2010，第 297~298 页，并参照网络资源更新。

taxable)。那些通过不合法的手段而取得的收入，理论上并不因其取得的途径不合法而排除其纳税义务。由于非法所得涉及到款项的退还问题，因此，各国在税务处理上会有不同。

（5）资本利得（capital gain income)。资本利得与正常的经营与投资利润相区别，前者产生的是经常性的收入流，而资本利得一般是不定期的、亦非来自正常的经营与投资活动的收入。对个人获得的资本利得一般都需要纳税，不同的是所纳的税种和纳税方式不同。（参见表 4-6）可以看出，英国及某些英联邦国家，无论其个人所得税模式如何，资本利得一般不是个人所得税的课税对象，而独立课以资本利得税。对资本利得课税上的这一特色，是英国个人所得税制度重要的历史遗产之一。

（6）个人自住房屋的推定租金（imputed rental income from residence)。理论上，综合制应对自住房屋的推定所得征税，但事实上，由于实施的困难，包括美国这样采取综合制的国家在内，很少有国家选择对个人自住房屋的推定租金课税。瑞典是个例外，其历史上就有对个人住房的推定价值征收个人所得税的传统，性质上视同为纳税人的资本所得。但 1991 年税制改革时，取消了这一传统做法，而改行不动产税（the real estate tax)，税率为住房评估值的 1%，住房评估值按其市场价格的 75% 计算。2007 年，不动产税改为市政房地产费（municipal real estate fee)，费率为评估值的 1%，同时以 6 000 瑞典克朗封顶，此举可视为对原不动产税的大幅削减。

（7）博彩所得（gambling income）。在综合制下，无论博彩所得是偶然收入，还是彩票的经营收入，都纳入课税范围。而在英国、澳大利亚和加拿大，以及法国、德国等具有分类制色彩的国家，除非博彩所得为具有经营所得的性质，否则，则由于无对应的收入之源而无需缴纳个人所得税。

4.3.2 部分扣除项目的比较

考察个人所得税税基，另一个重要的侧面是费用扣除。无论属于何种模式，按惯例应在必要的费用扣除和减免税项目之上课税。

所谓必要费用主要分为两类：一是与应税收入有关的经营费用；二是用于维持纳税人个人与家属生计的私人费用。但很多时候，要区分经营费用和私人费用并不容易，这不可避免地导致经营费用扣除标准具有一定任意性。例如，从纳税人住所至其主要工作地点的通勤费用、纳税人抚养子女的费用（child care costs）、与经营业务有关的餐费以及招待费等等，是否应该扣除？又比如，与纳税人生计相关的利息支出、医疗费用和个人的慈善捐赠，税法如何分离出其中免税的部分才算是合理？

尽管各国个人所得税费用扣除的内容不同、形式各异，但仍有一些规律可寻。我们发现，各国对于必要的经营费用，都规定了程度不等的扣除或抵扣措施。即使是对个人消费的部分，如利息支出、医疗费用，也在不同程度上予以扣除。（参见表4－8）

4.3.3 基本宽免额①的比较

除单纯比较税前扣除形式，税前扣除数量的比较也很有意义。由于根据纳税人情况不同所确定的扣除额的内容比较繁复，因此，在比较时我们只选用了各国的基本宽免额，并将其与人均GDP作对比。（见表4－9）

表4－9　2009年部分国家个人所得税基本宽免额及其与人均GDP的比较

国家	基本宽免额（本国货币单位）	人均GDP（占世界排名）	基本宽免额/人均GDP （%）
美国	3 650	46 436（6）	7.86
加拿大	22 000	39 600（12）	55.60
澳大利亚		42 645（10）	
巴西	17 208	18 736（67）	91.84
印度	160 000	147 136（115）	108.74
英国	6 475	22 580（16）	28.68
日本	380 000	2 998 827（22）	12.67
荷兰		47 917（9）	
法国		41 051（20）	
德国	8 004	26 890（17）	29.77
瑞典	31 100	284 441（13）	10.93
俄罗斯	4 800	307 000（40）	1.57
捷克	24 840	469 149（31）	5.29
中国	24 000	25 575（85）	93.84

注：表中数据为年度数据；其中，加拿大为2010年数据。世界排名依据世行资料。

资料来源：http：//www.worldwide－tax.com/；United Nations Data Retrieval System；http：//data.un.org/Data.aspx？q=GDP+per+capita&d=CDB&f=srID%3a29922；中国国家统计局，http：//www.stats.gov.cn/tjsj/ndsj/2007/indexch.htm。

① 很多国家在进行税前扣除前，往往会对每个居民规定一个固定的免税数额，一般表述为基本宽免额（tax exemption）。在此基础上，根据纳税人工作与生计的具体情况，考虑到经营与生计费用而规定税前扣除，往往表述为税前扣除（tax deduction）。由于每个纳税人情况不同，税前扣除的差别很大，所以这里只以相对固定的基本宽免额做比较。

受数据选取的限制，表 4 - 9 中的结果并不能作为绝对的参照标准，但也具有一定的参考意义：第一，各国的基本宽免额占人均 GDP 的比重有很大差异，但均保持在 100% 之内（印度除外）；第二，人均 GDP 较高的国家，这个比重相对较小，说明高收入国家的纳税人具有较强的纳税能力；第三，基本宽免额占人均 GDP 的比重较小，说明在该国应缴纳个人所得税的纳税人较多，个人所得税的征收在该国比较普遍。

4.4 个人所得税征管遵从制度比较

在征收个人所得税时，大多数国家都在纳税登记（taxpayer registration）的基础上，考虑到不同收入来源的特点，结合本国具体情况，采用源泉扣缴与纳税人自主申报相结合的征收模式。[①]

4.4.1 源泉扣缴与信息报告制度

源泉扣缴制度（withholding at source arrangement）

作为一种征纳制度，不管一国的个人所得税模式的主要特色是什么，源泉扣缴制度都被广泛运用于个人所得税的征管实践中。它通过收入支付方在向纳税人支付收入时代为评估和缴纳税收的方式，将税款征纳的主要责任转移到了第三方（雇主、金融机构等）。源泉扣缴制度通常适用于那些来源较为固定、支付责任清晰、易于掌握的经常性个人收入项目。源泉扣缴制度既有利于节约征纳成本，也有利于提高征纳率和税款的及时足额入库。

根据对包括 OECD 成员国和其他国家在内共 43 个国家的调查研究，所有样本国家（法国、新加坡、瑞士除外）都对雇主支付的工薪所得（income from employment），适用源泉扣缴。绝大多数国家也在对利息、股息征税时运用源泉扣缴。但只有很少的国家在对自我雇佣者、合同承包者和中小企业征收所得税时，使用这一方法。各国法律一般规定扣缴义务人以月为单位，代为扣缴个人所得税。为了减轻扣缴义务人的负担，也有少数国家规定按双月、按季度甚至按年度代扣代缴的。

第三方信息报告（third party information reporting）

在代扣代缴制下，一般都附带了强制性的第三方信息报告义务。即履行个人所得税代扣代缴义务的第三方（通常是支付工薪的单位、金融机构和政府部门等），作为应税所得的支付人，在向纳税人支付相应的收入和代扣代缴其税收时，应同时将纳税人的涉税信息（含姓名、税务登记代码、收入金额、扣税金额等）提供给税务征管机构。这一规定有利于税务征管机构及时掌握信息，并与纳税人的自行申报进行比对和提高选择性审计的效率。

虽然各国关于第三方信息报告制度的具体规定差异很大，但多数国家都规定工薪所得、利息和股息所得的支付人负有第三方信息报告的义务。表 4 - 10 列示了典型国家个人所得税适用源泉扣缴和信息报告制度的情况。

4.4.2 累计扣缴与非累计扣缴

在适用源泉扣缴的情况下，按计税方法区分，一般有两种方式：累计扣缴（cumulative withholding）和非累计扣缴（non-cumulative withholding）。无论哪种情况，都要求纳税人将个人符合条件的免税、税前费用扣除、税收抵扣等信息提交给扣缴义务人，扣缴义务人根据

---

① 本部分的主要内容根据 OECD（2009）的相关资料整理。

表 4－10 典型国家针对居民纳税人的源泉扣缴和信息报告制度

国别	收入类别（居民纳税人）									
	工薪所得	股息所得	利息所得	租金所得	规定的自我雇用所得	特许权使用费和专利所得	出让股份所得	出售财产所得	奖金/博彩所得	其他所得
美国	W，R	R	R	—	—	—	R	—	R	—
加拿大	W，R	R	R	—	R	R	R	R	—	W，R
澳大利亚	W，R	R	R	—	—	—	—	—	—	—
英国	W，R	—	W，R	W，R	W，R	W，R	W，R	W，R	W	W，R
日本	W，R	W，R	W，R	R	W，R	W，R	W，R	R	W，R	W，R
荷兰	W，R	W	R	—	—	—	W	W，R	W，R	—
法国	R	R	R	R	R	R	R	R	R	—
德国	W，R	W	W	—	—	—	W	R	—	R
瑞典	W，R	W，R	W，R	—	—	R	R	R	—	—
中国	W，R	W，R	W，R	R	W，R	W，R	W，R	R	W，R	W，R

注：“W”表示源泉扣缴；“R”表示第三方信息报告。
资料来源：OECD，2009，第 176～177 页。

纳税人税务代码的相关信息确定如何扣税。所不同的是，在累计扣缴的情况下，扣缴义务人要以纳税人在一个纳税年度内的总收入为参照，来确定纳税人当月的应纳税额，并代为扣税。而在非累计扣缴的情况下，只要以纳税人当月的收支为参照来确定其应纳税额。

因此，当纳税人只有工薪这一种收入来源时，累计扣缴即可保证代扣代缴的税额即为其全年应纳税额。此种情况下，纳税人无需年终再行收入申报以补缴或退回税款。而在非累计扣缴的情况下，即使已经预缴了税收，由于代扣代缴额可能与实际应缴税款有差距，需要纳税人在年末申报收入以汇算清缴。鉴于累计扣缴有利于节约征收和遵从成本，OECD（2009）考察的 40 个实行源泉扣缴的样本国家中，多数（24 个）都是采用累计扣缴。

4.4.3 纳税申报与退税制度

总之，从各国的实际操作可以看出，对于收入来源渠道较为固定、易于掌握的所得，往往会在取得收入时实行源泉扣缴。源泉扣缴制度极大地减轻了收入来源单一的工薪收入者的纳税负担，节约了全社会的纳税遵从成本。然而，对收入来源多样化的纳税人，以及对有经营性收入的个人（如自我雇佣者、承包承租经营者等），在预扣制度之外，税法通常要求纳税人有申报纳税的义务和要求退税的权利。典型国家个人所得税缴税模式参见表 4－11。

针对那些不适用源泉扣缴的情况，所有样本国家都通过分期预缴制（regime of advance/installment payment）配合以年终汇算清缴（end-of-year assessments）的办法来征收个人所得税。通常需要预缴的纳税人有：收入来源多元化、结构复杂的；缺乏扣缴义务人（如自我雇佣者、自由职业者等）的。

既然要实行预缴和年终的汇算清缴，估税（tax assessment）就是一个不可或缺的程序。从所考察的 30 个 OECD 国家来看，实行行政性评估（administrative assessment）和自我评估（self-assessment）的各占一半。13 个非 OECD 国家中，实行自我评估的有 8 个。纳税

表 4－11　　美国联邦个人所得税概览

表 4－11－1：应纳税所得额的计算	
	全部收入合计（income "broadly defined"）
－	免税部分（excluded sources of income）
＝	毛收入（gross income）
－	纳税人为获取收入而发生的经营费用扣除 （deductions for adjusted gross income，business expenses） 经营费用（trade or business expenses） 租金及版权使用费（rent and royalty expenses） 经营损失（trade or business losses） 资本损失扣除（capital loss deduction） 其他扣除（other specifically allowable deductions）
＝	调整后的毛收入（AGI，adjusted gross income）
－	纳税人为获取收入而发生的个人费用扣除（deduction from adjusted gross income，personal expenses） 以下二者择其数额较大者（the greater of ） 1. 标准扣除（standard deduction） 2. 项目扣除（allowable itemized deduction）： 个人费用（deductible personal expenditures） 医疗费用（medical expenses） 住房抵押贷款利息/投资利息支出（home mortgage interest/investment interest） 财产税/州所得税（property taxes/state income taxes） 慈善捐赠（charitable contributions） 个人意外损失（personal casualty losses） 其他杂项扣除（other miscellaneous itemized deductions） 与所得相关的投资成本（investment expenses for the production of income） 与纳税和填写退税单相关的支出（expenses related to tax return preparation and compliance ） 未获补偿的雇员经营费用（unreimbursed employee business expenses）
－	个人与家属豁免（personal and dependency exemptions）
＝	应纳税所得额（taxable income）
表 4－11－2：应纳税额的计算	
	应纳税所得额（taxable income）
×	适用税率（applicable rate schedule/table）
＝	初估应纳税额（tentative tax on taxable income）
＋	附加税收（additional taxes）
－	税款抵扣（tax credits）
＝	应纳税净额（net tax）
表 4－11－3：预扣制下的汇算清缴	
	应纳税净额（net tax）
－	已预扣税额（amounts withheld for payment of tax ）
	已纳预估税额（estimated tax payment）
＝	应补缴税额或应退已纳税额（tax due or refund of tax paid）

资料来源：Murphy 和 Higgins，2004。

人自我评估可以减轻征税机关的负担，但同时也可能激励纳税人的机会主义行为，为了保证遵从率和减少偷逃税的行为，需要配合以有效的选案稽查（selective audits）和对税收违法行为的严厉惩处。

4.5 典型国家的个人所得税

4.5.1 综合制：以美国联邦个人所得税为例

美国现行的联邦个人所得税最具综合制色彩。它规定纳税人的全部所得，不分其来源和性质，计算其总额并经过合法的豁免、扣除和抵免程序后，按相应的税率表计算应纳税额。参见表4－11。

毛收入

纳税人全部收入可分为应税的部分和免税的部分（tax exclusion）。在四类可豁免联邦个人所得税的收入中，[①] 除赠与收入外，其他三种免税收入的大部分都是与人力资本和物质资本投资有关的。如：雇主提供的工薪之外的附加福利、雇主缴纳的医疗保险、市政债券利息、股息等。免税额之外的收入，才是应税毛收入。应税毛收入还需经过一系列的费用扣除和豁免，才可形成最终的计税依据。

费用扣除

依惯例，无论哪种税收模式下，所得税的纳税依据中不应包含与此收入相关的合理成本与费用。因此，需对纳税人的应税毛收入进行必要的税前扣除，即从毛收入中扣除纳税人为取得收入所发生的相关费用以及某些资本损失。

个人所得税的复杂之处就在于，纳税人发生的费用中可能同时包含经营费用（trade or business expenses）和个人费用（personal expenses）。所谓“经营”，是指基于谋利动机且纳税人为了生计而持续和定期从事的活动。在这个意义上，就业（employment）和从事非公司形式的经营业务（personal non-corporation business，如我国现行个人所得税法下的个体工商户的经营活动），都可视为是“经营”。虽然也有谋利的因素，但纳税人并非持续和定期从事的活动，以及那些生计以外的活动，都不作为“经营”活动看待，而被认定为一般性的“取得收入的活动”（income-producing activities）。前者比后者享有更为优惠的税收待遇。而个人费用，是指那些（主要目的）并不是要赚取利润，而是为了个人生计所发生的支出。

在费用扣除方面，美国联邦所得税法通常允许扣除的是部分经营费用，只有在法律特别规定的情况下，个人费用扣除才被允许。至于一些难以区分其属性的费用，例如，抚养子女的费用（child care costs），以及从其住所到主要工作地点的通勤费用（commuting costs），在美国联邦个人所得税中是不可作为经营费用扣除的。其他费用，如与业务有关的餐费以及招待费，允许扣除50%。需要注意的是，资本性支出（a capital expenditure）也需要纳税，不可列入经营费用予以扣除。至于个人消费而产生的利息支出（personal interest expenses）一般也不准扣除。但个人住房贷款利息例外。

美国联邦个人所得税下特别允许的个人费用扣除，可选择分项扣除和标准扣除两种方法，

---

① 它们分别是：针对赠与收入的豁免（donative items）、与职业相关的收入豁免（employment-related exclusion）、人力资本补偿豁免（returns of human capital）、与投资有关的豁免（investment-related exclusion）。

一般应以其中税额较大者为准。分项扣除的实质类似于联邦政府的税式支出（tax expenditure）。考虑到纳税人的某些成本费用可能难以统计，出于征管和遵从的便利，法律规定了简化计算的标准扣除方法。即，所有纳税人，不分具体项目，就其个人费用可以扣除一个最低额度，具体数额依其申报身份而有所不同，且每年依一般物价水平做出调整。此外，符合法律规定标准的盲人和截至纳税年度年龄超过65岁的老年人，在此基础上，还享受一定数量的附加标准扣除（additional standard deductions）。

对于个人生计支出的费用扣除，虽然可以选择标准扣除和分项扣除两种方式，但从征管成本的角度，分项扣除相对复杂、成本高，出于征管与遵从的便利，税法中对适用分项扣除法作出了限制性规定。仅对法律规定的某项费用超过调整后毛收入一定比例以上的部分，才允许使用此方法。有了这一限制，选择适用标准扣除的情况将会增加，这将大大降低个人所得税的遵从成本，纳税人无需为计算分类费用而对每一笔小额支出都记录在账，税收管理当局也无需对此进行审计。当两种方法计算出来的扣除额有差异时，法律规定以二者中数额较大者为准。

个人豁免与家属豁免

在上述各项扣除之外，每个报税的纳税人还可享有以下两项扣除：一是个人豁免；二是符合条件的家属豁免。

个人豁免仅适用于纳税人用于食品和衣物方面的支出。和标准扣除一样，个人豁免额每年要根据物价水平进行调整。2011 年为 3 700 美元。

家属豁免适用于纳税人赡养家庭成员的支出。符合以下 5 个条件的家庭成员可认定为纳税人的家属，而保证纳税人享有家属豁免的权利：

（1）总收入条件（gross income test）。家属的年收入不能超过豁免额（2011 年为 3 700 美元）。

（2）生计支出条件（support test）。纳税申报人花费在该家庭成员生计上的支出占被赡养者全年生计总支出的一半以上。

（3）成员关系条件（relationship, or member of household, test）。被赡养人必须在纳税年度内是申报人的亲戚（祖父/母、祖孙/女、兄弟姐妹、姑姨叔侄等血亲）或家庭成员，此种关系一经确立，婚姻关系和配偶亡故的事实不影响这一关系。此外，尽管不是亲戚关系，但在这一纳税年度内，被赡养人作为家庭一员与申报人共同生活也符合条件。

（4）居民或公民条件（citizen or residency test）。

（5）联合申报条件（joint return test）。

计算应纳税额

当应纳税所得额确定之后，计算应纳税额的下一步工作就是根据纳税人的申报身份，确定其综合的应纳税所得额应该适用何种税率表，并计算其应纳税额。

4.5.2 分类综合制：以英国个人所得税为例

应税所得

分类制下计算应纳税额的第一步是分别确立各类所得的应纳税所得额。总体来讲，英国现行个人所得税下对纳税人来自劳动、资本、财产等等的收入有比较明晰的划分。（参见专栏 4－1）劳动所得除了通常的工薪收入外，还包含与工作有关的福利、社会保险等，以及经营所得（income from business），即自我雇用收入。资本所得，含储蓄利息、股息、信托所得等投资性收入。以及财产所得（含出租收入和土地增值收入）。

虽然对个人收入来源有如此多种划分，但是由于综合制因素的引入，从计税方法上看，英国现行个人所得税下的各类所得，被归为两大类。一是一般所得（含劳动所得和部分非劳动所得），综合所得即将纳税人除储蓄利息、股息、信托收入之外的所得加总，扣减基本免征额后（符合条件时，还可扣除盲人免征额、老年婚姻免征额）的余额。国会一般会根据上一年度零售物价指数的上涨幅度对免征额进行适当的调整。二是资本所得，主要是储蓄利息、股息和信托收入。与综合制不同的是，资本利得不在个人所得税的纳税范围之内，而适用独立的资本利得税。

专栏 4-1　英国个人所得税下的应税收入分类

1803 年之前的英国个人所得税为综合制。1803 年之后，随着源泉扣缴制度的普及运用，英国个税转向分类制。应税所得分为六类（Schedule A ~ Schedule F）。凡未列入此六大类别的所得，均无需纳税。这种根据其来源对所得进行分类和从源扣缴税收的做法，对后世产生了重大的影响。

由于所得的分类往往是根据当时的主要税源来归类和划分的，因而今天看来并不是很有逻辑，甚至有一定的随意性。某些类别涵盖的所得范围很宽，如交易所得（trading income），而有些类别所涵盖的范围似乎又过窄，如来自外国有价证券的收入（income from foreign securities），造成实施中的困扰。

为了使原税法更清楚明白，英国于近年来实施了 Tax Rewrite Programme，对原所得分类体系进行了形式上的改造。

现行个人所得税制度下，应税所得不再分为 Schedule A ~ Schedule F 共六类，而是分别将之划入不同的法案管辖之下，不同法案管辖下的所得适用的课税方法各不相同（课税范围、免税项目、适用税率、税款抵扣等要素）。其中最重要的三个法案分别是：

The Income Tax (Earnings and Pensions) Act 2003 (ITEPA)

The Income Tax (Trading and Other Income) Act 2005 (ITTOIA)

The Income Tax Act 2007 (ITA)

凡不在法案管辖之下的所得，即不在个人所得税纳税范围之内。因此，此次一系列的动作，只是对原分类制个税换一种方式来表述，其分类所得税的实质并未改变。

资料来源：Ault, H. 和 B. Arnold, 2010, 第 153 ~ 156 页。

税基：分类扣除、部分综合计税

分类制下，各类所得中规定的免税部分、费用扣除等都是有区别的。具体适用何种标准，取决于所得的类别，或者在适用相关的规定时，被归为哪一类别。英国个人所得税的实际税基，即应纳税所得额的计算方法，参见表 4-12。

表 4-12　英国个人所得税概览

所得		免征额	费用扣除	税率
大类	分项			
一般所得	工薪 + 资本所得（下述三项除外）	基本免征额 附加免征额： 盲人津贴 婚姻津贴	经营费用 个人费用	20% ~ 50%
资本所得	利息所得			10%、20%
	股息所得			10%、32.5%、42.5%
	信托收入			40%

英国个人所得税下，一般所得免征额包括个人基本免征额（Personal Allowance）、盲人扣除（Blind Person's Allowance）、婚姻扣除（Married Couple's Allowance for couples where at least one member was born before 6 April 1935）等三种。

对个人综合所得的基本免征额的实际数额，是由纳税人的年龄和收入状况来确定的。年龄和收入状况的双重约束，保证越是年轻的、高收入的纳税人，其实际的基本免征额越少。参见表4－13。

表4－13　2010～2011年英国个人所得税：一般所得的基本免征额

纳税人	基本免征额/年	收入界限/年*
低于65岁	£ 6 475	£ 100 000
高于65岁但低于74岁	£ 9 490	£ 22 900
高于75岁纳税人（包括75岁）	£ 9 640	£ 22 900

注：＊指的是关于收入界限（income limit）的计算规则：（1）如果一个人在65岁以上，而且其年收入介于22 900英镑与100 000英镑之间（即已经超过收入界限），那么个人基本免征额会相应减少，减少幅度相当于年收入减去22 900英镑后的0.5，直到达到低于65岁的基本免征额为止。例如，一个66岁的纳税人，年收入23 400英镑，那么其免征额应该是：9 490－(23 400－22 900)×0.5＝9 240英镑。再例如，一个66岁的纳税人，年收入90 000英镑，(90 000－22 900)×0.5＝33 550英镑，(9 490－6 475)＝3 015英镑，由于33 550英镑大大高于3 015英镑，那么其免征额应该是6 475英镑。

除了基本免征额，符合条件的纳税人还可以享受其附加扣除。在英国，如果一个人在纳税年度已经或者刚刚注册为盲人，那么这个人可以享受盲人扣除。而且如果某一个盲人的收入足够低而不承担个人所得税，那么这种盲人扣除可以转给其配偶继续享有。盲人津贴没有年龄和收入限制，2010～2011纳税年度为1 890英镑。如果一个人已婚或者虽然未婚但存在事实上的民事婚姻关系，而且双方至少一位出生于1935年4月6日之前，那么纳税人可以申请婚姻津贴。参见表4－14。

表4－14　2010～2011年英国个人所得税：已婚夫妇扣除

已婚夫妇扣除（Married Couple's Allowance）	£ 6 965
收入界限（income limit for age-related allowances）	£ 22 900
最低标准（minimum amount of Married Couple's Allowance）	£ 2 670

税率

英国的个人所得税实行级次很少的超额累进税率，其中，对储蓄所得和股利所得的税率有特别规定。

除了储蓄、股息与信托收入之外的一般收入，按照税率表的水平来征税。其中，低水平者不纳税，所谓低水平者是指纳税人的年综合收入扣除个人基本免征额后的应纳税所得额低于2 440英镑者。如果应纳税所得额高于2 440英镑，那么就全额按照一般的基本税率、高税率和附加税率进行征税。（见表4－15）储蓄收入的税率为20%，但对低收入纳税人，税率为10%。股息所得的三档税率分别为10%、32.5%和42.5%。（表4－16）信托收入的税率为40%，信托股息（dividend trust）收入的税率为32.5%。

表 4 – 15　　2010 ~ 2011 年英国个人所得税：一般所得

税率	应纳税所得额
20%	£ 0 ~ £ 37 400
40%	£ 37 401 ~ £ 150 000
50%	高于£ 150 000

表 4 – 16　　2010 ~ 2011 年英国个人所得税：股息所得

税率	应纳税所得额
10%	£ 0 ~ £ 37 400
32.5%	£ 37 401 ~ £ 150 000
42.5%	高于£ 150 000

4.5.3　二元制：以瑞典个人所得税为例

区分劳动所得和资本所得

瑞典现行个人所得税的课税模式是典型的二元所得税制，即将纳税人的所得区分为劳动所得（earned income）和资本所得（capital income）分别予以课税。瑞典个人资本所得的适用税率低于劳动所得的最低边际税率，但高于公司所得税税率（28%）。（参见表 4 – 17）

表 4 – 17　　瑞典个人所得税概览

所得		免征额	费用扣除	税率
大类	分项			
劳动所得	工薪 个人经营所得（劳动所得部分）	基本免征额	经营费用 个人费用	3 级超额累进税率 54.73% ~61%
资本所得	利息、股息、个人经营所得中资本所得部分等		全部利息成本；资本净损失的 30%	30%

具体而言，瑞典个人所得税的税基包含三方面：（1）从雇主处得到的报酬（from employment）；（2）个人的经营所得（from business）；（3）资本所得（from capital）。其中，前两方面合称为劳动所得。

雇员从雇主处取得的报酬可分为两大类：第一类是现金（cash payments），具体包括工资收入（wages）、疾病津贴（sickness benefit）和退休金（pension）；第二类是附加福利（fringe benefits），具体包括汽车津贴、食品优惠券（company car and food vouchers）和免费住宿等。对于没有工作的纳税人，其所获得的养老金和失业救助金等也应缴纳个人所得税。

经营所得是指纳税人自己经营有限公司或生意等获得的收入，这部分收入也应缴纳个人所得税。如果自营企业主在商业活动中有通过资本投资获得的所得，也应当被视为经营活动中的一部分。对经营所得的计算主要依据企业的会计账簿。对维持和发展商业运营的一切成本可以税前扣除。

需缴纳个人所得税的资本所得也包括两大类：第一类是利息和股息所得；第二类是出售股票、房屋以及租户所有权（tenant-ownership right）转让所取得的利润。

对自营企业主而言，区分劳动所得和资本所得往往比较困难。税务机关不容易掌握自营企业主的劳动时间与强度，因此很难断定其劳动所得。但是企业的资产收益也就是资本所得相对而言更容易确定，因此，瑞典与同实行二元所得税制的芬兰、挪威、丹麦一样，引入了“收入分离模型”（income splitting model）的方法区分自营企业主的劳动所得与资本所得。这个模型主要是通过确定企业的资产收益率，从而确定自营企业主的资本所得，进一步区分其劳动所得和资本所得。“收入分离模型”对资产收益率的确定主要采取在国债利率的基础上加上风险贴水的方法。在瑞典，采用的是本国十年期国债利率加上5%的风险贴水。①

各类所得的税前扣除

在对劳动所得和资本所得分别征收个人所得税时，有相应的税前扣除。计算劳动所得的应税所得时，可以从所得中减去标准扣除以及获取收入所支付的相关成本，从而得到应税所得。税前扣除额，依据纳税人收入的不同，标准扣除介于11 900～31 100瑞典克朗之间（2009年），大致相当于基本补贴的水平，也就是说，扣除额能够维持纳税人的基本生活。

表4－18列示了瑞典65岁以下的纳税人不同收入水平下的标准扣除的详细情况。② 可以看出，当收入在42 000～115 400瑞典克朗之间时，标准扣除额随着收入的增加而增加；当收入在131 900～334 200瑞典克朗之间时，标准扣除额随着收入的增加而减少。

表4－18　2010年瑞典个人所得税：标准扣除额

申报收入（W）	标准扣除（G）
0～42 000	18 000
42 000～115 400	18 000＋0.2×（W－42 000）
115 400～131 900	32 700
131 900～334 200	327 000－0.1×（W－131 900）
334 200＋	12 500

资料来源：Peter Bircb Sørensen，“Swedish Tax Policy：Recent Trends and Future Challenges”，http：//www.eso.expertgrupp.se/Uploads/Documents/Hela%202010_ 4%20del%201%20till%20webben.pdf，第350页。

与获取收入相关的成本扣除（即经营费用或工作费用）包括：（1）上下班的交通费；（2）因工作需要而使用私人车辆费用；（3）因出差而产生的高额费用支出。大部分雇员还能够享受每月大约1 000瑞典克朗的工作费用扣除（work allowance），其数量取决于年龄、工资收入、基础费用扣除额和适用的地方税率。③

在对资本所得征税时，与取得应税收入有关的全部利息支出和部分资本损失是可以税前扣除的，对于100 000瑞典克朗以内的净资本损失，允许扣除30%。当净资本损失超过100 000瑞典克朗时，只允许净资本损失的

① 虽然北欧四国均采用了“收入分离模型”，但在计算资产收益率的方式上有所不同。芬兰同瑞典一样，采用的是本国十年期国债利率加上5%的风险贴水作为资产收益率；挪威采用的是五年期国债利率加上4%的风险贴水作为资产收益率；丹麦现行个人所得税制度偏离了纯粹的二元所得税制模式，规定仅对股票所得按照资本所得的税率予以课税，而对其他形式的资本所得和劳动所得合计课以累进税率，但之前采用的仍是“收入分离模型”。

② 对65岁以上的老人，实行的是特殊扣除。

③ “Sweden Tax Rates”，http：//www.taxrates.cc/html/sweden－tax－rates.html.

21%从所得中扣除。其余部分可从纳税人劳动所得应缴个人所得税中予以抵扣。

虽然瑞典并未像很多其他 OECD 国家那样，对个人所得税税前扣除（如子女抚养费用扣除、教育扣除等）有很细化的规定，但政府对有子女的家庭会进行大力度的直接转移支付补贴。2007 年，这一补贴大概为每孩每年90 000瑞典克朗。

4.5.4 单一制：以俄罗斯个人所得税为例

2001 年 1 月 1 日，俄罗斯以单一税率体系取代了原有的包括 12%、20% 和 30% 三级累进税率的个人所得税，使得单一制个人所得税在世界范围内引起关注。

税基

俄罗斯进行单一税改革时大力清理了原个人所得税对个人所得的大量优惠，目前俄罗斯的个人所得税税基包括所有个人所得，住房、私人用车等福利所得也一并并入个人所得课税。这些所得减除一定数额的费用扣除额后成为应税所得。俄罗斯的单一税规范了费用扣除额，引入了包括标准扣除、社会扣除、贫困扣除和职业扣除在内的简单的费用扣除体系。

税率

俄罗斯对居民纳税人获得的绝大部分收入（如工资、薪金等）实行 13% 的比例税率。对绝大多数所得适用 13% 的比例税率，但是，对于少数特别的个人所得，则适用其他税率。2009 年，股利所得的税率为 9%；博彩所得、某些保险所得、彩票奖金、某些过高的银行存款利息所得、被视同“物质利益”（material benefit）的贷款利息优惠等均按照 35% 的比例税率纳税，这个税率大体等同于个人所得税与社会保险税的税率之和。之所以对某些保险所得适用 35% 的高税率，是为了遏制企业通过保险公司以保险赔付的形式变相支付职工薪酬避税；被视同“物质利益”的贷款利息优惠是指个人支付的卢布贷款利息低于俄罗斯中央银行再融资利率 2/3 以下的部分，及个人支付的外币贷款利息低于 9% 利率以下的部分。目前，俄罗斯的公司所得税税率为 20%，因此，其个人所得税税率远低于公司所得税税率。

4.6 小　　结

根据前文所述可以看出，理想的综合制个人所得税、分类制个人所得税、二元制个人所得税和单一制个人所得税各具特点：综合制下通过对全部所得实施同一个累进税率结构来强化税制的公平和收入分配效应；分类制下对不同来源与性质的所得适用不同的税率结构，虽然便于有针对性地采取相应的征纳遵从措施，节约税制运行成本，但未必能够全面反映纳税人的负担能力；二元制将对资本所得实施的低水平比例税率与对劳动所得实施的高水平累进税率相结合，在鼓励投资、提高国际竞争力的效率目标、取得财政收入的目标和促进收入分配公平的目标之间进行平衡；单一制则通过对所有的个人所得实施低水平的单一比例税率来促进经济增长、提高税收征管效率。因此，由于不同的所得税模式适应了不同国家的需要，导致各国的个人所得税模式有所差异。

首先，二元制产生于北欧国家也主要被北欧国家所采用。究其原因，北欧国家为高福利国家，要求较高的税收收入以支撑其几乎无所不包的福利制度。这些国家在实行综合制时名义税率很高，导致一方面不利于吸引资本，降低了本国的国际竞争力；另一方面则逃税避税现象猖獗，来自于资本所得的实际收入了了无几，税收制度难以为继。实行二元所得税制，一方面可以通过大幅降低资本所得的税率吸引投资；另一方面则通过大量清除减免税漏洞促使资本的实际税率接近名义税率，遏制税收收入流失。同时，相对于流动性很强的资本而言，北欧国家劳动力的流动性较低，从而也为对资本和劳动实施差别税率提供了可行性。而对于其他与北欧国家背景不同的国家而言，纯粹的二元制不见得是一个最优选择。

其次，单一制之所以在中东欧转轨国家较为盛行，一是由于中东欧国家没有沉重的福利负担，因此在税率水平上有较大的降低空间；二是相对西欧和北美等国家而言，中东欧转轨国家的税收征管水平较差，实行税率水平较高但对征管要求较高的综合制个人所得税效果不佳。由于大量偷税避税的存在，实际税率往往大大偏离名义税率，税收流失严重，税收收入难以满足财政支出需要；同时，高名义税率又造成对资源配置的扭曲和对公平的背离。因此，这些国家选择实施单一制改革，大幅削减名义税率以降低纳税人依法纳税的机会成本；大量清理税收优惠政策堵塞税收流失漏洞并提高税制的透明度，方便税务当局的征管和纳税人的遵从；降低税负促进经济增长，提高国际竞争力。

第三，尽管二元制和单一制个人所得税改革在一些国家如火如荼，但更多的国家仍然采用传统的综合分类制，或分类综合制。一方面，综合制个人所得税虽然对资本的税负较重，且各种税收特别待遇较为复杂，但其在公平和收入分配等方面毕竟还是存在优势。同时，综合制本身仍有很大的改良空间，即遏制现实中综合所得税制的弊病并非一定要抛弃综合制模式，在现有模式框架内对税基、税率、税收特别规定等方面实施改良可能就会在很大程度上满足需求。另一方面，摈弃综合制模式会触动众多利益团体的既得利益，必然遭到他们的强烈反对，特别是在那些传统的综合制国家。如单一税理论起源于美国，单一税法案也在美国讨论多年，但一直没有付诸实施，这与美国的政治经济格局关系密切，一些政府官员、富人甚至得益于复杂所得税申报的律师和会计师都反对现有所得税模式的改变。然而在全球化的背景下，分类制因素回归又是大势所趋。因此，在综合制框架内引入分类制的因素，或者实行分类综合制就成为政策折衷下的普遍选择。从这个意义上说，各种个人所得税模式间并没有截然不同的区别，只是在特征上各有侧重而已，尤其是在现实世界中当它们都不够纯粹时更是如此。

总之，最近 20 余年，对个人所得税进行大规模改革在世界范围内成为一种潮流。在经济全球化日益强化的背景下，各国改革的主要取向具有一定的趋同性，即鼓励投资、鼓励就业、降低对资源配置的扭曲；强化公平；提高税制的简便性，降低税收征管成本和纳税人的遵从成本；提高税制的国际竞争力。但是，上述原则之间本身就存在相互矛盾之处，需要各国立足于自身状况进行排序和取舍。事实上不同国家的税制改革也确实选择了不同的方向，改革的具体措施并没有一致同意的最优。各种个人所得税的课税模式各有千秋，很难作出何为最优的结论，各国需在权衡其国内政策目标与国际竞争压力下抉择。

主要参考文献

克里斯·爱德华兹、丹尼尔·J. 米切尔、冯兴元：“国际单一税运动与中国”，九鼎公共事务研究所网页，2010 年 9 月 8 日。

Ault, H. and B. Arnold, *Comparative Income Taxation: A Structural Analysis*, 3rd ed, Alphen aan den Rijn, the Netherlands: Kluwer Law International, 2010.

Brys, B. and H. Christopher, “Fundamental Reform of Personal Income Tax in OECD Countries: Trends and Recent Experiences”, 2005, https://editorialexpress.com/cgi-bin/conference/download.cgi?db_name=IIPF62&paper_id=121.

Murphy K. E. and M. Higgins, *Concepts in Federal*

Taxation: *1998*, New York and London: Routledge Publish Press, 2004.

OECD, "Tax Administration in OECD and Selected Non - OECD Countries: Comparative Information Series (2008)", 2009, www. oecd. org/dataoecd/57/23/42012907. pdf.

KPMG, "Individual Income Tax and Social Security Rate Survey 2010", www. kpmg. com/Global/en/. . . /Individual - Income - Tax - oct - 2010. pdf.

Sørensen, Peter, "From the Global Income Tax to the Dual Income Tax: Recent Tax Reforms in the Nordic Countries", *International Tax and Public Finance* 1: 1, 1994.

5

走向“综合与分类相结合”：一个渐进式方案

- 渐进式方案设计的基本思路是：在现行分类所得税制要素保持相对稳定的基础上，以相对较小的征管成本引入综合制因素，尽快建立初始的“综合与分类相结合”的个人所得税制度；同时保持方案未来持续完善的可拓展性
- 渐进式改革初始方案的核心是：以年所得12万元以上自行申报制度为基础，仅对年所得超过12万元纳税人的部分所得项目，年终适用累进税率进行综合计征。重点关注分类计征环节与综合计征环节税率与费用扣除标准的衔接
- 在改革的初始阶段，综合计征环节不宜引入差别化费用扣除项目，但可以在分类计征阶段尝试引入抚养扣除和残疾扣除项目

Towards the Combined Personal Income Tax: A Progressive Program

- The basic ideas of designing the progressive program is: on the basis of the elements of existing schedular tax system remaining relatively stable, with introducing some components of comprehensive tax system at much lower tax administration cost, China should establish the primary combined personal income tax system as soon as possible, while leaving room to continuously improve it in the future
- The core of the primary program of progressive reform is: based on self-declaration system of taxpayer earning more than 120 000 yuan annually, some income items of taxpayer whose annual income is more than 120 000 yuan are levied comprehensively at progressive rates at the end of each tax year. The rates and the deduction standard as to the linkage between schedular taxation and comprehensive taxation should be focused on
- In the initial stage of reform, the differential deduction items should not introduced into comprehensive taxation, but the dependency deduction and the disability deduction may be introduced into schedular taxation for a try

5. 走向“综合与分类相结合”：一个渐进式方案

随着中国经济社会发展进入新的历史阶段，迫切要求加快推进“综合与分类相结合”的个人所得税改革，使其在调节收入分配方面发挥更大的作用。[①] 然而，自1996年“九五”计划以来，个人所得税由分类税制走向“综合与分类相结合”的改革目标提出已经有15个年头，[②] 但个人所得税的综合制改革始终未有进展。究其原因，最主要的阻碍来自中国现阶段税收征管环境和征管能力的制约。

十一届全国人大四次会议通过的《“十二五”规划纲要》不仅再次提出“逐步建立健全综合与分类相结合的个人所得税制度”，同时进一步明确要求“完善个人所得税征管机制”。因此，中国未来个人所得税的改革，需要紧密结合中国现阶段的具体国情，充分考虑征管因素的制约及其发展完善，在借鉴不同国家个人所得税成功经验的基础上，设计切实可行的渐进式改革方案。

5.1 渐进式改革方案的基本框架

中国个人所得税改革的目标是建立“综合与分类相结合”的个人所得税制度。与分类税制模式相比，它的基本特征在于：对部分应税所得项目按年度进行综合，适用累进税率征税，对其他应税所得项目实行分类征收。应当说，凡是具备上述特征的税制都可以称为“综合与分类相结合”的税制。

然而，在具体税制设计时，究竟选择哪些所得项目实施综合；综合计征以个人还是以家

① 《国民经济与社会发展第十二个五年规划纲要》第三十二章第三节加快完善再分配调节机制，对个人所得税改革提出了明确要求，即合理调整个人所得税税基和税率结构，提高工资薪金所得费用扣除标准，减轻中低收入者税收负担，加大对高收入者的税收调节力度。

② 参见本报告第1章专栏1-4的相关内容。

庭为单位；是否要设定年所得额标准限定适用自行申报纳税人的数量；以及所得支付环节的源泉扣缴与年终自行申报环节的综合计征如何协调等等问题，又构成了理论和实践中千差万别的“综合与分类相结合”的具体模式。

5.1.1 渐进式改革方案的设计思路

我们设计个人所得税渐进式改革方案的基本思路是：以中国现阶段税收征管的约束和未来发展为前提，以经济全球化背景下国际税收竞争和主要市场经济国家个人所得税的改革趋势为参考，立足中国具体国情，争取在现行分类所得税制要素保持稳定的基础上，以相对较小的征管成本引入综合制因素，尽快建立初始的“综合与分类相结合”的个人所得税制；同时，随着个人所得税征管机制的不断完善，初始改革方案应保持良好的可拓展性，能够为未来“综合与分类相结合”个人所得税的持续健全发展奠定基本的制度框架。

近年来，尽管“综合与分类相结合”的个人所得税改革始终未能推出，但在分类税制框架下，个人所得税制度也始终在进行积极的调整和完善，尤其是全员全额申报制度、年所得12万元以上纳税人自行申报制度的建立，对高收入群体税收征管的加强等措施，为下一步推进“综合与分类相结合”改革奠定了一定的基础。

5.1.2 渐进式改革初始方案的基本内容

在上述改革思路的指导下，渐进式改革初始方案的设计尤为重要，能否以较低的征管成本尽快推出“综合与分类相结合”的改革，避免因为所谓征管条件不到位导致的一再拖延，是初始方案设计时考虑的首要问题。

因此，我们设计的渐进式改革初始方案的核心，是在现行分类所得税制保持基本稳定的前提下，以年所得12万元以上自行申报制度为基础，仅对年所得超过12万元纳税人的部分所得项目年终适用累进税率进行综合计征。初始方案的基本内容主要包括以下几个方面（参见图5－1）：

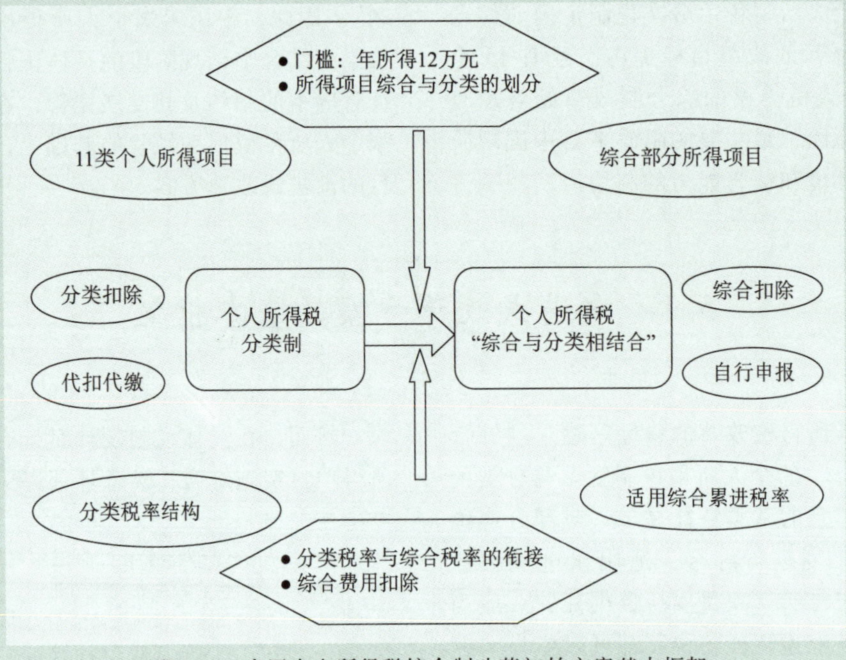

图5－1 中国个人所得税综合制改革初始方案基本框架

以现行分类所得税制为基础

初始方案尽可能保持现行分类所得税制基本框架的稳定，11 类所得项目仍然按现行税制进行分类征收，以源泉扣缴为主，辅之以：在中国境内两处或者两处以上取得工资、薪金所得；从中国境外取得所得；取得应纳税所得，没有扣缴义务人等情况的自行申报纳税。现行税制框架下各分类所得项目的费用扣除、适用税率等规定除非必须，尽可能保持不变或基本不变。

仅对年所得超过 12 万元纳税人实行自行申报并综合计征

以现行年所得超过 12 万元纳税人自行申报制度为基础，选择部分所得项目年终进行综合，适用累进税率和综合费用扣除标准计算年度应纳税额，纳入综合范围的所得项目已代扣代缴的税款视为预缴税款，汇算清缴后多退少补。初始阶段，考虑到征管因素的制约，暂不实行以家庭为单位的申报。

未纳入综合范围的所得项目，也需进行纳税申报。已按规定代扣代缴税款的视为纳税义务完结，未代扣代缴税款或代扣代缴税款不足的要补缴税款。

年所得 12 万元以下的纳税人按现行分类税制计征税款，不适用综合计征，也无需申报年度所得。在综合税率表和综合费用扣除标准设计时，应使大部分年所得 12 万元以下纳税人分类计征的应纳税额低于或等于综合计征的税负。①

由于规定年所得 12 万元以上的纳税人适用综合计征，大大减少了需要进行自行申报并汇算清缴的人数。截至 2010 年 3 月 31 日申报期结束，全国共有 2 689 150 人到税务机关办理 2009 年度个人所得税自行纳税申报。② 因此，初始方案选择年所得 12 万元以上纳税人进行综合计征，最初几年仅需处理数百万份纳税申报，可以有效控制征管成本的增加。

纳入综合计征的所得项目

现行 11 类所得项目中，除偶然所得和经国务院财政部门确定征税的其他所得外，属于劳动所得的有四项，即工资、薪金所得，劳务报酬所得，稿酬所得，特许权使用费所得；③属于资本与劳动混合所得的有两项，即个体工商户生产、经营所得，对企事业单位的承包经营、承租经营所得；属于资本所得的有三项，即利息、股息、红利所得，财产租赁所得，财产转让所得。

从现行分类税制和征管成本的角度分析，最小范围的综合方案是将工资、薪金所得和劳务报酬所得综合；中等范围的综合方案则是将全部四项劳动所得综合；较大范围的综合方案则是将资本与劳动混合的两项所得、财产租赁所得等也纳入综合范围。初始阶段究竟采取哪个方案，取决于公平与效率、征管成本与改革成效两对矛盾的权衡。④

综合税率与费用扣除

综合税率表与综合费用扣除项目决定了年所得 12 万元以上自行申报纳税人的最终法定税负，而最终法定税负与已经代扣扣缴的预扣

---

① 对于年所得 12 万元以下，但所得项目主要来自于劳务所得、稿酬所得等适用比例税率的纳税人，如果这些所得项目纳入了综合计征范围，则在分类计征阶段的税负有可能高于综合计征的税负。如果出现这种情况，有两种处理方式：一是为降低征管成本，不允许年所得 12 万元以下纳税人进行自行申报并适用综合计征，即不申报不退税；二是年所得 12 万元以下纳税人如果其分类计征阶段的税负高于综合计征，也允许其自行申报适用综合税率计征获得退税。即年所得 12 万元以下纳税人有权选择是否自行申报适用综合计征。在初始阶段，考虑到征管成本，可以规定暂不允许年所得 12 万元以下纳税人进行自行申报综合计征，条件成熟时再赋予这部分纳税人选择自行申报的权利。

② 参见本报告第 2 章的相关内容。

③ 理论上特许权使用费所得根据其不同来源，既可能是劳动所得，也可能是资本所得。本方案将其全部视为劳动所得，主要是因为从征管的角度看，特许权使用费所得可与其他劳动所得一样实行代扣代缴。

④ 详见本章 5.3 的相关内容。

税款的差额则决定了自行申报后退税或补税的金额。

在个人所得税综合制改革的初始阶段，综合税率和费用扣除项目的设计应重点考虑与分类计征的衔接问题，尤其是与工资、薪金所得累进税率表的衔接。具体来说，有两种思路可供参考：

其一，将综合累进税率表与工资、薪金所得的累进税率表保持一致，综合费用扣除标准也与工资、薪金所得年度费用扣除标准保持一致。这样设计最大的优点在于，在年所得超过 12 万元的纳税人中，有大量纳税人纳入综合计征范围的所得项目仅有工资、薪金所得一项，那么这部分纳税人综合计征的最终税负与代扣代缴的预扣税款基本一致，[①]不需要退补税款，这将大大降低初始阶段的征管成本。

其二，综合累进税率表略低于工资、薪金所得的累进税率表，综合费用扣除标准与工资、薪金所得年度费用扣除标准保持一致或略高，那么将有大量自行申报纳税人可以申报退税，这有利于激励纳税人积极自行申报。

在费用扣除方面，除年度综合费用扣除标准外，可以考虑首先允许符合规定的捐赠支出在综合税基中予以扣除。考虑到征管成本，在初始阶段，建议暂不引入差别扣除项目。

5.1.3 初始方案基础上渐进式改革

我们设计的初始方案，在现行自行申报制度的基础上引入了综合计征，可以视为在分类税制基础上“嫁接”综合制，重点是加强对收入来源多元化的高收入阶层的税收调节力度；基本思路是立足现有征管条件，以较低的征管成本尽快推出“综合与分类相结合”的个人所得税制度改革。

随着个人所得税征管条件和征管机制的逐步完善，在初始方案的基础上，要继续积极创造条件不断健全“综合与分类相结合”的税制，推动个人所得税制度的持续完善。具体来讲，主要包括以下几个方面：

第一，长期保持年所得 12 万元为综合计征的门槛。随着居民收入增长和通货膨胀的作用，适用自行申报综合计征纳税人的数量将逐步增加，由此可以实现“综合与分类相结合”税制适用范围的稳定扩张。

第二，随着征管条件和征管机制的完善，逐步调整扩大纳入综合范围的所得项目，更好地发挥个人所得税调节收入分配的功能；但同时也要充分考虑效率损失和国际税收竞争的影响，努力寻求在公平、效率、国际税收竞争及征管成本等诸多相互冲突的因素之间的动态平衡。

第三，适时引入差别扣除项目，条件成熟时允许以家庭为单位申报纳税。除捐赠扣除外，应积极创造条件适时引入差别扣除项目。从征管成本角度分析，引入抚养扣除、残疾扣除的成本较低，而赡养扣除、医疗扣除的成本相对较高。应当指出的是，未来个人所得税的差别扣除项目并不是越多越好，应着力避免税制的复杂化以控制征管成本，而对中低收入阶层的收入调节应更多地依赖财政转移性支出。此外，在条件成熟时，应允许纳税人以家庭为单位申报纳税。

第四，适时调整税率结构，促进税制公平。初始方案主要考虑了征管条件的约束，因此努力保持现行分类税制的稳定。未来条件成熟时，应适时调整分类计征所得项目与综合计征所得项目的税率结构，使两者更好地衔接并使税负分布更为公平。

---

① 对月度收入不均衡的工薪所得纳税人，仍有可能存在分类计征的应纳税额与按年度综合计征的应纳税额不一致的情况。

5.2 适用综合计征纳税人的界定：年所得12万元以上

在保持现行分类税制框架基本稳定的前提下，以已经实施的年所得超过12万元纳税人自行纳税申报制度为基础，对这部分原本已经实行自行申报的纳税人，通过对部分所得项目适用综合税率表进行年度汇总清缴的方式初步建立“综合与分类相结合”的个人所得税制度。这一方案的最大优点，在于控制了自行纳税申报的人数，能够较好地利用已有制度框架。与分类税制相比，有利于加强对高收入纳税人的收入调节力度，并部分解决了收入均衡性和费用扣除标准差别化的问题。

5.2.1 适用综合计征纳税人年所得标准设定的原则

通常认为的“综合与分类相结合”的个人所得税模式，更多地强调哪些所得项目适用综合计征，哪些所得项目分类计征。我们的方案则首先界定了适用综合计征纳税人年所得的标准，只对年所得超过12万元纳税人的部分所得项目实施综合计征。

之所以对适用综合计征纳税人年所得标准进行界定，主要考虑以下几个因素：

减少引入综合制的初始成本

从分类税制走向“综合与分类相结合”的个人所得税改革，最主要的制约因素是征管成本，有效控制初始阶段的导入成本对于尽快建立“综合与分类相结合”的个人所得税制度具有重要意义。

在已经实施数年的年所得12万元以上纳税人自行申报、全员全额申报等现有制度基础上，将适用综合计征的纳税人界定为年所得12万元以上的纳税人群体，能够大幅减少改革初始阶段的征管成本，是破解个人所得税综合制改革一再推延，被“多次搬家”（高培勇，2010）困局的关键。

有利于加大对高收入者的税收调节力度

按照《“十二五”规划》的要求，加大对高收入者的税收调节力度是“加快完善再分配调节机制”① 的重要组成部分。而要实现对收入来源多元化的高收入群体的有效税收调节，必须尽快推出“综合与分类相结合”的个人所得税改革。将适用综合计征的纳税人限定在年所得12万元以上的纳税人，既可以有效控制改革初始阶段引入综合制的初始成本，同时也有助于实现加大对高收入者税收调节力度的政策目标。

适用综合计征年所得标准的界定要有可拓展性

初始阶段之所以将适用综合计征的年所得标准界定为12万元，主要考虑与现行的自行纳税申报制度的衔接。随着收入水平的不断提高和通货膨胀的作用，如果这一标准保持长期稳定，将有越来越多的纳税人进入到自行申报、综合计征的范围；随着征管条件和征管机制的不断完善，通过在综合计征的框架下逐步引入差别化的费用扣除，“综合与分类相结合”的个人所得税在覆盖范围和税制健全方面将保持较好的可拓展性。

应当指出的是，初始阶段适用综合计征年所得12万元以上的标准不是一成不变的，综合权衡征管成本和对高收入者的税收调节力度这两个因素，在最终实施的初始方案中这一标准也可以适度调整。在初始方案实施后，也可以根据个人收入水平、通货膨胀、税收征管条件等因素进行动态调整。

---

① 《国民经济与社会发展第十二个五年规划纲要》第三十二章第三节。

5.2.2 综合计征与分类计征的衔接

在年所得12万元以上纳税人范围内实施综合计征，涉及到与原分类税制框架下分类计征的衔接问题。其中，主要是在所得获取或支付环节的税款征缴与年终达到综合计征标准的纳税人自行申报后的汇算清缴两者之间的衔接。

在所得获取或支付环节，初始阶段仍然延续现行的分类税制计征和管理办法：有代扣代缴义务人的，由代扣代缴义务人按现行分类税制实施源泉扣缴并进行全员全额申报；无代扣代缴义务人，在境外取得收入，在二处以上取得工资、薪金所得等情况，则按现行税制规定继续进行自行申报纳税。

年终，纳税人综合计算全年所得后，如果按规定核算①的年所得不超过12万元，则这部分纳税人在所得获取或支付环节通过分类计征就已完结纳税义务。如果年所得超过12万元，则需要进行自行申报，对于未纳入综合计征范围的所得项目，所得获取或支付环节已经按规定代扣代缴或申报纳税的，视为这部分所得纳税义务的完结。对于纳入综合计征范围的所得项目，则需要按照综合累进税率表和综合费用扣除标准对应纳税额进行重新核算，分类计征环节已缴纳的税款视为预缴税款，实行汇算清缴，多退少补。

5.2.3 对税收征管机制与配套措施的影响

对适用综合计征的纳税人设定年所得标准，可以在初始阶段大幅降低实行自行申报、汇算清缴纳税人的数量。按照年所得12万元以上的标准，初始阶段全国适用综合计征的纳税人数量可以控制在数百万人，而且这部分纳税人多集中于沿海发达地区。这样有利于降低初始阶段的税收征管成本，对税务机关目前围绕间接税征收建立起来的税收征管机制的冲击相对较小，可以为适应“综合与分类相结合”个人所得税要求的税收征管机制的完善争取时间。

“综合与分类相结合”个人所得税改革还面临与现行分税制财政体制和国地税分工体制相协调的问题。现行个人所得税是中央与地方共享税，归地方税务局征管。个人所得税实行综合制改革后，必然涉及退补税款在中央与地方之间的分配以及与之相配合的税务机关征管分工问题。

设定适用综合计征的年所得标准在控制自行申报纳税人数量的同时，有利于在初始阶段以较低成本解决上述两个问题。在分类计征阶段的税收分享比例和征管分工不变的前提下，通过设立中央数据库汇集年所得12万元以上纳税人的全部涉税信息，但仍由地方税务局负责自行申报纳税人的征管，纳税人有权在户籍所在地、长期居住地、主要收入来源地之间自行选择主管税务机关。为了激励地税部门加强对这部分纳税人的征管，可以考虑在初始阶段规定退税部分由中央承担，补税部分全部归地方财政。②

5.3 适用综合计征所得项目的界定

在设定适用综合计征年所得标准的基础上，如果现行分类税制下的11类所得的划分保持不变，哪些所得项目应纳入综合计征的范围？依据是什么？适合纳入综合计征范围的各所得项目是在初始阶段一步到位地全部纳入，还是渐进式地逐步纳入？这些问题是设计“综合与分类相结合”个人所得税改革方案的重点和难点。

---

① 年所得的范围可以延续现行《个人所得税自行纳税申报办法（试行）》的相关规定。

② 对税收征管和配套改革措施更深入的分析参见本报告第6章、第7章的相关内容。

5.3.1 划分所得项目的几个标准

对所得项目的划分，可以有三个主要标准：一是区分资本所得和劳动所得；二是区分经常所得和非经常所得；三是区分可以有效实施源泉扣缴的所得和无法实施有效源泉扣缴的所得。

区分资本所得与劳动所得

如前所述，现行 11 类所得项目中，除偶然所得和经国务院财政部门确定征税的其他所得外，工资、薪金所得，劳务报酬所得，稿酬所得，特许权使用费所得属于劳动所得；个体工商户生产、经营所得，对企事业单位的承包经营、承租经营所得属于劳动与资本混合所得；利息、股息、红利所得，财产租赁所得，财产转让所得属于资本所得。（参见表 5－1）

表 5－1　劳动所得与资本所得的划分

划分标准	所得项目
劳动所得	工资、薪金所得
	劳务报酬所得
	稿酬所得
	特许权使用费所得
劳动与资本混合所得	个体工商户的生产、经营所得
	对企事业单位的承包经营、承租经营所得
资本所得	利息、股息、红利所得
	财产租赁所得
	财产转让所得

从资本所得和劳动所得区分的角度划分，究竟将哪些所得项目纳入综合计征的范围是改革方案设计时最大的困扰。这种困扰，实际上是税制设计中公平与效率的基本矛盾的反映。

从世界个人所得税制度发展的趋势来看，在全球经济一体化和国际税收竞争的压力下，为提高经济效率和吸引资本流入，往往要对易于流动的资本所得分类课征较低的比例税率；对流动性较差的劳动所得实施综合课征，适用较高的累进税率。典型的是以北欧国家为代表的二元制模式。但从社会公平的角度来看，对资本所得课征较重的税负则更有利于收入分配的调节并与社会公众的公平观念相一致，典型的是以美国为代表的所谓“大综合”模式。

就中国现阶段的具体国情而言，作为发展中国家，促进经济增长，提高效率始终是必须考虑的重要问题，同时也要应对全球经济一体化和国际税收竞争的挑战；而面对收入分配差距的不断扩大，社会各界对公平的诉求日益增长，存在着对资本所得课征较重税负的强烈呼声。中国个人所得税综合制改革要在公平与效率的矛盾中寻求微妙的平衡。

区分经常所得与非经常所得

经常所得与非经常所得的划分主要依据收入发生的频率，一般认为经常所得具有持续性、连续性和可预期性，典型的如工资、薪金所得；非经常所得往往属于偶然性、临时性收入，不具有连续性，典型的如偶然所得、财产转让所得等。

区分经常所得与非经常所得的意义在于，对经常所得而言，由于收入具有连续性，按年度适用超额累进税率相对比较公平；而对非经常所得而言，如转让持有多年的资产获得的一次性收入，如果在发生年度按较高的超额累进税率征税会造成个别年份税负畸高，不利于税负在年度之间的均衡分布。

但是，这种划分在操作中存在着较多困难，如稿酬所得、劳务所得对部分纳税人而言是非经常性所得，而对专栏作家则可能是经常所得。对特定所得项目而言，这种划分也有困难，如储蓄存款利息所得可以大体上视为经常所得，但股息、红利所得则既有可能是按年度固定分配的连续性收入，也有可能是累计多年的未分配利润在特定年份的一次性分配。

按能否实施有效的源泉扣缴划分

由于当前中国推行“综合与分类相结合”个人所得税制度的阻碍主要来自征管能力的约束，按能否实施有效的源泉扣缴来划分现行的各类所得项目，对于初始阶段的税制设计具有重要意义。

按照这一标准，现阶段由代扣代缴义务人，有可能实现较为有效源泉扣缴的所得项目主要有：工资、薪金所得，劳务报酬所得，稿酬所得，特许权使用费所得；利息、股息、红利所得中储蓄存款利息所得，上市公司分红所得，资本市场公司债券的利息所得；财产转让所得中的上市公司股票转让所得等。

个体工商户生产、经营所得和对企事业单位的承包经营、承租经营所得属于经营所得，更多地接近企业所得税的征管模式。

在现阶段，尽管税务机关多次强调加强征管，也取得了显著的成效。但总体来看，非上市公司（实质性）分配的股息、利息所得，自然人股东转让非上市公司股权的财产转让所得，居民个人出租房屋等的财产租赁所得等所得项目即使有法律上的代扣代缴义务人，也较难实行有效的源泉扣缴。

根据以上分析，可以看出，影响综合计征项目设计的另一对矛盾是征管成本与改革效果之间的矛盾。如果税务机关对具有较好代扣代缴基础、信息可获得性较强的所得项目进行综合计征，而将信息可获得性较差的所得项目，如财产租赁所得等项目列为分类计征范围，推进综合制改革的征管成本就相对较低。但是，这样一来，在分类所得税制下信息可获得性较差，难以征管的所得项目在综合制改革后也难有明显改善，综合制改革的效果难以充分发挥。而如果希望通过综合制改革，将原来分类所得税制下难以征管的所得项目纳入综合计征范围来切实加强征管，改革的效果将更显著，但同时相应的征管成本可能就会大幅增加。

5.3.2 可供选择的几个方案

综合权衡公平与效率、税负的均衡性、征管成本与改革效果等各方面因素，以现行分类税制框架下的 11 类所得为基础，对年所得超过 12 万元纳税人适用综合计征的所得项目的选择，有以下几种可供选择的方案：

方案 1：最小范围的综合

初始阶段，为了最大限度降低征管的成本，可以仅将工资、薪金所得和劳务报酬所得两项纳入综合计征的范围，这一方案可以称为最小范围的综合方案。

将工资、薪金所得和劳务报酬所得按年度汇总计征，有利于解决现行分类税制按月按次计征产生的收入均衡性问题；对劳务报酬所得来说，如果配合以综合费用扣除上限的规定，则可以有效解决累计多次费用扣除导致的税负不公问题。

从征管角度来看，工资、薪金所得和劳务报酬所得在分类税制下可以有效实行代扣代缴，随着全员全额申报制度的推行和不断完善，税务机关在信息可获得性方面具有优势，通过全员全额代扣代缴申报和自行申报信息的比对，税务机关实施综合计征的成本较低。

但是，相对于较低的初始征管成本投入，这一方案最大的问题在于由于纳入综合计征的所得项目最少，对收入来源多元化的高收入者的收入调节力度相对不足，改革的成效也最小。

方案2：中等范围的综合

中等范围的综合方案是将工资、薪金所得，劳务报酬所得，稿酬所得和特许权使用费等四项劳动所得纳入综合计征的范围。

在现行分类税制下，劳务报酬所得、稿酬所得、特许权使用费所得的征收具有较大的共性，主要体现在代扣代缴和费用扣除标准两个方面。这三项所得通常都具有明确的支付方，可以较好地实施代扣代缴。在费用扣除标准方面，现行《个人所得税法》第六条第四款规定：“劳务报酬所得、稿酬所得、特许权使用费所得、财产租赁所得，每次收入不超过四千元的，减除费用八百元；四千元以上的，减除百分之二十的费用，其余额为应纳税所得额”。

将稿酬所得、特许权使用费所得纳入综合计征范围可能存在的问题是，对许多纳税人而言稿酬所得、特许权使用费所得属于非经常性所得，纳入综合计征范围适用超额累进税率存在着收入均衡性问题。而且，这两项所得更多地体现智力创造，对其课征较高的税收不利于鼓励创新。在现行税制下，稿酬所得和特许权使用费所得适用20%比例税率，但稿酬所得按应纳税额减征30%，实际上存在着税收的优惠。

但从另一个角度分析，由于设定了纳入综合计征范围的年所得标准，年所得达不到12万元的纳税人，其稿酬所得和特许权使用费所得仍然适用按次计算的费用扣除标准，并适用比例税率。而年所得12万元以上的纳税人，即使将其稿酬所得和特许权使用费所得纳入综合计征范围，也有较高的承受能力。如果在综合计征时，对稿酬所得和特许权使用费所得单独规定一个较高的年度费用扣除标准，也可以有针对性地缓解或降低综合计征后的税负水平。

中等范围综合方案仍然仅包括劳动所得项目，资本所得完全被排除在综合计征范围之外。在公平与效率的权衡中，尽管比现行分类税制有很大的改善，但总体来看，仍然更多地考虑了效率的因素，比较接近二元制模式。

方案3：较大范围的综合

所谓较大范围的综合方案是将工资、薪金所得、劳务报酬所得、稿酬所得和特许权使用费等四项劳动所得和部分资本所得项目纳入综合计征范围。

纳入综合计征范围的资本所得主要是具有经常性特征的资本所得项目，如财产租赁所得和利息所得。财产租赁所得与劳务报酬所得、稿酬所得、特许权使用费所得的费用扣除标准相同，但实行代扣代缴的难度较大，税务机关的信息可获得性较差。如果将其纳入综合计征范围，将增加税收征管的成本。然而，考虑到随着收入差距扩大逐步累计导致的财产分布的不均衡，将财产租赁所得纳入综合计征范围课征较高的税负，从长期来看对调节收入分配具有重大意义。利息所得也具有类似的性质，也可以考虑纳入综合计征的范围。

现行分类税制下的利息、股息、红利所得项目实际上包括债权收益和股权收益两种所得。

目前，公司制企业适用的企业所得税基本税率为25%，而在税后利润分配环节，自然人股东从公司制企业分配的利润需要再按20%比例税率缴纳个人所得税。企业所得税和个人所得税合并计算，公司制企业的利润的综合所得税负高达40%。如果不实施公司所得税与个人所得税的一体化改革，股权收益应按20%的比例税率分类计征，不宜再纳入综合计征范围。

利息所得实际囊括了债权收益。利息所得中，现行税制规定对储蓄存款利息所得免税。在分类计征阶段，建议保持这一暂免征税的规定，但对年所得超过12万元的高收入者，则可以考虑在综合计征阶段将储蓄存款利息纳入综合计征范围，这样即有利于减轻中低收入者的税负，同时也可以调节高收入者的收入。

但是，将利息所得或者仅仅将储蓄存款利息所得纳入综合计征范围，会大大增加需要补缴税款的纳税人数量，因为除工资、薪金所得外，绝大多数纳税人都会有或多或少的储蓄存款利息收入。即使分类计征阶段工资、薪金所得适用的税率和费用扣除标准与综合计征阶段（月度与年度之间折算后）保持基本一致，对仅有工薪所得和储蓄存款利息所得的纳税人而言仍然要补缴税款，这将抵消前文所述方案1的综合税率和费用扣除设计思路所具有的征管成本优势。

方案4：大范围的综合

所谓大范围的综合是将个体工商户生产、经营所得和对企事业单位的承包经营、承租经营所得也纳入综合计征的范围。

由于这两项所得实质上属于非法人的经营所得，是劳务所得和资本所得的混合，在现行分类税制下不仅适用单独的超额累进税率表，而且税收征管措施也与大多数所得项目主要采用代扣代缴方式不同。如果要将这两项所得纳入综合计征范围，应首先将分类计征阶段分别适用于工资、薪金所得及个体工商户生产、经营所得和对企事业单位的承包经营、承租经营所得的两套累进税率表进行合并，在综合计征阶段再适用统一超额累进税率表。

而如果借鉴二元制模式，将这两项所得进一步区分为劳动所得和资本所得，然后将劳动所得纳入综合计征范围，资本所得分类征收适用比例税率，则会增加税收征管的成本。

方案5：最大范围的综合

最大范围的综合接近美国的“大综合”模式，除单独规定的个别项目外，所有所得项目均纳入综合计征范围。这一方案调节收入分配的功能最强，但对效率带来的损失和税收征管成本也较高。

从世界个人所得税改革的趋势、中国现阶段国情和税收征管的实际来看，“大综合”模式不应成为未来中国个人所得税改革的最终目标，应合理界定综合计征和分类计征的所得项目，权衡好公平与效率、征管成本和改革成效的关系，立足于尽快推出个人所得税的综合制改革，同时为未来健全完善“综合与分类相结合”的税制模式奠定好具有可持续性的制度框架。

5.3.3 渐进式改革的路径选择

上述五个可供选择方案之间的交叉调整也会产生新的组合方式，如为了鼓励创新，可以将方案1的项目和方案3中的资本项目组合，即将工资薪金所得、劳务所得、财产租赁所得、储蓄存款利息所得纳入综合计征范围，而对稿酬所得、特许权使用费所得仍然适用分类计征，这样将产生新的方案。

需要强调的是，每种方案均有利有弊。既要充分论证，权衡各方面因素，慎重选择，力争保持税制的稳定性；同时，也要根据环境和条件的变化进行适时的动态调整。我们认为，当前的主要任务是创造条件尽快推出个人所得税综合制改革，克服现有分类税制的弊端，重点是加大对高收入者的税收调节力度。随着个人所得税征管机制的逐步完善，再着手健全“综合与分类相结合”的税制。在渐进式改革思路的指导下，在中等范围综合方案的基础上，研究确定初始阶段的具体实施方案，可能更具有现实性和可操作性。

5.4 分类计征税率与综合计征税率

税率和费用扣除直接决定了纳税人的税收负担。初始阶段，在保持分类税制基本框架稳定的前提下，对年所得超过12万元纳税人选择部分所得项目进行综合计征的改革，其税率设计的核心问题是分类计征税率与综合计征税率的衔接。

5.4.1 现行分类税制的税率安排

现行分类税制下的11类所得，除经国务院财政部门确定征税的其他所得外，10个所得项目适用的税率如下：

工资、薪金所得

适用超额累进税率，税率为5%～45%。（参见表5-2）

表5-2　个人所得税税率表一

（工资、薪金所得适用）

级数	全月应纳税所得额	税率（%）
1	不超过500元的	5
2	超过500元至2 000元的部分	10
3	超过2 000元至5 000元的部分	15
4	超过5 000元至20 000元的部分	20
5	超过20 000元至40 000元的部分	25
6	超过40 000元至60 000元的部分	30
7	超过60 000元至80 000元的部分	35
8	超过80 000元至100 000元的部分	40
9	超过100 000元的部分	45

（注：本表所称全月应纳税所得额是指依照本法第六条的规定，以每月收入额减除费用2 000元后的余额或者减除附加减除费用后的余额。）

目前正在审议阶段的《个人所得税修正案（草案）》，除拟将工资、薪金所得的减除费用标准提高至3 000元外，还拟取消15%、40%两档税率并相应调整了税率级距。（参见表5-3）

表5-3　拟修订的个人所得税税率表一

（工资、薪金所得适用）

级数	全月应纳税所得额	税率（%）
1	不超过1 500元的	5
2	超过1 500元至4 500元的部分	10
3	超过4 500元至9 000元的部分	20
4	超过9 000元至35 000元的部分	25
5	超过35 000元至55 000元的部分	30
6	超过55 000元至80 000元的部分	35
7	超过80 000元的部分	45

（注：本表所称全月应纳税所得额是指依照本法第六条的规定，以每月收入额减除费用3 000元后的余额或者减除附加减除费用后的余额。）

个体工商户生产、经营所得和对企事业单位的承包经营、承租经营所得

个体工商户的生产、经营所得和对企事业单位的承包经营、承租经营所得，适用5%～35%的超额累进税率。（参见表5－4）

表5－4　个人所得税税率表二

（个体工商户的生产、经营所得和对企事业单位的承包经营、承租经营所得适用）

级数	全年应纳税所得额	税率（%）
1	不超过5 000元的	5
2	超过5 000元至10 000元的部分	10
3	超过10 000元至30 000元的部分	20
4	超过30 000元至50 000元的部分	30
5	超过50 000元的部分	35

（注：本表所称全年应纳税所得额是指依照本法第六条的规定，以每一纳税年度的收入总额，减除成本、费用以及损失后的余额。）

目前正在审议阶段的《个人所得税修正案（草案）》维持现行5级税率级次不变，对个体工商户生产经营所得和承包承租经营所得（以下统称经营所得）税率表的级距作了相应调整，将经营所得税率表第一级级距由年应纳税所得额5 000元调整为15 000元，其他各档的级距也相应作了调整。（参见表5－5）

表5－5　拟修订的个人所得税税率表二

（个体工商户的生产、经营所得和对企事业单位的承包经营、承租经营所得适用）

级数	全年应纳税所得额	税率（%）
1	不超过15 000元的	5
2	超过15 000元至30 000元的部分	10
3	超过30 000元至60 000元的部分	20
4	超过60 000元至100 000元的部分	30
5	超过100 000元的部分	35

（注：本表所称全年应纳税所得额是指依照本法第六条的规定，以每一纳税年度的收入总额，减除成本、费用以及损失后的余额。）

劳务报酬所得

劳务报酬所得适用比例税率，税率为20%。个人一次取得劳务报酬，其应纳税所得额超过2万元至5万元的部分，依照税法规定计算应纳税额后再按照应纳税额加征五成；超过5万元的部分，加征十成。

稿酬所得

稿酬所得适用比例税率，税率为20%，并按应纳税额减征30%。

适用20%比例税率的其他所得项目

特许权使用费所得，利息、股息、红利所得，财产租赁所得，财产转让所得，偶然所得适用比例税率，税率为20%。

5.4.2　分类计征税率的完善

分类计征阶段各所得项目适用税率的完

善，主要集中于工资、薪金所得，个体工商户的生产、经营所得，对企事业单位的承包经营、承租经营所得三个项目适用的两个超额累进税率表。

进一步调减工资、薪金所得适用的税率级次、降低最高边际税率

正在审议阶段的《个人所得税修正案（草案）》对这两个税率表均有调整，但从草案来看，尽管工资、薪金所得税率表由九级累进税率调整为七级并相应扩大税率的级距，但与世界个人所得税改革发展的趋势相比，税率级次仍然相对较多，而且最高边际税率保持在45%的较高水平。[①] 建议进一步调减税率级次至5级并相应调低最高边际税率至40%或35%的水平。

将工薪所得与经营所得适用税率表合并

此外，还应关注两个超额累进税率表的衔接问题，如果将草案中拟修订的工资、薪金所得税率表调整为全年应纳税所得额（参见表5－6），将其与拟修订的个体工商户的生产、经营所得和对企事业单位的承包经营、承租经营所得适用的税率表（参见表5－5）相比较，可以看出，个人经营性质所得的税负水平要普遍地高于工资、薪金所得。其中，个人经营性质的所得最高边际税率35%对应的年应纳税所得额为100 000元，而这一所得额对应的工资、薪金所得主要适用25%的税率。而最低两档税率5%和10%适用的应纳税所得额也低于工资、薪金所得。

表5－6　按年度调整后的工资、薪金所得税率表

级数	全年应纳税所得额	税率（%）
1	不超过18 000元的	5
2	超过18 000元至54 000元的部分	10
3	超过54 000元至108 000元的部分	20
4	超过108 000元至420 000元的部分	25
5	超过420 000元至660 000元的部分	30
6	超过660 000元至960 000元的部分	35
7	超过960 000元的部分	45

非法人制企业通常规模较小，承担无限责任，但对于解决就业具有重要意义。个人的经营所得不仅相对于公司制企业应承担较低的税负，也应与工资、薪金所得的税负保持一致。因此，如果将工资、薪金所得的税率级次调整至5%，最高边际税率下调至35%或40%，则可以考虑将两个累进税率表合并，同时适用于工资、薪金所得，个体工商户的生产、经营所得，对企事业单位的承包经营、承租经营所得三个所得项目。

两个累进税率表的合并不仅有利于均衡工薪所得与经营所得的税负，鼓励自主创业和解决就业，同时也可以为未来个人所得税综合制改革扩大综合计征范围，将经营所得纳入综合计征范围奠定较好的基础。

5.4.3　分类计征税率与综合计征税率的衔接

年所得12万元以上纳税人纳入综合范围

① 个人所得税税率的国际比较，参见本报告第4章的相关内容。

的所得项目，要适用新的超额累进税率表。在以现行分类税制为基础引入综合制因素的总体方案设计思路指导下，需要做到分类计征税率与综合计征税率的有效衔接。

对年所得12万元以下的纳税人而言，按所得项目分类计征的税款就是最终的应纳税额，在分类计征环节这部分纳税人的纳税义务已经完结。而对年所得超过12万元的纳税人而言，未纳入综合计征范围的所得项目在分类计征环节的纳税义务也已经完结，纳入综合计征范围的所得项目汇总后适用综合计征税率表，这部分所得项目在分类计征环节已经缴纳的税款实际上是预缴税款。分类计征税率与综合计征税率的衔接主要是指这部分所得项目在两个计征环节适用税率的衔接问题。

如果初始阶段不将个体工商户的生产、经营所得和对企事业单位的承包经营、承租经营所得纳入综合计征范围，综合计征税率表主要考虑与工资、薪金所得税率表的衔接。如果未来要将上述两项经营性质所得项目纳入综合计征范围，则首先应考虑将分类计征环节两个超额累进税率表合并，再与综合计征税率表衔接。①

由于年所得超过12万元纳税人在分类计征环节已缴纳的税款实际上是预缴税款，因此对分类计征环节的工资、薪金所得来说，年所得超过12万元适用的超额累进税率仅具有预缴税款的意义。

如果以正在审议阶段的《个人所得税修正案（草案）》提出的工资、薪金所得月减除费用标准3 000元和拟修订的税率表为基础测算，工资、薪金所得年度减除费用标准为36 000元，年所得12万元减去年度减除费用标准后的年度应纳税所得额为84 000元，折算为月应纳税所得额为7 000元，其对应的边际税率为20%。（参见表5－6、表5－3）

因此，如果实施“综合与分类相结合”的税制改革，在分类计征环节应将适用20%边际税率的级距由4 500～9 000元调整为4 500～7 000元。考虑到这一调整将增加中等工薪收入阶层的负担，建议恢复15%税率，即4 500～7 000元部分适用15%税率。对年所得不超过12万元的工薪所得纳税人，其适用的最终税率为5%、10%、15%三档。对工薪所得纳税人年所得超过12万元，月工薪所得应纳税所得额7 000元以上（含7 000元），在分类计征阶段代扣代缴的税款为预缴税款。

如前所述，为降低综合计征阶段的征管成本，建议将综合计征税率表与按年度折算后工资、薪金所得税率保持一致。如果不将绝大多数纳税人都有的储蓄存款利息收入纳入综合计征范围，且年度费用扣除标准与工薪所得按年折算的减除费用标准一致，则对大部分仅有工资、薪金所得一项纳入综合计征范围的纳税人而言，即使其年所得额超过12万元，其分类计征阶段的预缴税款与综合计征后的最终应纳税额也将保持一致，这将大大降低综合计征阶段的征管成本。

5.5 综合费用扣除项目

分类模式的个人所得税由于实行分类计征，无法将各种所得项目归集到具体的个人或家庭，因此难以实现差别化的费用扣除。当前，社会各界围绕工资、薪金所得费用扣除标准的争论，其焦点并不仅仅是减除费用标准的高低，而是无法根据纳税人的实际负担情况实现公平的税负分配。

① 由于工资、薪金所得，个体工商户的生产、经营所得，对企事业单位的承包经营、承租经营所得之外的所得项目大多按次征收，且主要适用比例税率。纳税人这部分所得项目的收入规模千差万别，因此无法准确估算全年所得应纳税所得额，难以再设计综合累进税率表进行准确评估。

个人所得税实施"综合与分类相结合"的改革，不仅有利于发挥对收入来源多元化高收入者的税收调节作用，实现纳入综合范围内各所得项目的税负公平，以个人（或家庭）为基本征收单位按年度归集所得项目，同时也为引入差别化的费用扣除项目奠定了基础。

但是，应当指出的是，即使在"综合与分类相结合"或综合制模式下，多样化差别费用扣除项目也会导致税制的复杂化和税制运行成本的增加。引入的差别费用扣除项目越多，税收征管成本和纳税人遵从成本越高。因此，在税制设计时，究竟是否引入差别费用扣除项目，引入多少？要在税收征管条件和能力的制约下，在税制公平和运行效率之间作出权衡。

5.5.1 现行分类税制下的费用扣除①

现行分类税制下的 11 类所得中，利息、股息、红利所得，偶然所得和其他所得，以每次收入额为应纳税所得额，没有费用扣除。

工资、薪金所得的减除费用标准

工资、薪金所得，以每月收入额减除费用 2 000 元后的余额，为应纳税所得额。正在审议阶段的《个人所得税修正案（草案）》拟将减除费用标准提高至 3 000 元。

现行《个人所得税法》第六条还规定了工资、薪金所得附加减除费用，即"对在中国境内无住所而在中国境内取得工资、薪金所得的纳税义务人和在中国境内有住所而在中国境外取得工资、薪金所得的纳税义务人，可以根据其平均收入水平、生活水平以及汇率变化情况确定附加减除费用，附加减除费用适用的范围和标准由国务院规定"。

《个人所得税法实施条例》第二十八条、第二十九条对附加减除费用适用的范围和标准分别进行了规定，其中第二十九条规定附加减除费用标准为 2 800 元。

其他所得项目的费用扣除

个体工商户的生产、经营所得，以每一纳税年度的收入总额，减除成本、费用以及损失后的余额，为应纳税所得额。

对企事业单位的承包经营、承租经营所得，以每一纳税年度的收入总额，减除必要费用后的余额，为应纳税所得额。

劳务报酬所得、稿酬所得、特许权使用费所得、财产租赁所得，每次收入不超过 4 000 元的，减除费用 800 元；4 000 元以上的，减除 20% 的费用，其余额为应纳税所得额。

财产转让所得，以转让财产的收入额减除财产原值和合理费用后的余额，为应纳税所得额。

捐赠扣除

除上述规定外，现行《个人所得税法》第六条还规定了捐赠扣除，即"个人将其所得对教育事业和其他公益事业捐赠的部分，按照国务院有关规定从应纳税所得中扣除"。

《个人所得税法实施条例》第二十四条进一步明确了捐赠扣除的范围和准予扣除的捐赠额上限。即，"税法第六条第二款所说的个人将其所得对教育事业和其他公益事业的捐赠，是指个人将其所得通过中国境内的社会团体、国家机关向教育和其他社会公益事业以及遭受严重自然灾害地区、贫困地区的捐赠。捐赠额未超过纳税义务人申报的应纳税所得额 30% 的部分，可以从其应纳税所得额中扣除"。

5.5.2 综合费用扣除项目的设计

初始化方案的减免设计，主要目的是实现

① 个人所得税制度的设计还涉及到免税项目、减税项目。《个人所得税法》第四条、第五条对免征个人所得税和经批准减征个人所得税的项目进行了规定。《个人所得税法实施条例》第二十五条规定：按照国家规定，单位为个人缴付和个人缴付的基本养老保险费、基本医疗保险费、失业保险费、住房公积金，从纳税义务人的应纳税所得额中扣除。

分类征收与综合征收的有效“嫁接”。（高培勇，2009）因此，在初始阶段，分类计征环节仍然按现行分类税制规定的各所得项目的费用扣除标准以及免税、减税的规定执行。在综合计征环节，未纳入综合范围的所得项目分类计征阶段已实施的费用扣除不需调整，而纳入综合范围的所得项目在汇总计算年所得额后，按照综合费用扣除项目计算年度综合计征应纳税所得额并适用综合累进税率表。

初始阶段的综合费用扣除项目的设计

由于拟在现行分类税制基础上，选择年所得超过 12 万元的纳税人进行综合计征，因此从税负公平的角度，综合计征阶段适用的费用扣除项目的标准原则上应高于年所得 12 万元以下纳税人享受的费用扣除标准。同时，受现阶段税收征管环境和条件的制约，也不宜在综合计征阶段引入差别化费用扣除项目。

如前所述，考虑到初始阶段引入综合制后税制的运行成本，建议年度综合费用扣除标准与按年度折算后的工资、薪金所得减除费用标准保持一致，如果按每月 3 000 元的标准计算，则年度综合费用扣除标准为 36 000 元。

如果初始方案将稿酬所得纳入综合计征范围，同时还要保持现行税制对稿酬所得的优惠，可以对有稿酬所得的年所得 12 万元以上的纳税人在年度综合费用扣除标准 36 000 元之外另行规定一个适当的仅适用稿酬所得的额外扣除。

初始方案还应延续现行对捐赠扣除的规定，即“捐赠额未超过纳税义务人申报的应纳税所得额 30% 的部分，可以从其应纳税所得额中扣除”。如果在分类计征阶段捐赠额已在分类所得项目中扣除，应合并计算 30% 的扣除限额。

差别化费用扣除项目的后续引入

从国际比较的角度来看，发达国家差别化费用扣除项目多种多样，涉及抚养、赡养、教育、医疗、住房等诸多方面，但这是以发达国家成熟的税收征管环境为前提条件的，而且各国规定的差别化费用扣除的具体项目也有很大差别。[①] 而且，差别化费用扣除项目只能照顾到收入达到税法规定计征标准的纳税人，对于收入未能达到纳税标准的低收入者而言，则无法享受。因此，对居民抚养、赡养、教育、医疗、住房等项目的补贴采用财政支出的方式更为公平。如瑞典就规定育儿费用不予扣除，但给养育孩子的家庭以财政补贴。

对中国这样一个人均 GDP 还比较低，税收征管环境和条件亟待改善的发展中大国而言，更应高度重视差别化费用扣除项目引入后可能导致的税制复杂化及运行成本的提高，应从税收征管实际出发，慎重引入差别化费用扣除项目。即使未来税收征管环境和条件得到改善，也应更多考虑采用财政补贴的方式实现政策目标为妥。

在后续“综合与分类相结合”税制的健全完善过程中，如果要引入差别化费用扣除项目，从征管成本的角度分析，应优先考虑征管成本较低的抚养扣除、残疾扣除，条件成熟时考虑引入赡养扣除和婚姻扣除（以家庭为单位计征）。

之所以优先引入抚养扣除，主要原因是在现行户籍制度和高等教育招生制度下，相关信息采集和后续管理的成本较低。残疾人扣除的征管成本也相对较低，尽管目前有残疾认定标准和相关部门的认证，但其权威性与户籍制度和招生制度相比还有距离，如果能够保证信息的准确性，可以对受雇者本人及其直系亲属或被监护人有残疾的，按残疾等级额外增设不同额度的扣除。

赡养扣除则比较复杂。被赡养老人的收入状况，多子女情况下赡养费用的分摊，被赡养老人是否健在等信息采集和后续管理的成本较高。建议暂不实行婚姻扣除和以家庭为单位申报的制度，因为这要求税务机关掌握纳税人的婚姻状况及其变动情况，核实配偶的工作及收

---

① 参见本报告第 4 章的相关内容。

入等信息，征管成本较高。

5.5.3 分类计征环节差别费用扣除的尝试

除税制运行成本和由财政补贴措施替代这两个因素外，中国个人所得税综合制改革难以引入差别费用扣除项目的主要阻碍，在于年所得12万元以下纳税人仅适用分类计征。如果仅对年所得12万元以上纳税人引入差别费用扣除，将产生新的税负不公平。因此，如果能在分类计征环节对绝大部分纳税人都引入差别费用扣除，则税制的公平会有较大改善，也有利于解决围绕工资、薪金所得减除费用标准引发的诸多争议。因此，以现行的全员全额申报制度为基础，借鉴累计扣缴制的运行特征，我们设计了在分类计征环节引入部分差别扣除项目的方案。

基本框架

拿抚养扣除来讲，中国目前工资、薪金所得的征管较为完善，在全员全额申报的基础上，夫妻双方可以自行选择在一方受雇单位登记未成年子女及正在接受全日制本专科教育子女的情况，雇主单位汇总递交主管税务机关核准备案。

核准生效后，雇主单位向员工支付工资、薪金时，在现行费用扣除标准的基础上，增加一定金额的抚养扣除。考虑到人员的流动性和征管成本，差别化扣除项目的标准也应全国统一。

夫妻双方如有一方失业，登记扣除单位可以变更至另一方；在正常情况下的变更应以年度为单位，每年年末一定期限内由税务机关统一受理。

同理，残疾扣除需要相关部门的核准生效，经由工资薪金所得代扣代缴。

工资、薪金所得按年度计税，实行分月累计扣缴

对工资、薪金所得按年度计税能够有效解决收入的均衡性问题，而按年度计征工资、薪金所得与雇主在支付员工薪酬时分月代扣代缴税款可以同时实行。在累计扣缴制下，雇主计算员工代扣代缴税款可以分为四步：

第一步，加总截至扣缴日为止在该纳税年度内所支付给某位雇员的工资总额；

第二步，根据统一的费用扣除标准和该雇员登记核准的抚养扣除计算其截至扣缴日为止在该纳税年度中可扣除费用总额；

第三步，用雇员的收入总额减去费用扣除额，再运用税率表计算出其本年度累计应纳税额；

第四步，用累计应纳税额减去已经扣缴的税款，得到在本次付薪日应代扣代缴的税款。

如果雇员只有工资、薪金所得，累计扣缴制下该雇员年终不需要进行纳税申报，不存在汇算清缴和退税的问题。

无工资、薪金所得纳税人的费用扣除

适用个体工商户生产、经营所得的纳税人可以比照对工资、薪金所得的征管办法增加抚养扣除或残疾扣除项目。

对无工资、薪金所得的纳税人，但有其他劳动所得，如劳务报酬所得、稿酬所得的纳税人，如果年所得不超过12万元，未被纳入综合申报的范围，有三种不同的征管办法：一是继续实行分类所得税制的征管办法，不允许进行抚养扣除等额外扣除；二是允许有相对固定收入的纳税人在纳税年度内选择一个劳务或稿酬支付单位申报登记额外扣除项目，比照工资、薪金所得的办法进行管理；三是允许纳税人在年度终了向税务机关自行申报全年劳动所得，如果已纳税额超过一定标准可以申请退税。对原分类税制下无费用扣除、按比例税率计征的项目不允许进行抚养扣除。

主要参考文献

崔志坤：“综合与分类混合型：个人所得税模式设计的不同取向”，《税务研究》，2010年第9期。

高培勇：“转变经济发展方式：财税的责任与压力”，《人民日报》，2011年4月11日。

高培勇：“尽快启动直接税改革——由收入分配问题引发的思考”，《涉外税务》，2011 年第 1 期。

高培勇：“个税改革须‘双管齐下’”，《人民日报》，2010 年 6 月 28 日。

高培勇：“税制改革：实现突破　期待完善”，《中国税务》，2010 年第 12 期。

高培勇：“个人所得税改革内容、进程与前瞻”，《理论前沿》，2009 年第 6 期。

张斌：“个人所得税改革的目标定位与征管约束”，《税务研究》，2010 年第 9 期。

岳树民、卢艺：“我国个人所得税免征额界定的比较分析”，《税务与经济》，2009 年第 5 期。

Ault, H. and B. Arnold, *Comparative Income Taxation: A Structural Analysis*, 3rd ed, Alphen aan den Rijn, the Netherlands: Kluwer Law International, 2010.

6

适应“综合与分类相结合”的征管模式改革

- 未来个人所得税征管模式的基本内容可概括为“以自然人为基本征管单位、以源泉扣缴与自行申报相结合为手段、以选案稽查与严厉处罚相结合为保障、以纳税服务与税务中介体系为辅助。”该模式有利于培养纳税人的纳税意识，建立一种新的社会管理模式
- 在初始阶段，中国“综合与分类相结合”的个人所得税制度应充分发挥源泉扣缴制度的征管优势，引入预填申报制的部分内容，由税务机关主导实施自行申报
- 如何提高稽查选案的准确率和提高处罚力度是建立与“综合与分类相结合”个人所得税制度相适应的税务稽查体系的关键

Tax Administration Reform Suitable to the Combined Personal Income Tax System

- The basic content of the personal income tax administration pattern in the future can be summarized as follow that the natural person taxpayer is the basic unit of tax administration, the combination of withholding at source and self-declaration is taken as means, the combination of case selection and the tax inspection are the safeguard, and the taxpayer service and the tax agency system are taken as supplementary means. This mode is conducive to developing taxpayer's awareness and forming a new social management pattern
- In the initial stage, China's combined personal income tax system should take full advantage of withholding at source system and introduce some elements of preliminary declaration system, which make tax authority dominate to implement self-declaration
- How to improve the accuracy of the case selection and the tax inspection and to increase the penalties are the key to establish tax inspection system suitable to establishing the combined personal income tax system

6. 适应“综合与分类相结合”的征管模式改革

6.1 现行个人所得税征管机制存在的主要问题

6.1.1 难以直接面对自然人纳税人

虽然现行制度中也不乏关于自行申报的规定，但是现行税收征管模式总体以发票管理和源泉扣缴为主要特征，以企事业单位的现金流为征税客体，而非以自然人本身，割裂了税务机关与自然人之间的直接利益关联，使得税务机关无法直接面对自然人纳税人，这也成为社会纳税意识淡漠的一个重要原因。

自 1994 年分税制改革以来，间接税收入增长迅速，税制结构呈现以间接税为主体的特征。这种税制结构造成目前的征管体系主要是围绕间接税展开，征管对象主要是企事业单位，通过建立发票管理制度来控制税源，税源大部分来自于单位纳税人的现金流。即使是个人所得税，也主要采用以源泉扣缴为主要方式的间接征管机制，缺乏一种直接面对自然人纳税人的征管机制。而且，现行《税收征管法》及其《实施细则》的相关规定主要针对单位纳税人，以自然人纳税人为征管对象的法律规定和征管机制安排相对薄弱，这制约个人所得税征管效率的提高。

6.1.2 重征管过程、轻征管结果

以间接税为主体的税制结构容易引发税收征管“重过程、轻结果”的问题。现行税收征管流程的设计，大部分以纳税人交易过程形成的现金流为监控对象，而税务稽查、强制执行等后期环节相对薄弱。

在过去十几年中，为了加强税收征管尤

其是增值税的征管，税务机关大力推进以“金税工程”为代表的信息化建设，该工程已建立覆盖全国区县以上国税机关的计算机主干网络，初步构建了增值税防伪税控开票系统、防伪税控认证系统、增值税计算机稽核系统和发票协查系统等，对于促进增值税征管效率的提高具有显著意义。但该系统基本上围绕着征管过程中的每一个环节来设计监控业务流程，以征管过程为着眼点和出发点。一旦发现问题进入稽查程序，甚至查实问题即使最后进入强制执行程序时，处罚力度偏低，从而导致纳税人违法成本较小，无法对纳税人形成有效制约。

具体来说，主要存在几个方面的问题：

其一，对税务稽查工作的定位不高，稽查强度偏低。长期以来，税务稽查的定位只是征管过程的后期辅助环节，其定位于加强和促进征管，而不是打击和震慑违法犯罪。普查等日常稽查手段运用不够，税收违法行为的查处概率较低，自然人纳税人违法收益较高。

其二，对税收违法行为的惩罚力度不够。发现涉税违法行为后，对大部分违法纳税人的处罚力度仅限于补缴税款或者征收滞纳金，甚至是以补代罚，处罚力度较轻，使得违法者的违法收益可能大大高于其或有惩罚损失。而且，我国的税务机关对违法纳税人的处罚没有与社会信用体系挂钩。如果逃税行为被查出之后记入个人征信系统，违法纳税人会在贷款申请、市场交易等方面受到影响，那么纳税人的违法成本将大大提高。

其三，现有征管和稽查模式只能适用于企事业单位，无法对自然人纳税人形成有效约束。由于企业单位特别是中小企业，组织形式比较灵活，一旦发现问题，并接受处罚，对其经营影响并不大。甚至它们可以迅速瓦解，然后重新组建另外的企业，这样税务稽查和处罚无法对它们形成制约。而自然人不同，一旦查出有税务违法行为，该记录可以计入个人信用档案。这对自然人纳税人不遵从行为形成制约。

6.1.3 过分依赖技术手段而忽视纳税遵从

由于增值税存在完整的价值流转环节和税款抵扣链条，税务机关通过建立进项发票抵扣机制并将之实现电子化来监控税收，构建增值税纳税人之间的交叉稽查机制。上面也提到，我国的“金税工程”大大加强了增值税的征管能力，提高了征收率。然而，现有征管机制将技术手段放在主要位置，忽视了纳税人遵从行为，缺乏对人的激励约束机制。

事实上，税务机关和自然人纳税人之间不存在“直接对话”的机制，使得纳税人的痛苦感隐性化，对自己的收入是否需要缴税、缴多少税、如何缴税都非常模糊，极大地淡化了纳税意识。即使有先进的技术手段作为支撑，如果没有自然人纳税人的遵从意识作为前提，被动地去接受税务机关对税收征管制度的安排，税收征管效果不会达到最佳效果。

未来将要实施的个人所得税综合制改革，势必导致直接向税务机关申报纳税的自然人纳税人规模的扩大，在综合计征阶段税务机关要处理数量庞大的纳税申报单并汇算清缴税款。如果仍然维持“税务机关主动、纳税人被动”的税收征管模式，势必会大大提高征管成本。因此，未来的税制征管应该努力扭转这个局面，强调纳税人的主动遵从，同时辅之以“强稽查、重惩罚”的手段，才能推动纳税人主动如实申报纳税。

总之，我国现行税收征管模式是在以间接税为主体的税制结构背景下建立起来的，它的基本目标和定位主要服务于间接税的征管。未来个人所得税的改革中，不仅要按照“综合与分类相结合”的模式转变税制，更重要地是按照综合制的要求建立一套与之相适应的征管模式，提高税务稽查和强制执行的地位，利用“严刑峻法”和“优化纳税服务”提高纳税人的税收遵从度，促进其主动履行纳税申报义务。这种征管模式的转变不是“细枝末节”的修修补补，而是“翻天覆地”的制度重构。

6.2 转变个人所得税征管模式的必要性和紧迫性

在税制结构转变过程中，由于现行税收征管模式本身存在的固有缺陷，使之难以面对自然人纳税人实施直接的税收征管。推进“综合与分类相结合”个人所得税制度，则要求建立税务机关直接面对自然人纳税人的征管模式。转变个人所得税征管模式，不仅是个人所得税综合制改革的必然要求，也有利于培养自然人纳税人的纳税意识，促进以“数目化管理”为基础建立新的社会管理模式。

6.2.1 未来税制结构转变的必然要求

我国未来个人所得税改革目标之一，就是促进税制结构的优化，将现有以间接税为主体的税制结构向间接税与直接税并重的“双主体”税制结构转变，缓解直至扭转现行税制的累退性及对消费需求的抑制。

然而，现行税收征管模式更多地适用于间接税征管，难以适应以个人所得税和财产税为代表的直接税征管要求。未来应尽快建立一套直接面对自然人纳税人的征管模式，以适应于未来税制结构的转变。此外，还应以税收征管模式转变为契机，确立“以人为主体、数目化管理”的社会管理模式。

6.2.2 提高社会成员纳税意识的制度基础

现行间接化的税收征管模式使自然人纳税人被动接受税款扣缴的事实，这让其对自己的收入是否要纳税、需要缴纳多少税、纳税方式是什么等基本问题缺乏必要了解，显然无法唤醒自然人纳税人的纳税意识。

随着居民收入水平的不断提高，将有越来越多的自然人纳税人进入到自行申报综合计征的范围，这势必促使税务机关必须直接面对数量众多的自然人纳税人。而自行申报制度将促使其了解纳税的基本程序，并将直接缴纳税款与监督税款适用联系在一起。在这个意义上，个人所得税综合制改革的推进不仅要求税收征管模式的转变，同时也对提高纳税意识，增强自然人纳税人参与财政收支决策的积极性和主动性，推动我国民主化、法治化进程产生重要影响。

6.2.3 有利于转变社会管理模式

“数目化管理”是指对社会管理各个层面数据的搜集，对政府的科学化决策起到基础作用，使得政策更具有针对性和精确性。然而，我国缺乏“数目化管理”的传统，社会管理很多领域甚至没有建立起信息库，更不用说各部门之间的信息交换。

税收征管模式转变有利于改变这一局面：

其一，个人所得税制度改革需要政府掌握社会成员的大量个人信息，例如财产状况、收入状况、婚姻状况、抚养和赡养状况等。该问题的迫切性会推动各部门注重基础数据的搜集和统计，提高对社会成员个人信息掌握的精确性。

其二，以税收征管模式转变为契机，增强部门之间的协调、发挥共同治理的作用有利于确立未来社会管理中的协同效应。

其三，在税收征管模式转变过程中，确立以自然人纳税人主动遵从为主要特征的征管模式使税务机关摆脱以往那种单纯依靠技术来提高征管质量的传统路径，改变以往那种“社会成员被动管理”的模式，有利于降低社会管理的成本。

6.3 个人所得税征管机制的模式选择

个人所得税征管模式的选择应该以税制改革的目标、征管水平与社会经济环境为前提和基础，模式的确定要充分考虑具体征管实施过程中涉及到的相关因素，如自然人纳税人的遵从程度、税收环境、税务机关的技术水平等。

6.3.1 目标定位

个人所得税征管的目标应定位于加强高收入者的税收征管。通过引入差别化的费用扣除继续完善中低收入阶层的税收征管、降低该群体的税收负担。因此，未来个人所得税改革应该建立一套“以直接面对自然人纳税人为主”的征管模式。该模式的基本内容可概括为“以自然人为基本征管单位、以源泉扣缴与自行申报相结合为手段、以选案稽查与严厉处罚相结合为保障、以纳税服务与税务中介体系为辅助。”具体包括以下几个方面：

建立以自然人纳税人为基本征管单位

未来个人所得税征管的终极模式应该是建立以自行申报为主的征管体系，这意味着税务机关要建立起以自然人纳税人为中心归集其各项收入信息的信息系统。这一信息系统需要对自然人纳税人所有类型的收入进行集成与处理，并对其进行有效甄别和监控。而如果要实现差别化的费用扣除，则信息系统还应该包括婚姻状况、抚养赡养人口、教育医疗支出等信息。

以源泉扣缴与自行申报相结合为手段

发达国家的个人所得税征管经验表明，个人所得税征管离不开源泉扣缴，该方法仍然是税务机关掌握个人收入信息的重要渠道，也是大部分个人所得税征收的主要手段。未来，中国如果实施在现行分类税制基础上引入综合制的改革，自行申报将逐渐成为对高收入阶层个税征管的主要方式，但在分类计征阶段源泉扣缴制度仍将始终发挥重要作用，并通过这部分人群源泉扣缴与自行申报信息的比对，作为税务稽查选案的重要依据。

以选案稽查与严厉处罚相结合为保障

实行“综合与分类相结合”的个人所得税制度需要引入自行申报制度，但是税务机关面对数以百万计的纳税申报单时，受征管成本的约束，不可能进行大面积的普遍稽查。在做好前期纳税服务和建立完善信息系统的基础上，如何激励纳税人如实申报成为未来个人所得税征管机制成功与否的关键。应确定最优的选案稽查比例，对发现的恶意不实申报进行严厉处罚，同时以公开纳税征信记录作为辅助手段，通过提高纳税人预期违法成本的方式建立纳税人自愿遵从的激励约束机制。

以纳税服务与税收中介体系为辅助

以企事业单位为基本征管单位的征管机制运转依赖于其专业的财务核算体系与专业化的财务人员。而未来“以直接面对自然人纳税人为主”的征管模式则要解决自行申报的专业性与自然人纳税人非专业性的矛盾问题。除了要注意避免税制的过于复杂，降低税制运行成本外，应建立直接面对自然人纳税人的纳税服务体系以及不断推动为自然人纳税人服务的税务中介组织的发展。

6.3.2 基本特征

渐进性

上面已经提到，我国现行征管模式无法适应个人所得税的征管要求，必须转变征管模式。然而，这将面临征管成本显著增加的问题。一方面，现阶段政府收入对间接税的依赖度仍较大，税务机关仍要不断完善现有的针对间接税的税收征管机制；另一方面，随着税制改革的推进，势必要建立与个人所得税综合制改革相适应的征管机制。这意味着处理好税制结构调整与征管模式转变的关系是顺利推进个人所得税改革必须关注的重要问题。

鉴于此，为了既保证税制结构和征管模式的顺利转变，又要避免可能对间接税征收造成的影响，应采取渐进式改革策略，通过分阶段的循序渐进改革逐步实现税收征管模式转变的目标。因此，个税征管机制的模式选择具有渐进性特征。

自然人纳税人与税务机关发生直接联系

在现行年所得12万元以上纳税人自行申报的基础上，未来个税征管机制要着力建立完善税务机关直接面对自然人纳税人的各项征管制度安排，如自然人纳税登记制度、税收保全、行政复议等机制，并且《征管法》需要进行修订，要完善针对自然人的征管条款。

日常征管与“震慑性”稽查并重

在未来税收征管模式转变中，应将强化税务稽查和提高对违法纳税人的惩罚力度作为一个重要工作，对个税违法犯罪形成有效震慑作用，这将有助于提高纳税人的纳税意识，变被动管理为主动遵从，并利用制度设计促使纳税人自愿显示自己的收入信息，将收入支付方与收入获取方的利益“捆绑”，形成对收入双方的制约作用，减少征管成本，提高征管效率。

对自然人纳税人的纳税服务与税务中介服务

为了帮助非专业的自然人纳税人完成专业的个人所得税申报过程，税务机关应建立完善针对自然人纳税人的纳税服务制度，并利用各种政策鼓励个人所得税申报服务机构的发展。

总之，应该根据以上基本原则确立与“综合与分类相结合”个人所得税制度相适应的征管机制。具体来说，该机制的基本内容包括个人所得税的税务信息化体系、税款征收机制、税务稽查以及税款强制执行等若干环节。

专栏6-1 国家税务总局颁布《关于进一步加强高收入者个人所得税征收管理的通知》

2010年5月31日，国家税务总局颁布了《关于进一步加强高收入者个人所得税征收管理的通知》(国税发［2010］54号)(以下简称《通知》)，全面加强了针对高收入阶层的个人所得税征管。

《通知》规定，要认真做好高收入者应税收入的管理和监控。各地要认真开展个人所得税税源摸底工作，结合本地区经济总体水平、产业发展趋势和居民收入来源特点，重点监控高收入者相对集中的行业和高收入者相对集中的人群，摸清高收入行业的收入分配规律，掌握高收入人群的主要所得来源，建立高收入者所得来源信息库；全面推进全员全额扣缴明细申报管理，将全员全额扣缴明细申报管理纳入税务机关工作考核体系；加强年所得12万元以上纳税人自行纳税申报管理；积极推广应用个人所得税信息管理系统。

《通知》还规定，切实加强高收入者主要所得项目的征收管理。加强限售股转让、非上市公司股权转让、房屋转让、拍卖等财产转让所得征收管理；加强股息、红利、利息所得以及个人从法人企业列支消费性支出和从投资企业借款的管理；加强规模较大的个人独资企业、合伙企业和个体工商户的生产、经营所得征收管理；加强劳务报酬所得征收管理和工资、薪金所得比对管理；加强外籍个人取得所得的征收管理。

《通知》最后还规定，各地税务机关要将高收入者个人所得税纳税评估作为日常税收管理的重要内容，充分利用全员全额扣缴明细申报数据、自行纳税申报数据和从外部门获取的信息，科学设定评估指标，创新评估方法，建立高收入者纳税评估体系；在加强高收入者个人所得税征收管理的同时，要切实做好纳税服务工作。(该《通知》全文参见全书附录6)

6.4 征管模式改革的基本框架与主要内容

未来我国个人所得税的征管模式应该以提高自然人纳税人遵从度为主线，强化税务稽查和惩罚力度，不断完善纳税服务，转原有以税务机关为主的征管模式为自然人纳税人自动申报的新模式。

6.4.1 基本框架

图6－1说明了未来个人所得税征管模式的简要流程。

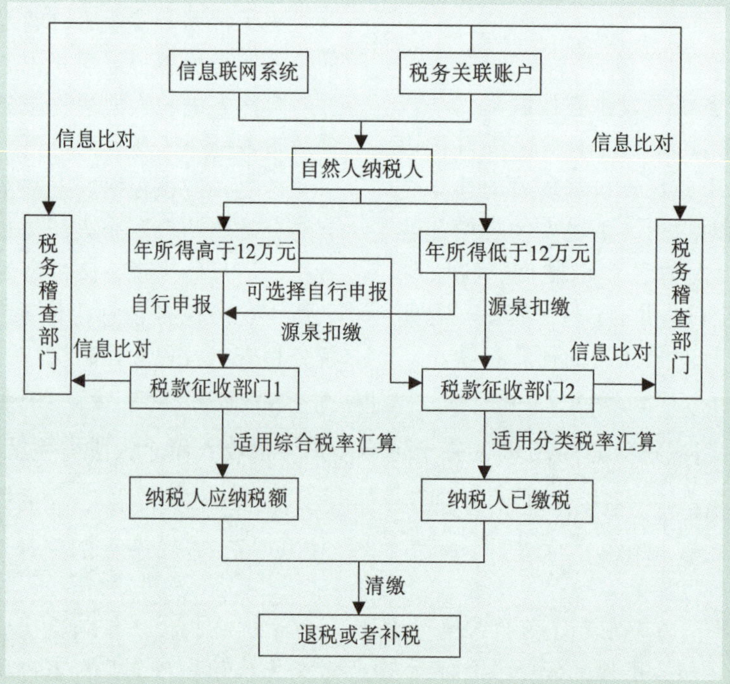

图6－1 未来个人所得税征管模式的简要流程图

第一步：建立自然人纳税人的单一税务代码制度和税务关联账户制度，个人收入信息在全国范围内联网。税务机关通过这两种制度对个人的收入信息进行掌控。

第二步：在税务机关掌握相关信息的基础上，全员都按照源泉扣缴的征管模式扣缴税款，对年所得12万元以上的自然人纳税人由数据库系统自动生成预填申报单，由自然人纳税人补充确认后完成自行申报。

第三步：税款征收部门将自然人纳税人自行申报的收入信息进行汇总，对纳入综合计征范围的所得项目汇总计算应纳税所得额，适用综合税率表得到该纳税人的年度应纳税额，与在分类计征环节已缴纳的税款进行比对。如果已缴纳税款大于应纳税额，纳税人可以凭借完税凭证到税务机关申请退税；如果已缴纳税款小于应纳税额，纳税人必须到税务机关进行补税。

第四步：税务稽查部门按照随机抽样程序和设定的抽查比例对所有纳税申报单进行选案

稽查，利用信息化稽查技术提高发现问题的概率。一旦发现自然人纳税人存在隐匿收入、不申报或者没有按时申报的行为，则对其实行严厉处罚，情节严重的，将其涉税违法行为纳入个人征信系统，这将影响自然人纳税人在申请贷款、社会保障、申领营业执照及进行市场交易时的信用水平，以促使其如实申报纳税。

第五步：如果自然人纳税人经过稽查程序的催促纳税后，仍未履行纳税义务，则进入税收保全程序，税务机关应依法实施各项税收保全措施，强制其履行纳税义务。

6.4.2 主要内容

个人所得税征管的信息化体系

（1）建立以自然人为中心的纳税登记制度。

在构建“以直接面对自然人纳税人为主”的征管模式过程中，建立一套以自然人为中心的纳税登记制度是税收征管的基础性工作。该制度的目的是为了更好地将收入信息按照自然人来归集，实现个人收入信息的集中控制，并为后面的稽查选案和交叉稽核环节提供足够信息。

在充分借鉴国外个人所得税征管经验的基础上，我国的个人所得税征管应该首先建立规范的税务代码制度，由税务部门为每一位自然人纳税人设定唯一的税务代码。在此税务代码下，税务机关为每一个自然人纳税人设定与之相关联的单一银行账户。然后，根据按照税务代码的内容，为每一位自然人纳税人办理个人税务登记，每个自然人纳税人凭借税务代码和其关联账户进行纳税申报与结算税款。

（2）建立服务于源泉扣缴的信息化体系。

为了不断完善源泉扣缴制度，应建立服务于源泉扣缴的信息化体系。每个实行个人所得税源泉扣缴的单位，必须建立本单位的税务登记系统。在登记系统中，应如实记录每位源泉扣缴纳税人收入扣缴的类型、日期、金额、税率以及每月应纳税额等基本内容。源泉扣缴纳税人在登记系统上核对签名，同时扣缴义务人也应盖章确认。

税务机关通过这套体系可以准确掌握各单位源泉扣缴个人所得税纳税人的数量和扣缴金额，通过检查历年扣缴记录，及时发现纳税异常情况，明确税务检查重点。

（3）构建个人涉税信息的全国联网体系。

由于个人所得税税基的流动性以及收入来源的多元化与复杂性，为了有效控制自然人纳税人来自于不同地区和不同行业的收入信息，应在税务代码及其关联账户制度基础上，尽快推动建设个人涉税信息的全国联网体系，并建立覆盖所有纳税人的中央数据库。实现各地区自然人纳税人税务代码及其关联账户信息的联网；同时，推动税务代码及其关联账户与企业所得税涉税信息系统的全国联网。通过该系统，税务机关可以对个人所得税与企业所得税之间进行交叉比对，明确稽查选案的重点。

税款征收模式的构建：源泉扣缴与自行申报的协调

源泉扣缴制度和自行申报制度是个人所得税的两个基础性征管制度，源泉扣缴和自行申报两者的关系在很大程度上决定了税款征收模式的基本架构。根据税收征管成本和收益的权衡，选择适合中国当前经济发展水平的税款征收模式。

世界上大多数实行综合计征个人所得税的国家都采用自行申报和源泉扣缴相结合的制度，其中自行申报阶段的预填申报制能够充分发挥税务机关在自行申报中的作用，降低自然人纳税人的申报成本，值得研究借鉴。

采取源泉扣缴和预填申报相结合的税款征收模式

中国未来实施的“综合与分类相结合”的个人所得税制度应充分发挥源泉扣缴制度的征管优势，条件成熟时，应考虑引入预填申报制降低自然人纳税人自行申报的成本。

（1）代扣代缴义务人的源泉扣缴。

源泉扣缴制度是由收入支付方在支付收入

时代扣代缴税款的制度，具体又可分为累计扣缴制和非累计扣缴制。[①]

中国现行分类所得税制下的大部分税款征收依赖源泉扣缴制度，而如果未来推行在现行分类税制基础上，对个人年所得超过12万元纳税人的部分所得项目适用综合计征的改革方案，那么源泉扣缴制仍将在相当长的时期内在税款征收中发挥基础性的重要作用。大部分个人年所得12万元以下的纳税人通过源泉扣缴就已完结纳税义务，不需进入自行申报环节。

如果未来在分类计征阶段引入抚养扣除等差别化费用扣除项目，则要在源泉扣缴阶段实行累计扣缴制。[②] 在累计扣缴制下，自然人纳税人应享受的各种差别扣除项目在代扣代缴时已累计记入应纳税所得额，如果纳税人纳入综合计征范围的仅有工资、薪金所得，则大部分自然人纳税人按累计扣缴制计算的年度应纳税额与已纳税额相同，即使年所得超过12万元，也不涉及退补税。

（2）自然人纳税人自行申报制度。

完全的自行申报制是由自然人纳税人自行申报各种收入信息，收入支付方不进行任何源泉扣缴。税务机关根据纳税人上一年度纳税情况，对其进行本年度纳税评估，并对纳税人提出本年度税款的预缴建议，自然人纳税人在纳税年度结束之后自行申报所有收入情况。最后，税务机关会将纳税人自行申报信息和雇主档案信息进行比对，以发现隐瞒收入的纳税人，确定是否进入稽查程序。

我国现阶段的征管条件还无法实行完全自行申报制度，但可以对一部分自然人纳税人率先实行自行申报，然后不断扩大自行申报自然人纳税人的范围。

年所得12万元以上的自然人纳税人必须进行自行申报并对纳入综合计征范围的所得项目适用综合计征。未来随着征管条件的完善，也可以允许在分类计征阶段税负高于综合计征税负的自然人纳税人选择自行申报获得退税，即年所得12万元以下的有权选择自行申报。如果在分类计征阶段引入差别化的费用扣除项目，则对于无固定工资、薪金收入的年所得12万元以下自然人纳税人，如果在源泉扣缴制下无法享受差别扣税待遇，在条件成熟时也应允许其自行申报，申请退税。[③]

（3）引入预填申报制。

在税务代码和税务关联账户制度下，可以考虑在自行申报环节引入预填申报制。所谓预填申报制，是由税务机关利用各种渠道获取自然人纳税人收入信息，税务机关通过计算机系统将收到的所有自然人纳税人信息进行处理，并据此生成纳税人申报表，包括纳税人取得的所得、已缴纳税款和应补（退）税款等信息，预填申报表送达自然人纳税人后，由纳税人补充确认完成自行申报。对于中国现阶段而言，由于自然人纳税人的税法专业知识有限，引入预填申报制有利于降低纳税人自行申报的成本，提高申报的准确性，但同时也对税务机关的信息化建设和纳税服务提出了较高要求。

需要指出的是，预填申报制只是税务机关完善纳税服务、提高自行申报制度运行效率的一个措施。自然人纳税人不仅仍然需要对未纳入预填申报范围的所得项目进行填报，同时也有义务对税务机关预填申报的内容进行核实，并最终签字确认，对所有申报信息负最终的申报责任。

建立与个人所得税改革相适应的税务稽查体系

实行“综合与分类相结合”的个人所得税制度要建立以自然人纳税人为中心的征管模式，面对数以百万计的纳税申报单和数以亿计的纳税信息，在建立起与之相适应的信息系统的基础上，还应建立激励纳税人如实申报的税务稽查体系。

根据税收遵从理论，纳税人是否选择如实申报取决于恶意偷逃税款的收益与预期成本的

---

① 参见本报告第4章4.4的相关内容。

② 分类计征阶段引入差别化费用扣除项目的方案设计参见本报告第5章5.5。

③ 参见本报告第5章5.5的相关内容。

权衡。而预期成本则由被发现的概率和被发现后受到处罚的力度两个因素决定。因此，在既定的征管成本约束下，如何提高稽查选案的准确率和提高处罚力度是建立与“综合与分类相结合”个人所得税制度相适应的税务稽查体系的关键。

（1）提高税务稽查在征管中的地位和作用。

一是应将税务稽查定位于提高自然人纳税人遵从度的主要工具，将税务稽查渗透于税收征管的所有环节，而不仅仅是一个事后补救措施。提高个人所得税申报单的稽查比例，增加普查手段和随机抽样的概率，对发现的问题及时进行分析。

二是提高对税收不遵从行为的惩罚力度。严格执行现有的各项法律法规，对涉税违法行为触犯刑律的，应及时移送司法机关追究刑事责任，提高涉税违法行为的成本；同时，将自然人纳税人涉税违法行为的记录纳入个人征信系统，影响其在银行贷款、市场交易等方面的成本，降低其偷逃税的动机。

三是鼓励依法如实申报行为。对于常年依法如实申报，纳税记录良好的自然人纳税人，应建立相应的征管制度予以鼓励。如通过将纳税申报单进行区分，分别适用纳税记录良好的纳税人和初次申报或有申报不实记录的纳税人，并对纳税记录良好的自然人纳税人特别适用优先处理申报单、优先退税等特殊措施。

（2）通过建立完善的数据库系统提高选案的准确性。

充分利用现代信息技术，提高对异常申报和可疑申报自动筛选预警的能力，不断提高稽查选案的科学性和针对性，在稽查资源有限的情况下，努力提高选案的准确性。严密监测自然人纳税人的唯一税务关联账户的收入规模变动状况，重点搜集并汇总纳税人的消费、投资、进出口等信息，为未来的交叉稽核提供基础信息。

（3）采取随机抽查的选案稽查方法。

税务机关应该加强对个人所得税纳税申报单的审计和抽查力度，根据纳税人的收入水平、收入多元化程度以及费用扣除比例来分布稽查资源、确定不同收入群体的随机抽查比例。

第一，根据自然人纳税人的收入水平和收入多元化特征对纳税人申报单进行汇总和处理，建立一套随机抽查的样本数据库。

第二，税务人员通过对不同收入水平的数据样本分析，观察其数据走势，利用数据模型等方法选取审计案例。对高收入人群、收入多元化特征较为明显和费用扣除较多的人群应该设定较高的随机抽查概率，提高审计频率。

第三，税务机关根据设定的随机抽查概率，从不同行业、不同地区的人群中利用计算机选案方式选定被审计自然人。

除了上述措施，税务机关应该不断扩大选案范围，确定每年的审计与抽查比例比上一年提高，并将其作为税务稽查工作绩效考核的依据。

（4）建立收入支付方和获得方的交叉稽核体系。

经济活动的发生可以反映在不同侧面，交叉稽核可以从多个方面对同一涉税事项进行比对，以确定涉税违法活动的存在。因此，稽查稽核体系的选择和确定，是直接关系到税务稽查质量的重要基础性工作。要根据数据资料和涉税信息，对自然人纳税人各种涉税事项等多因素之间的关系进行深入揭示，进行横向和纵向的对比，在综合分析的基础上，提出可以操作的量化交叉稽核指标。

在确定重点行业的基础上，应该从收入获得方和支付方、资金占用和资金来源等不同方面进行信息比对，将比对结果作为稽查选案的依据来选择稽查重点。

第一，对重点行业自然人纳税人的消费、储蓄信息与收入信息进行比对。这里所指的纳税人消费应包括一般消费品的消费、住房消费、购买投资品等。在一个较短的时期内，自然人纳税人的消费和储蓄变动率应该与收入变动率基本一致，从而可以通过两者之间的比对来判断其是否存在收入隐匿行为。

第二，对实行源泉扣缴制度的纳税人，要对个人所得税的扣缴义务人和纳税义务人分别向主管税务机关申报个人所得及个人所得税的纳税情况进行比对，如果差异较大，那么其中可能会存在逃避个人所得税义务的问题。

第三，对重点行业自然人纳税人的工资、薪金所得与企业的工资费用支出进行比对。一是自然人纳税人的收入变动率与企业业绩的变动率之间存在着对应关系。企业业绩越好，那么其员工工资、薪金所得越高，因此企业业绩与员工工资、薪金所得之间存在稳定关系，如果两者变动不一致，应该值得关注；二是企业的员工收入变动率和企业的工资费用变动率之间也应存在稳定对应关系，如果出现差异，则应该重点关注。

第四，对同一自然人纳税人在不同时期内的应税收入进行纵向比对，如果收入变动率过大，那么也应该对其进行重点关注。在外部经济环境较为稳定的情况下，自然人纳税人收入的增长应该比较平稳，如果不同时期的收入增长率差异比较大，那么税务机关应该对其重点关注。

综上所述，未来个人所得税征管改革的基本思路是：以推进综合制改革为目标，充分发挥现行源泉扣缴的优势，重点强化和促进自行申报、综合计征阶段的征管措施，建立与中国现阶段税收征管环境与征管条件相适应的个人所得税征管模式。

专栏 6－2 美国个人所得税的稽查情况

扣除高的纳税人被审计的概率高

随着4月15日的临近，美国国内收入局和一些报税机构不断提醒纳税人，要认真如实填写申报表，否则可能会被税务局审计。同时，国内收入局还通过媒体和网站公布了今年的审计重点，告诉纳税人什么样的申报表被审计的概率高。

一是独立经营的纳税人。独立经营者近年来已引起国内收入局的极大关注，其个税申报表是税务审计的重点对象之一。税务人员建议，独立经营者应将企业和个人费用分列，开设不同银行账户，使用不同信用卡，要如实申报收入，保存完整的账务记录和所有收据，一旦被审计可以进行辩护。二是费用扣除异常高的纳税人。对与正常扣除额有较大差距的扣除申请，税务审计人员会格外重视。如某纳税人年收入为15 000美元，如果其医疗费用扣除为6 229美元，贷款利息扣除为6 664美元，慈善捐赠扣除为1 969美元，其他税收扣除为2 761美元，合计为17 623美元，其全部扣除额明显高于收入额，即使每项扣除均未超过标准数，也毫无疑问会被税务人员选中进行审计。三是损失扣除偏高的纳税人。美国税法明确规定，纳税人遭受火灾、被窃、风暴等自然灾害，其损失可以申请税前扣除，但一定要如实申报。如果纳税人将此视为一种机遇，申报实际上并未蒙受的损失，一旦被税务审计人员发现，将受到严厉处罚。四是高收入者。在2007财年，美国国内收入局对31 382名年收入在100万美元以上的高收入者进行了审计，被审计的高收入者人数比以前年度增长了84%。所以高收入人群要认真填报收入，以防在审计中被发现有问题。五是现金交易。对于那些以收取现金作为酬劳的人，如理发师等，国内收入局很可能会重点审计其是否少申报了所得额。六是自我雇用者。由于自我雇用者经常以其他方式冲销其日常发生的费用，税务部门也将其列为审计重点。

审计率不断提高

近年来，美国国内收入局对个人所得税申报表的审计选案数量持续增加，税务审计率明

专栏6-2（续）

显上升。2007年，国内收入局对个人所得税申报表的审计选案量达到近10年来最高水平。今年，国内收入局计划继续增加审计选案数量，提高纳税人自觉依法纳税的遵从度，以不断缩小税收差距（即纳税人应纳税额与实际纳税额的差距）。

2006年，美国国内收入局对税收差距问题进行了专项调研，并将调研结果向公众公布。据国内收入局估测，美国2001纳税年度的税收差距为345亿美元，依此数据计算，2001年美国纳税人的自觉纳税遵从度为83.7%。上述税收差距并不包括纳税人在申报期过后自觉缴纳的税款以及国内收入局通过税收执法征收的税款。如将上述两项因素计算在内，2001年美国净税收差距则为290亿美元，纳税人自觉遵从度为86.3%。

审计重点聚焦高收入者

近几年，美国国内收入局将税务审计选案重点聚焦在年收入10万美元左右的中等收入人群和年收入超过100万美元的高收入人群。2006年，国内收入局对43.6万个家庭和个人进行了审计，税务审计选案率大幅度提升，为2000年的3倍。《纽约时报》近日报道，美国国内收入局的税务审计选案率已由3年前的每377户选取1户提高到2006年的每140户选取1户，而对于收入超过100万美元的高收入阶层，税务审计率已提高到每20户选取1户。国内收入局最近的一份报告称，2007财政年度，国内收入局对个人所得税纳税申报的审计增长了7%，审计选案数量为138万个纳税人；对年收入超过100万美元的纳税人税务审计增长了84%，审计选案数量为31 382个纳税人。相比之下，对收入低于10万美元的纳税人，税务审计率只有1%。而对年收入在100万美元的纳税人审计率为9.25%。

资料来源：节选于李华胜：“IRS抽查更严，个税如实申报才能过关”，《中国税务报》，2008年4月2日，第五版。

专栏6-3　美国对个人所得税偷逃税的处罚

美国对偷逃税行为的惩罚较为严厉，并且执法的刚性很强，增加了纳税人的违法成本。对于纳税人的错误申报，如果是因为计算错误或者税法发生变化，一般不予以处罚，只要求纳税人改正；对于故意偷税的纳税人，则予以严惩。对于偷税数额小的案件，一般只是罚款；对于偷税数额大的案件，则要提起诉讼。偷税罪名一旦成立，偷税者除要缴纳数倍于应纳税款的巨额罚款外，还可能被判刑入狱。美国每年因偷逃个人所得税而被起诉的案件大约5 000件，税务机关的胜诉率在97%左右。除了经济上的惩罚和诉讼外，美国还将偷税行为记录在个人的信誉档案中，以备信息相关者查询。信誉的污点将使纳税人在向银行贷款、就业、与他人进行交易时困难重重。因此，美国纳税人偷税的边际成本非常高，这从客观上有效地防止了偷税行为的发生。

资料来源：汪昊、许军：“美国个人所得税征管制度的特点”，《涉外税务》，2007年第12期。

6.5 建立完善的纳税服务和税务中介体系

未来个人所得税制度的改革要求确立税务机关直接面对纳税人的征管模式，这与现行增值税等间接税的征管模式有较大差异。由于间接税属于价内税，社会公众在购买产品时，无法对其所负担的税负有一个清楚明确的了解，也就难以对税收制度的公平程度有一个判断。而实施“综合与分类相结合”的个人所得税改革后，将有越来越多的纳税人直接面对税务机关，并需要自行申报纳税，税务机关的征税成本和纳税人的遵从成本都将增加。

因此，税务机关要以个人所得税改革为契机，以纳税人的实际需求为出发点，以纳税人满意为基本目标，通过完善的纳税服务制度，来降低纳税人自行申报的成本，提高自动如实纳税的意识，构建和谐的征纳关系。

具体措施主要包括以下几个方面：

加强对纳税人的个人所得税法宣传力度

利用各种报纸、杂志等传统媒体和网络、手机短信等新媒体对不同群体提供个性化的税法宣传，力求提高自然人纳税人的纳税意识。

构建纳税服务平台

从办税服务厅和网络两个方面建设个人所得税申报的服务平台。借鉴电话费、煤气费等缴纳经验，加强与银行、电信、邮政、公交等部门的联系，构建多元化的电子申报系统，通过与上述部门的联网，降低纳税人的纳税成本。在网上建设功能齐全的“网上税务局”，发挥好自行申报、纳税咨询、权益保护和申请退税多方面的功能和作用。（参见专栏6－4）

专栏6－4 国外纳税服务的做法

纳税服务最早兴起于二战末期的美国。从二战末期到20世纪50年代，美国税务当局开始实行第一个正式的援助纳税人的计划。之后，在20世纪70年代注重税收成本和保护纳税人权益的双重目标时代背景下，纳税服务逐渐成为现代市场经济国家税务行政的主要内容。

国外在切实提高纳税服务水平上采取了很多方式：围绕纳税服务设立税务机构；普遍运用现代信息技术；重视发挥中介机构的作用。

国外税务部门在切实提高纳税服务水平上采取了很多措施，其中普遍设立为纳税人服务的机构和按纳税人类型设立业务机构成为一项重要内容。如加拿大的纳税服务局、美国的国家纳税人权益维护办公室、英国的纳税服务在线、荷兰的纳税咨询服务在线、澳大利亚的纳税人沟通联络局、新西兰的纳税服务部、南非的纳税人服务管理办公室、日本的国家税务咨询委员会、韩国的纳税人权益维护处、泰国的呼叫中心、新加坡的纳税服务处。

韩国、美国、西班牙、马来西亚等设立全国统一的纳税服务呼叫中心，公开政策法规，规范和完善税务网站的咨询服务功能，加强政策宣传。美国建有全国统一的国内收入局网站，一般的信息、表格、纳税指南都可以从这个网站上下载。为纳税人提供便易的纳税申报方式和缴纳税款方法。美国不断加强信息化建设，开发了“联邦税收电子支付系统”、“税收和工薪简明报告系统”等工程项目，使税款的申报和支付更加及时便捷。

专栏6-4（续）

发达国家运用现代化的纳税服务手段之一，就是将计算机、因特网技术运用于纳税服务之中，使纳税服务既科学又有效率。目前几乎所有发达国家的税务部门都专设了税收信息咨询中心或计算机咨询中心，在全国范围内与地方税务信息中心一起构成计算机信息咨询系统。美国依据计算机技术设计了“美国纳税服务分析系统”，把纳税人咨询的问题进行收集、归类，进行定量定性分析，以支持服务部门的服务决策和纳税人的即时查询。新加坡国内税务局信息科技系统包括国内税收综合系统、电子申报系统、机构服务系统和办公自动化系统，这四个系统相互独立又高度关联，形成数据信息高度共享的信息体系；同时在机构上建立了数据处理中心和纳税服务中心，以信息化推动纳税服务工作。

在许多发达国家税务代理制十分普遍。美国有庞大的税务顾问队伍，税务顾问主要有注册会计师、注册代理人和律师，取得相关资格后，为纳税人提供所需服务，主要有纳税申报、税务分析、审计支持、税收筹划和提供投资建议等，将纳税人由于不熟悉税法或计算失误而少缴或多缴税款的风险减到最低。据统计，美国有50%以上的工商企业和95%以上的个人所得税都是委托税务代理机构或代理人申报纳税。在日本，约有85%以上的企业通过税理士办理相关纳税事宜。目前，日本全国已经注册的税理士约共有7万名，人员构成上主要是由经过专门考试的人员、退休的税官、免考人员构成；全国税理士法人总店有1 079家，分店421家。国税厅、各地国税局、税务署内，均设有专门管理税理士行业的职能部门。日本民间还成立了由个人或法人组织的“纳税储蓄组合”，组合成员将应纳税款预先存入组合体内，并按高于银行的利率支付其利息。“纳税储蓄组合”不仅保证了税款及时足额入库，并且每当新的税收法规颁布时，还配合进行纳税宣传。澳大利亚有众多的会计师事务所、律师事务所以及一些银行被税务机关授权从事税务代理业务。

资料节取自：“国外纳税服务的做法”，《经济日报》，2009年8月18日，第13版。

建立个人所得税信用体系平台

个人所得税是最能体现纳税信用的税种之一，应建立个人所得税信用数据库，对个人所得税缴纳信息进行收集并与金融、工商行政管理、社会保障、户籍管理、房产管理、民政等系统实现信息实时交换，为纳税人的信用评级提供有效的参考数据。①

建立纳税服务评估机制

定期开展个人所得税纳税服务评比，制定相应的标准，通过纳税人的评价、税务机关的考核等方式，对纳税服务质量进行评估。大力宣传优秀的服务事迹，培养良好的纳税服务环境。

建立规范的税务中介体系

在个税征管模式的转变中，纳税申报将成为纳税人缴税的重要环节。完善的税务中介服务体系可以帮助纳税人处理较为专业的纳税申报单，有利于降低纳税人遵从成本，规范征纳行为，提高纳税申报的准确率。应借鉴国外税务代理制度的成功经验，完善我国税务代理制度，保障个人所得税模式的顺利转变。需要建立一支高素质的税务代理队伍，同时加大对税务代理制度的宣传，提高人们对税务代理的认识，国家应扩大税务代理的执业范围，为税务代理创造一个良好的执业环境。②

① 信用体系建设更具体的内容参见本报告第7章。

② 详见本报告第7章的相关内容。

主要参考文献

陈文东：“论个人所得税征管模式的转变”，《中央财经大学学报》，2010 年第 8 期。

高培勇：“个税改革须‘双管齐下’”，《人民日报》，2010 年 6 月 28 日。

高培勇：“‘十二五’时期财税改革面临空前挑战”，《财贸经济》，2010 年第 11 期。

李悦诚：“建立适应‘综合与分类相结合的个人所得税’的征管机制研究”，中国国际税收研究会个人所得税研究课题组课题讨论论文，2010 年。

刘剑文：“中国税务稽查的法律定位与改革探析”，《安徽大学法律评论》，2007 年第 2 期。

万莹：“英国个人所得税源泉扣缴制度”，《涉外税务》，2007 年第 12 期。

席卫群：“并立型分类综合个人所得税制设计”，《涉外税务》，2009 年第 1 期。

英国皇家收入与关税局网站（http：//www. hmrc. gov. uk/index. htm），关于个人所得税的有关信息和资料。

张斌：“个人所得税改革的目标定位与征管约束”，《税务研究》，2010 年第 9 期。

7

征管条件与配套措施

- 健全个人所得税征管信息化体系是推进个人所得税综合制改革的首要之举。通过建立税务代码制度、全国联网个人信息网络平台等，可对自然人涉税信息进行有效整合
- 应完善个人所得税征管的激励约束机制
- 建立科学的税务队伍“准入”和“退出”机制，以铸就一支高素质的税收征管队伍
- 尽快建立一套税务警察体系，以满足个税改革对税收征管的新要求
- 应建立科学的征管分工和退补税分担机制
- 做好税务代理发展工作，充分发挥税务中介在个税征管中的作用

Necessary Requirements and Complementary Measures of Personal Income Tax Administration

- Improving the system of taxpayers' information is the first move to prompt the combined personal income tax system reform. Establishing tax code system, constructing national personal information network platform and so on, can effectively integrate the tax-related information of natural person
- The Incentive and restraint mechanisms of personal income tax administration should be improved
- The sound access and exit mechanisms of tax officials should be established so as to create a high-quality team of tax administration
- The tax police system should be established as soon as possible in order to meet the new requirements for personal income tax reform on tax administration
- The scientific mechanisms of tax administration division and the sharing mechanism of tax refund and payment of tax unpaid should be established
- The tax agency should be prompt so that it could play the full role in the personal income tax administration

7. 征管条件与配套措施

个人所得税改革是一项复杂的系统工程，各个环节都不容忽视。在“综合与分类相结合”的改革方向业已明确的前提下，政府除了要对个税改革的路径和方案做精心安排和设计外，还应重点关注个税改革的可操作性。而征管条件能否与征管机制相适应，正是决定个税改革能否顺利实现的重要因素之一。以下，本章按照“综合与分类相结合”个人所得税征管机制的要求，拟从税收征管信息化、税收征管队伍素质、税收征管激励约束机制、纳税人纳税意识等角度，给出完善我国个税改革征管条件的相关配套措施。

7.1 健全个税征管信息化体系

7.1.1 全面建立税务代码制度

目前，我国主要税种都是建立在以企事业单位为征管对象的基础之上的，即使是个人所得税，征管对象也主要为代扣代缴单位，而不是自然人。当前，我国缺乏针对自然人纳税人征管的相关制度安排。“综合与分类相结合”个人所得税改革要求建立以自然人纳税人为基本征管单位的征管制度，这使得自然人纳税人的信息成了征管机制运行最基本条件。由此，迅速建立起以自然人为中心的税收征管信息系统，成为个税改革的首要之举。

在充分借鉴国外成功经验的基础上，我国应首先全面建立起纳税人税务代码制度，即为每个纳税人设定一个与其身份证号相对应的唯一代码，用于个人办理税务登记、纳税申报和结算税款等方面。在税务代码制度下，可以考虑建立与之关联的单一银行账户。

第一，个人在取得工资、薪金等收入时，付款人必须从收款人那里获取税务代码，并为收款人预扣税款，之后该笔支出才允许作为成本或费用在其收入中予以扣除；通过法律明确规定纳税人从事一些经济活动如存款、纳税、领取奖金、领取救济金等都必须填写该代码。

第二，规定居民个人没有税务代码，不得办理社会保障有关手续，无法享受各种社会福利；在办理信用卡、申请各类贷款时，应出示税务代码，否则不能办理。

第三，严格规定各单位不得雇佣无税务代码者。工商部门与税务部门每年要对各单位和个体工商户进行联合年检，将雇员的税务代码及其关联账户作为年检的重要内容并进行严格审核。对个体工商户来说，无税务代码者不得进行工商和税务登记。在雇员的就业单位发生变动时，税务代码及关联账户需随雇员工作岗位的变化移至新的就业单位。

税务代码制度建立后，税务机关通过纳税人代码，可以方便准确地掌握个人的各项收入和支出信息，同时结合来自各方面协税信息，有效控制和审核个人所得税的缴纳情况。

此外，税务机关可以通过纳税人税务代码，把属于同一纳税人不同来源的涉税信息进行集中、整理，并逐步为纳税人建立起完善的纳税档案。①

专栏7-1 一些国家的税务代码制度

（一）瑞典

瑞典拥有完善的税源监控体系，公民一出生就有10位数字的终身税务号码，用于税务申报和一切经济活动，所有部门都要使用这个号码，而且管理严格。例如，某个人变更住址，必须在一个星期内进行公告。因此税务部门可以通过税务号码掌控纳税人的一切经济活动、收入来源和财产状况。纳税人去世时，税务部门还要按照该纳税人的财产、负债，征收遗产与赠与税后，再核销该号码。同样，当一个新公司申请成立时，也有一个统一的税务号码。每年年底，银行会将个人和公司的财产、收入等情况提供给税务部门。根据税务号码，税务部门可以随时查阅纳税人的缴税情况。税务号码成为个人和企业生存的基础，银行开户、社会保险缴费等日常经济生活都需要税务号码，个人和企业的不良信息也可通过税务号码查询得知。

资料来源：尹旭、万莎：“完善中国个人所得税征管机制的国际借鉴”，《中国财政》，2009年第11期。

（二）印度

印度政府采取了多项措施，有效地堵住了逃税“黑洞”，其中最重要的是强制执行个人永久账号制度。凡纳税人必须向税务机关申请一个个人永久账号（PAN）。账号为10位数，伴随纳税人一生。个人永久账号有助于印度政府监视个人财务往来资信，如汽车交易、医院记录、饭店消费、银行账户、电话账单、股市交易等资信都可以及时进入政府的视野，这样纳税人的各项收入便“无以遁形”，一目了然。

资料来源：人民网（http://finance.people.com.cn/GB/42773/3725921.html）。

（三）澳大利亚

个人税号（TFN）是澳大利亚个人所得税征收得以顺利进行的最基本环节。每个澳大利亚公民自出生之日起，均有一个伴随自己一生的TFN。任何进入澳大利亚的外国人，只要在澳大利亚有收入（包括银行存款的利息），就应当申请TFN。TFN准确地记载了纳税义务人的所有个人资信。澳大利亚的数据匹配系统法案授权政府机关（包括税务征管机关、社会保

① 事实上，从2009年7月开始，国家税务总局已经要求各省级税务部门着手建立自然人数据库（个人所得税部分），2010年3月发文要求各省级税务部门将个人所得税明细数据向总局集中，以建立囊括全国的自然人数据库。这个自然人数据库（个人所得税部分）可归集自然人纳税人的基本信息、收入（交易）信息、纳税信息等。

专栏 7－1（续）

障机构、军人事务所、社区服务和卫生、就业机构、教育及培训机构等）将公民的个人收入、家庭情况（包括要抚养的未成年人）、信用状况等内容，根据 TFN 详细录入，记录在案。根据澳大利亚 ITAA（1936）的规定，免除纳税义务人一定的税赋义务。澳大利亚的个人所得税征管的相关法律规定，纳税义务人在投资或受雇时应向银行或雇主提供 TFN。如果纳税义务人提供了 TFN，银行或雇主在付利息或者发工资时，会在税额额度范围内按照最低个税税率对其扣缴；若未能提供，银行或雇主在付利息或者发工资时，就会按照最高个税税率对其扣缴。

资料来源：谌爱华、刘文锋："澳大利亚个人所得税税号制度及对我国的启示"，《改革与战略》，2009 年第 10 期。

7.1.2 落实个人资产实名登记制

随着经济社会的发展，居民个人收入来源日趋多样化，对应于个人取得收入的渠道和方式自然也很多，但是个人收入最终都将转化为储蓄、消费或投资。如果能对个人储蓄、消费和投资等经济活动监控到位的话，个人所得税的征税情况也就得以掌控。而个人资产实名制则可在一定程度上方便税务机关监控，克服和解决税源不清的问题。

实名制主要包括：个人银行储蓄存款（含信用卡存款）的实名制、个人证券资金账户实名制、个人保险资金账户实名制、个人房屋产权实名制、个人车辆产权登记制、个人申办企业登记制等。[①]

资产是个人收入的一种转化形式。通过了解个人各项资产情况，推算其资产积累期间各年收入的水平，可进一步核对纳税人有无偷逃税款的问题。个人资产实名登记的情况要输入税务机关的数据控制处理中心，并在全国范围内联网，各地税务机关可根据稽查需要随时调取相关的资料。此外，税务机关还可以利用个人资产实名登记，使一部分具有高额资产的人纳入重点监控之下，通过对其经营、租赁的高额资产等行为进行监控，防范其偷逃税款。

7.1.3 推行现金管理制度

个人所得税的征收管理，无论是现行的分类所得税制度还是未来可能实行"综合与分类相结合"的所得税制度，其计税依据都必须来源自个人或家庭收入与支出所反馈的信息。目前，我国个人收入中存在着大量的现金交易，仅凭扣缴义务人源泉扣缴和部分所得项目的自行申报，税务机关无从查清个人的实际收入总额，个税税基隐性化成为个人所得税由分类课征向"综合与分类相结合"的课征转变的最大障碍。为解决个税税基隐性化问题，需建立强有力的现金管理制度。

第一，通过立法规定全国企事业单位一律不得以现金形式发放工资、津贴等，发放劳务报酬超过一定额度，也必须采用转账方式。

第二，立法规定个人和单位的现金交易额度及交易范围，凡超过规定额度或不在现金交易范围的结算，都必须通过银行转账进行；对于可用现金结算的经济行为，使用超过一定额度的现金需向央行报告，央行保存其相应结算交易记录。[②]

---

① 目前，我国在这些领域基本建立了实名登记制；但在部分领域，实名登记仅限在新增资产上得到落实。

② 我国央行 2010 年对《现金管理暂行条例》进行修订，旨在为个税改革奠定基础。《条例（建议修改稿）》规定：自然人在购买商品和服务时，单笔交易金额在 10 万元以上的，应当通过转账结算办理；建立大额现金交易报告制度，自然人单笔交易金额在 5 万元以上的，销售商品或提供服务的法人、其他组织应当按规定向中国人民银行报告并保存交易记录；金融机构办理单一客户当日累计 20 万元以上的现金交易，应当按规定向人民银行报告和保存交易记录。《条例》修订稿已于 2010 年上半年上报国务院法制办，但目前尚未公布修改。

此外，政府还应大力推介个人支票、个人本票、网上银行、个人结算账户等新型结算工具，并对新型金融工具的现金支取制定必要的规范和管理。

专栏 7－2 意、俄对大额现金交易的控制措施

（一）意大利

据意大利《欧联时报》报道，4 月份意大利将实施新的现金使用管理规定，企业和居民最高单次使用现金额度为 5 000 欧元。企业和居民购买货物或进行交易，金额超过 5 000 欧元须通过银行转账或使用支票方式交易。违规使用现金的企业和个人，政府将课以重罚。

资料来源：“意政府控制市场现金交易额，华企经营风险将增大”，中国新闻网（http：//www. chinanews. com/hr/ozhrxw/news/2008/03 －27/1203864. shtml）。

（二）俄罗斯

新华网莫斯科 2007 年 9 月 21 日电（记者熊伊眉） 据俄媒体报道，俄罗斯政府 20 日批准对《反洗钱法》进行修改。该修改案规定，俄联邦金融监察局将对所有超过 60 万卢布（1 美元约合 25 卢布）或等值外汇的大额现金交易进行监控。

俄总理祖布科夫在政府会议上指出，上述措施将确保国家金融体系的透明度，它不会妨碍合法交易，受到监控的是那些可疑交易。这不仅是反恐的需要，实际上也是反腐措施。该修正案规定，所有超过 60 万卢布或等值外汇的大额现金交易必须向联邦金融监察局提供相关信息，包括购买住房、汽车等贵重商品。

资料来源：搜狐新闻网（http：//news. sohu. com/20070922/n252299656. shtml）。

7.1.4 构建全国联网个人涉税信息平台

由上文知，自然人纳税人的涉税信息是税务征管的基础性要素之一。然而，涉税信息的流通可能受到多方面因素的影响，例如机关之间的利益冲突、复杂的信息传递途径和程序、缺乏信息互通机制等，这些因素不仅会延误信息传递，还可能会扭曲真实信息，导致税务机关难以掌握自然人纳税人有效信息。为克服上述信息流通障碍，在税务代码及其关联账户的基础上，应尽快建立覆盖全国范围的个人涉税信息网络平台。

第一，实现全国各地区纳税人税务代码及其关联账户信息的联网。借助这个平台，国、地税部门可以实时对全国范围内税务代码及其关联账户进行掌握，以此作为个人所得税征管的信息依据。

第二，推动税务代码及其关联账户与企业所得税涉税信息系统的全国联网。由于个人所得税收入与企业的成本费用和利润分配等信息密切相关，税务机关可以对个人所得税与企业所得税进行交叉比对，以明确选案稽查的重点。

第三，促进自然人纳税人涉税信息有效整合。“综合与分类相结合”的个人所得税改革要求税务机关掌握自然人纳税人的收入、支出和财产信息，家庭及抚养、赡养信息等。但到目前，我国个人的大量信息分散在各个政府部门，如户籍、子女和身份证信息在公安部门、银行账户的收支信息在银行系统、家庭的婚姻信息在民政部门、房产信息在房管部门等。要实现对上述分散信息地有效整合，需要国务院出面进行信息联通，在各涉税信息部门间建立起资料信息传递共享机制等。

专栏 7-3 平台把工作摆上桌面——襄樊市涉税信息互动平台

互动平台将税收征管中的所有工作都摆到桌面上来了。计算机屏幕上显示的数据，看起来虽都与平时工作中所看到的数据一样，但却透露出征管工作共享的信息。互动平台上的数据都来自于综合征管软件 V2.0，其展示的数据与以前的数据还是有些不一样。据襄樊市一位行家介绍：此前，数据监控、税收分析、纳税评估、税务稽查等部门职能相对独立，信息不完全共享，资源没完全共用。部门之间找资料、要数据、问情况总是有些不自在，担心“越位”、“越权”，有时还要请领导出面开会协调。而互动平台中的工作流程包括了 12 个互动配套办法以及互动规程、互动流程图、互动文书，明确了计统、税政、征管、税源管理、稽查、办税厅、信息中心等业务部门以及办公室、法规、监察等综合部门的互动责任。构建了税务局、税管员、市各部门整体联动、环环相扣的工作互动模式。

互动平台把计算机网络优势与数据监控、税收分析、纳税评估、税务稽查四大互动机制衔接起来，将税源管理互动平台摆上桌面，不仅找到了税源监控的有力“抓手”，形成了税源监控的整体合力，提高了税收管查透明度和信息共享度，而且减轻了纳税人的负担。

资料来源：陈晓光、张忠友等：“互动平台——让税收征管信息真正共享”，《税收征纳》，2007 年第 11 期。

7.2 完善税收征管的激励约束机制

7.2.1 健全税务稽查及税收违法处罚机制

近年来，我国税收征管模式不断完善，但个人所得税的流失问题仍处于严峻状态，这与我国个税稽查机制不尽完善有十分密切的关系。“综合与分类相结合”的个人所得税改革给相关税务稽查机制提出了更高要求，健全个税稽查机制成为个税征管模式成功转型的基本前提。要健全我国税务稽查机制应做到以下几点：

第一，要建立个人所得税专门稽查机构，配备一支掌握税务、会计、审计及计算机知识的高素质稽查队伍，并且要用现代化的手段装备稽查队伍。

第二，研究制定针对不同高收入行业的税务稽查办法。例如，一些垄断行业雇员的主要收入来源是工资、薪金和非货币化福利，而医疗教育行业雇员的收入来源则是以劳务报酬和稿酬为主，这就要求在个税稽查时应根据不同行业的特点设计相应方案，对其中税收容易流失的环节进行重点稽查。

第三，对稽查工作实行专业化分工，即将稽查工作细分为选案、检查、审理、执行、申诉等环节和程序，形成内部相互联系、相互制约的机制。

在健全税务稽查机制的同时，还需强化税收违法处罚机制，如加大对恶意偷逃税等行为的惩处力度，以增加偷逃税者的心理成本或实际支出成本。我国现行罚款比例相对较低，基本上是偷漏税款的 50% 至 5 倍，而实际上这样低的罚款比例也没有真正落到实处，经常有不罚、轻罚、以补代罚等现象发生。应大幅提高涉税违法行为的罚款力度（比如提高至 5 ~

10倍），对触犯刑律的涉税犯罪行为应及时移送司法机关进行刑事处罚，同时借助舆论监督，严格落实，提高偷逃税等涉税违法行为的违法成本。

7.2.2 建立纳税人申报激励制度

一个好的制度应该具有约束和激励两个功能，而我国在出台一些政策和措施时，很少用激励措施加以辅助，来促进自行申报制度的推行。好的激励措施比惩罚措施更能有效促进依法纳税，所以政府部门应在这方面转变观念。因为对于个税的纳税人来说，自行报税毕竟相对繁琐，且涉及个人隐私，如果没有相应的激励措施，纳税人的积极性就很难被调动起来。

美国一些做法是，在纳税人按时守法纳税后，政府每年会给纳税人寄一份表格，可以累计纳税人的个税信用值，如果纳税人的个税信用值超过40，那么59岁后纳税人可每月从政府领1 000多美元的补助金；如果纳税人因故残疾，纳税人的配偶和孩子每月也可以分别领取700美元。在美国一些州，只要个税申报的信息显示纳税人已持续缴税1年以上，那么孩子读书、上图书馆、走高速路、进公园等都将免费。类似的激励措施，实现了个税申报同个人利益的统一，就比较容易调动纳税人的积极性。

目前，我国个人年所得超过12万元须向税务机关申报纳税。为充分调动自然人纳税人的纳税积极性，税务部门协同其他相关部门有必要出台一系列激励措施。

第一，建立纳税与社会保障挂钩制度，即当一定时期（一年或连续两年）纳税人缴纳税额超过一定数额时，超出部分按一定比例进入个人的社会保障账户，使个人缴纳的部分税款成为其可享受的社会福利。

第二，推动各单位将个人的诚信纳税记录纳入绩效考核体系中去，使“诚信纳税”成为个人职称评定、晋升选拔的重要考量之一。

专栏7-4 厦门国地税联合推出纳税信用等级A级纳税人激励办税服务措施

为鼓励依法诚信纳税，提高纳税遵从度，进一步优化纳税服务，让纳税信用等级A级纳税人在办税过程中享受更高效便利的服务，厦门国地税近日联合推出纳税信用等级A级纳税人激励办税服务措施。

经厦门国地税联合评定为纳税信用等级A级的纳税人，除可享受国家税务总局规定的四项鼓励措施外，还可享受以下激励办税服务措施：一是对发票验旧供新采用更简便的查验方式。如地税局对A级纳税人发票采用批量供应方式，放宽发票验旧，简化验旧程序，实行网上报送数据，不进行实物验旧的优惠措施。二是在办理纳税申报、资格认定、减免税等涉税审批事项时，优先办理。具体通过办税服务厅叫号系统实现。免去其排队等候之苦。三是提供预约延时服务。A级纳税人如因故无法在正常上班时间前来办理，且属于急办的涉税事项，可提前与经办人员联系，在预定的时间和地点办理。四是在办税服务厅电子显示屏、滚动屏上定期公告A类纳税人名单。免费在市国税、地税网站为A级企业网站做登录链接，以扩大和提高A类纳税人的知名度，并接受社会的监督。五是对新公布的税收政策，采取适当的形式送达A级纳税人，确保其准确、及时了解税法信息。由国地税分别赠阅《税收法规文告》、《海峡财经导报》，由所得税主管税务机关负责赠阅《中国税务报》。

资料来源：国家税务总局网站（http://www.chinatax.gov.cn/n480462/n503741/n541742/n541802/9111944.html）。

7.3 铸就强有力的税务征管和税收执法队伍

7.3.1 提高税收征管人员的素质和业务水平

随着“综合与分类相结合”个人所得税改革的逐步推进以及税收信息化水平的不断提高，我国对税收征管人员的综合素质要求也提到了一个新的高度。

要铸就一支高素质的税收征管队伍，首先要从建立科学的税务系统“准入”机制入手。要选择有良好的政治思想素质和业务素质的人员充实税务队伍，坚决将不合格者拒之门外。

其次，要加大税务征管人员的培训力度，提高其岗位技能、激发其活力和积极性。税务征管人员的培训要参照队伍年龄结构、知识结构、文化结构和工作需要四个方面来考虑，根据不同人群的不同特点，以需求为导向，采取分级分类、长短结合、集中培训、组织助学与在自学相结合的培训学习方式；充分利用网络资源，定期开展远程教育培训，将题库、案例库等有关教学课程搜集整理在内网上，共享优秀教育培训资源。

最后，要建立严厉的征管队伍内部惩处机制。惩罚强度与违法者的预期成本正相关，处罚过轻会大大降低税务执法监察的效能。因此要严格做到执法必严、违法必究，并制定合理的惩罚措施，对情节严重者坚决清除税务队伍，使违法者感到违法违纪得不偿失，从源头上杜绝不法行为的发生。

7.3.2 建立税务警察制度

在当前我国个人收入多元化的情况下，一些纳税人隐匿收入的手段不断增加，而税务机关的检查权仅限于要求纳税人配合检查，没有搜查权，税务机关获取相关税纳税人真实收入信息的能力有限，从而制约了税务稽查工作的有效进行。基于此，我国应尽快建立一套税务警察体系，以满足“综合与分类相结合”个人所得税制度对税收征管的新要求。

第一，我国税务警察应该在管理体制上从属于税务稽查体系。

第二，制定《中华人民共和国税务稽查法》，其内容之一是将税务警察从公安部门现有经济警察中剥离出来，结合现有的税务稽查队伍，使之机构单设，归国家税务总局直接领导，在业务上受国家税务总局与公安部双重指导。

第三，与现有的税务稽查职权相配套，我国税务警察应该兼有警察与行政执法两种职能，由相关立法机关赋予其搜查权、侦查权和刑事拘留权等。在税务犯罪案件调查中，税务警察应拥有刑事侦查的职权和手段，如搜查犯罪嫌疑人的生产经营场所、住宅和人身，查扣没收证据资料，拘留犯罪嫌疑人，对犯罪嫌疑人进行跟踪、电话窃听、监视居住等。

专栏 7－5 世界各国税务警察面面观

目前，世界各国税务警察的设置主要有两种类型：一种是以意大利为代表的军队或警察建制；一种是以德国为代表的税收违法案件调查局制度。前者偏重于警察的强制性，优势在于威慑力强，反应迅速，对犯罪行为打击力度大；后者偏重于税务的专业性，其优势在于对税法的掌握全面完整，能很好地判断罪与非罪、此罪与彼罪的界限，把握执法尺度，有利于缓解征纳矛盾。不管税警队伍建设采用何种形式，都各有特点，相得益彰。

专栏7－5（续）

意大利税警

意大利财政部拥有一支2.4万人的武装财政卫队，即税务警察，专门负责对偷漏税的调查、海关关税的检查与计征以及维护税务秩序。财政卫队的总司令由内阁任命，是从军队中挑选的四星将军。

俄罗斯税警

俄罗斯联邦境内已建立了88个税务警察机构，共有税警1.1万人。按照规定，税务防暴警察可以荷枪实弹，强制执行公务。税务警察署及其他地方机构负责检查活动的安全，保护税务工作人员在执行公务时不受非法侵害，以及预防、揭露和制止税务机构内部的徇私舞弊行为。

美国税警

美国的税务警察拥有比一般警官和法官更大的权力，他们可以冻结存款、封闭私宅、收缴财产，直至纳税人缴清税款。美国税警还享有查处权，通常可查阅纳税人账户、存款等，情况特殊时，还可查封纳税人私有财产，并予拍卖。美国通常的案件追溯期为3年，而对不申报、申报不实或弄虚作假者可无限期进行追究。

新加坡税警

新加坡国内税务署设有3个处：情报处、侦查处和法务处。情报处负责收集、整理纳税人的各种纳税材料。侦查处对偷漏税金额超过5万新币者严加查处。侦查处下设若干稽查队，负责破案。稽查队凭借两种调查证件，可调查纳税人账户，检查存在银行的私人保险箱，传讯证人，核实有关文字材料及物证。因此，新加坡很少发生暴力抗税行为。

日本税警

日本税警是拥有刑事侦查权的税务员，职责上以打击涉税犯罪为己任，但不允许配枪，并且隶属于税务局，可以说是一种非常特殊的警察。在日本，有一个专门的称谓“查察”来表达这种特殊的制度。日本税警除了有询问、检查和证据保全等非强制调查权力外，还拥有突击搜查、封存扣押证据等多项强制调查权。强制调查必须要取得法院签发的搜查令、扣押令等才可以行使。另外，监视居所、跟踪、搜身等针对人身权的调查手段，也是税务警察依法拥有的权限。日本的税务警察集中精力打击数额巨大、手段具有代表性或是公众人物、知名大企业的犯罪。

资料来源：胡海：“国外税务警察制度的经验与借鉴”，《税务研究》，2010年第7期。

7.4 提高纳税人纳税意识

7.4.1 推动税务机关职能向服务型转变

税务机关要树立税收优化服务观念，从“管理者”的角色转变为“服务者”，诚心诚意为人民服务。对纳税人提供咨询服务，有助于纳税人正确理解税法，协助税法的执行；对于纳税人有任何不理解与不服的税收评定或处罚，均应提供方便的咨询与上诉的渠道与机制，保证能给予他们公平对待，使纳税人感到自身的权利受到合理保护，从而增强他们的纳税的自觉性。

为了加强纳税服务质量，首先，中央政府须作出有效监督，即设立一个独立的监管部门，定期审核各地方税务机关的服务素质，予以嘉奖或批评，以维持合格的纳税服务水平；其次，构建功能齐全的纳税服务平台——“网上税务局”，发挥纳税人个税申报、纳税咨询、权益保护和申请退税等多方面的功能和作用。

专栏 7－6　纳税意识与政府职能转换

《财经》：中国公民的纳税意识不高，和政治体制、财政体制、法制建设之间是一个什么关系？如何提高？中国国家机器的意识是不是也影响了纳税人的热情？

徐铿：要提高公民的纳税意识，有很多因素，如这个国家是不是一个法治国家？对法律是否重视？大部分发展中国家的纳税意识，普遍没有发达国家强，这不是中国的特殊情况。提高纳税意识要经过比较长的时间，要对纳税人进行教育。

普遍申报有不同的意义，美国要求每个人都要申报，这种模式对中国不合适。在发展中国家，代扣代缴是主要的工具。代扣代缴如果都扣得准确，申报就不是很重要了。美国的模式很特别，其他国家很少用。

倪红日：纳税意识强、国家税收流失少是一个过程，一系列因素都会发挥作用，关键是政府从管理型政府向服务型政府转变，为民众服务。现在我们的做法不对，不是人民的公仆，是管理型政府，不是服务型政府。

这个角色转变了，政府定位准确了，才能逐渐达到纳税人权利与义务对等，才能要求纳税人实现权利的同时履行义务。全社会形成纳税光荣、逃税耻辱的社会风尚，尚需要一个历史过程。

资料来源：《财经》（总第 143 期），2005 年 10 月。

7.4.2　加强涉税教育和宣传

中国长期以来建立的以间接税为主体的税制结构，税务机关较少直接面对自然人纳税人，不利于提高纳税人的纳税意识。而另一方面，由于政府预算管理的透明度较低，纳税人对政府收支的知情权和参与权不到位，这也不利于提高纳税人主动纳税的意识。

为提高自然人纳税人的纳税意识，税务机关应做好涉税教育和宣传工作。税务部门应积极组织人力、物力及财力，运用各种传播媒体，广泛开展税法宣传活动；通过电台、电视台、报刊等的舆论导向作用，把税法纳入国家普法教育规划；组织税务干部深入纳税人中宣传税法，让税收法规与政策深入民心，鼓励人民通过合法经营和诚实劳动富裕起来，以及致富后不忘国家，积极纳税，在全社会形成纳税光荣的良好风尚。

涉税教育和宣传的重点是普及人们纳税的权利义务观，让纳税人真正认识到依法纳税是每个公民应尽的义务，而同时他们作为公民拥有与其纳税义务相对等的权利。宣扬纳税人的权利与义务对等对提高纳税人的纳税意识是非常重要的。法律是关于权利与义务的规定，权利与义务应该是对等的，享受权利者必须履行义务，履行义务者就有权享有权利。

由于中国在现实的社会中，未能充分提供纳税人义务与权利对等的条件，这主要体现在社会公众对政府收支活动的知情权和参与权有待进一步强化，这使纳税人所认为的履行纳税义务与享受的公共服务之间缺乏有效关联。因此，我国在纳税意识的宣传教育中，须把纳税人应有的权利以及义务同时传达，同时努力提高预算的透明度，完善公民参与财政收支决策的渠道，这是提高纳税人意识最重要也是最基本的措施。

7.5 其他相关配套措施

7.5.1 建立科学的征管分工和退补税分担机制

在现行分税制下，个人所得税属于中央和地方共享税，如果对12万元以上的纳税人的部分收入项目进行综合计征，往往会涉及退税费用的分摊问题。在中国现阶段，由于地方税体系不够完善，地方政府缺乏稳定的地方税作为财力支撑，个人所得税在筹集地方财政收入方面承担了巨大作用。在短期内，维持现行分税比例不变的前提下，可以考虑建立“中央出钱，地方办事”的退税机制，即涉及退税的纳税人在自行申报时可直接向当地地税机关申请退税，退税事宜由地税部门履行，退税费用全部由中央财政承担。这样，既保护了地方财力，又避免地方间因退税费用出现相互“扯皮”的问题。

从长期来看，个人所得税应该属于中央税。原因有二：

其一，从税收管理的角度来看，随着经济发展，我国个人收入呈现多元化趋势，很多情况下收入来源于多个地区、多个行业。如果个人所得税归属于地方税，在实施税务稽查时，跨地区的协调成本较高；

其二，从调节功能的角度来看，个人所得税可以发挥有效调节收入差距的作用，地方政府掌握该工具无法实现既定的收入分配目标，必须由中央政府掌握在全国范围内按照统一标准来实施。

7.5.2 发展税务代理

税务代理是指在税收征纳过程中，纳税人依法委托税务代理人代为办理涉税事宜的中介活动，是市场经济发展到一定阶段的必然产物。首先，税务代理可以在纳税人和税务机关之间形成一座沟通信息的桥梁；其次，税务代理可以降低纳税人的纳税成本，并提高税务部门的征管效率；最后，税务代理与税收征收机关、纳税人之间相互制约、相互监督形成强有力的社会监督约束机制。鉴于税收代理上述的重要作用，我国在推动“综合与分类相结合”个税改革的同时，应做好税收代理中介发展工作。

第一，税务机关应监督、指导税务代理活动的正常开展，进一步规范税务中介机构的业务范围、服务标准和收费标准，明确其权利、义务和法律责任，使之真正成为独立的、有一定权威的专业化社会服务机构。

第二，税务代理的行业管理机构应加强对工作机构的监管。从目前税务代理主要由注册税务师充任的现实出发，应在注册税务师执业资格考试中加大法律考试的分量和难度，将现有的注册税务师法律知识的考试范围从法律初步延伸至法学各部门；并在注册税务师的执业培训中增加法律培训的内容和力度，以适应注册税务师执业的实际需要。

第三，在税务代理机构内部，要逐步引入竞争机制，公开招聘优秀人才，调整人员结构。通过发挥税务代理的积极作用，完善税收服务体系，促进税务机关与纳税人有效沟通，更好地为税收征纳双方服务。

7.5.3 构建个人信用体系

个人信用是银行业务的重要组成部分之

一。在当前金融市场不断扩大、金融产品日益创新的状况下，个人信用已成为银行赚取利润的重要手段。建立个人信用制度，通过信用记录，可以直接为商业银行提供个人详实的信用资料，从而使守信用的人及时得到银行资金支持，不守信用的人无机可乘。要想得到银行的信贷支持，就必须恪守信用、履约付款，自始至终做一个守信人。否则，一旦出现信用欺诈和不履约行为，银行将会把不守信者的劣迹，通过信用档案记录到个人信用中去，失信者不仅将会失去这家银行的贷款支持，而且也会被其他商业银行拒之门外。同时，商业银行为了尽可能地避免借款者的违约风险，纷纷加强信用管理，分散的金融机构之间不断加强合作，共享个人信用记录，个人信用制度在逐步地确立。

当然，个人信用制度不仅仅是金融发展之需，同时也可以为税收违法行为构建惩戒平台，从而给纳税人以更多约束。政府把个人依法纳税情况作为其信用记录的一个重要组成部分纳入到其关联账户中，这样不仅使纳税人因一时的偷逃税行为受到税务机关的惩罚，而且在长期中还会受到潜在的社会惩罚。与低收入者相比，中高收入者能够从银行中得到贷款的金额更大、机会更多，这也就意味着一旦他们失去信用，受到的损失会更严重，故个人信用体系对中高收入者显现出更大的约束力。

主要参考文献

谌爱华、刘文锋："澳大利亚个人所得税税号制度及对我国的启示"，《改革与战略》，2009 年第 10 期。

胡海："国外税务警察制度的经验与借鉴"，《税务研究》，2010 年第 7 期。

汪昊、许军："美国个人所得税征管制度的特点"，《涉外税务》，2007 年第 12 期。

陈晓光、张忠友等："互动平台——让税收征管信息真正共享"，《税收征纳》，2007 年第 11 期。

孙飞："个人所得税征收管理人性化探析"，《中国行政管理》，2009 年第 8 期。

徐国荣等："对我国个人所得税调节功能的思考"，《税务研究》，2006 年第 8 期。

唐敏："个税申报再曝征管软肋"，《瞭望新闻周刊》，2007 年第 12 期。

尹旭、万莎："完善中国个人所得税征管机制的国际借鉴"，《中国财政》，2009 年第 11 期。

"意政府控制市场现金交易额，华企经营风险将增大"，中国新闻网（http：//www. chinanews. com/hr/ozhrxw/news/2008/03 - 27/1203864. shtml）。

黄英："对我国个人所得税及其征管问题的探讨"，《财会研究》，2007 年第 9 期。

赵迎春、陈静："个人所得税征管中的制度约束与荣誉激励"，《税务研究》，2002 年第 12 期。

邵佳、杨仕元："非对称信息下税收征管的博弈分析"，《当代经济》，2009 年第 9 期。

8

配套措施的法律完善

- “综合与分类相结合”的个人所得税制度改革，其制度基点在于自行申报制度的完善，要求厘定个人自行申报制度的权利义务结构和法律责任
- 税收征管配套措施的完善包括：税收保障措施中的自然人主体缺位问题，反避税法律体系中自然人主体缺位问题，税收优先权、代位权和撤销权制度的完善和可操作性
- 税收争议解决机制的法律完善包括：纳税争议主体从企业向个人“位移”、复议前置程序应继续保留、构建完善的复议配套制度
- 其他配套措施的法律完善包括：建立并强化税收行政协助制度、厘清并强化扣缴义务人的法律责任、个人所得税修法“应税所得”的立法表述问题

Improvement of Tax Laws

- The personal income tax reform should be based on the improvement of self-declaration system and need to definite the right and obligation structures and legal liabilities
- Improving tax laws includes: the problem of absence of natural person subject when safeguarding tax claims, the problem of absence of natural person subject in the anti-avoidance law system, and the perfection and operability of the priority right, subrogation right and revocation right of taxation
- The perfection of tax dispute resolution mechanism includes: shifting from enterprise to individual of tax dispute subject, retaining review before legal procedure and constructing sound supporting measures of review
- Other improvements include: establishing and strengthening the assistance systems of tax administration, clarifying and strengthening the legal liabilities of withholding agent and the issue of legislative statement of taxable income when revising personal income tax law

8. 配套措施的法律完善

从法律层面观察，中国个人所得税“综合与分类相结合”改革的顺利推进，必须辅之以相关税收征管制度的配套跟进，即在征管配套措施的法律完善方面有所作为。这些相关法律问题包括但不限于：（1）自行申报制度的法律完善；（2）税收征管配套措施的法律完善：税收保障措施中的自然人主体缺位问题，反避税法律体系中自然人主体缺位问题，税收优先权、代位权和撤销权制度的完善；（3）税收争议解决机制的法律完善：纳税争议主体从企业向个人“位移”、复议前置程序需要继续保留、构建完善的复议配套制度等；（4）其他配套措施的法律完善：建立并强化税收行政协助制度、厘清并强化扣缴义务人的法律责任、个人所得税修法时“应税所得”的立法表述问题等。

8.1 自行申报制度的法律完善

“综合与分类相结合”的个人所得税制度改革，其制度基点在于自行申报制度的完善。故而，如何厘定个人自行申报制度的权利义务结构和法律责任等，十分重要。

8.1.1 中国个人所得税自行申报制度的法律缺陷

中国现行的个人所得税自行申报制度是以《个人所得税法》、《个人所得税法实施条例》、《税收征管法》、《税收征管法实施细则》、《个人所得税管理办法》（国税发［2005］120号）、《个人所得税自行纳税申报办法（试行）》（国税发［2006］162号）等法律法规为依据建立起来的。[①]

个人所得税自行申报的法律保障不力

根据国税发［2006］162号文，未按照规定自行申报的，依据《税收征管法》第六十

① 中国个人所得税自行申报制度的发展演变参见本报告第2章的相关内容。

二条的规定进行处罚。而按照《税收征管法》第六十二条的规定，未按照规定期限自行纳税申报或者扣缴义务人不按规定期限申报纳税的，只能实施2 000元以下罚款，情节严重的只能处以2 000元以上10 000元以下罚款。

如此看来，不申报的违法成本和违法收益相差十分悬殊，对自行纳税人和扣缴义务人不能起到有力的威慑作用，违法者面对如此税法规制，有足够动机选择不自觉守法，这也是导致自行申报制度“冷失效”的原因。因此，今后制度改进的可能方向是，必须对个人所得税自行申报的“法律责任”部分进行改进和重构。

税务机关独家孤掌难鸣

在国家税务总局颁布的个人所得税管理的有关制度中，牵涉到税务机关自身之外的因素太多，比如协税护税制度和高收入者的重点管理必依赖于其他部门（工商、司法、房产、证券、银行、出入境、外汇等）的配合。

因此，在协税护税制度缺乏《税收征管法》等上位法保障基础的前提下，加之在制度创新和行政措施方面的开拓、总结提炼和推广力度不够，国家税务总局拟定的关于个人所得税管理的诸多制度，在实际操作中，由于缺乏相关行政部门的协助配合，迄今少有作为。

8.1.2 自行申报制度存在法律疑难

目前，年所得12万元以上纳税人的自行申报还存在许多技术障碍。具体来说，主要包括以下几个方面：

还原税前所得困难

一般来说，自行申报者必须向税务机关申报税前所得。工薪所得阶层的工薪所得均为税后所得，将其还原为税前所得进行申报，对非专业人士将十分困难。而且，将职工福利奖金中的实物部分还原为计税收入也存在技术困难。

共同共有分割困难

对夫妻共同共有财产的转让或者租赁所得，以及家庭储蓄、股票投资取得股息、利息和红利所得以及其他所得，究竟是记入哪一方所得或者以何种方式进行分割，没有法律明确规定，对共同收入分割与否以及如何分割会对纳税人是否达到自行申报标准产生影响。由于法律没有规定之处，当事人可以意思自治，这给税收筹划留下了制度空间。

利息、股息和红利所得中部分所得确定存在一定困难

股份制企业用盈余公积金派发的红股，以及以现金形式派发的股息、红利，支付企业代扣代缴个人所得税后记入个人股票账户，纳税人受各方面条件限制在纳税申报时对这部分年所得确定存在一定困难。同时，纳税人在法理上区分资本公积金送股与盈余公积金送股也存在难题。

股权分置改革中的所得认定问题

比如，按照国家税务总局的相关规定，股权分置改革中非流通股股东通过对价方式向流通股股东支付的股份、现金等收入暂免征收流通股股东应缴纳的个人所得税。对流通股股东而言，这部分（暂免）所得应当计入个人所得申报，但是，在以实物换股、期权换股、债权换股或者其他财产性权利换股的场合，将带来系列的法律和财务处理难题。

8.1.3 个人所得税自行申报制度的完善

个人所得税改革的推进，其制度大厦必须建立在自行纳税申报之上。因此，研究自行纳税申报的激励机制和法律责任机制十分重要，需要从激励机制和法律责任机制两个层面上构筑自行申报的制度基础。

激励机制

应将自行申报者的激励措施在《税收征管

法》及其《实施细则》中明确，配合以纳税人的征信制度，将优良纳税人（含扣缴义务人）的纳税记录存档备查，在融资、购置产业、投资、离境入境、公职入职或晋升等方面赋予其法律上的优先和便利地位。

法律责任机制

首先应该加大和强化对“虽已缴税但不申报者”和“不申报而致不缴或少缴税款者”的惩罚机制和力度，对违反自行申报的程序义务（“虽已缴税但不申报”）者和实体义务（“不申报而致不缴或少缴税款”）者，均应明确其相应的但有区别的法律责任。对于自行申报的程序和实体违法者，在融资、购置产业、投资、离境入境、公职入职或晋升等方面设置相应的限制。其次，研究普遍税务登记制的法理依据和可行性，即无论公司企业还是自然人个人，均应履行税务登记义务，并拥有唯一的税务登记号，以便于加强对自然人、法人和企事业单位的纳税登记管理。

在申报范围上，逐步建立全员税务申报制度

如果缺乏全员税务申报制度，个人所得税的征管将十分困难，应在进一步完善现行全员全额申报制度的基础上，将普遍税务登记制度与个人所得税的全员税务申报制度结合起来。全员税务申报制度是个人与国家建立联系的重要渠道。个人直接面对国家将被赋予一定的法律和政治的含义，这会对推进我国税收法制建设产生深远的影响。

8.2 税收征管配套措施的法律完善

在以间接税为主体的税制结构下，现行《税收征管法》主要针对企事业纳税人，而相对缺乏针对自然人纳税人的相关征管配套法律措施。具体表现在税收债权保障措施、反避税措施中自然人主体的缺位，税收优先权、代位权和撤销权制度的完善等方面。

8.2.1 税收保障措施中的自然人主体缺位问题

现代行政法的平衡理念，要求维持国家税收秩序和保护纳税人权利二者之间的动态平衡。为此，2001 年修订《税收征管法》时，借鉴和引进了民法债权保障制度来构筑国家税收保障制度，包括税收优先权制度、税收保全制度、税收撤销权制度、税收代位权制度、税收强制执行制度、纳税担保制度等，客观上发挥了保障国家税权的重要作用。但是，随着实践的进展和时间的推移，这些制度中的不足正逐渐显露出来。面对个人所得税改革和相关制度配套跟进的要求，这些原有制度中的弊端又呈现出不同的含义。以下分三个层面简要讨论：其一是税收保全；其二是纳税担保；其三是税收强制执行。

税收保全

税收保全措施属于行政强制的一种，是税务机关的一项重要的行政职权，具有专属性和法定性的特点。税收保全措施对税务机关而言，法律设定了诸多约束和限制条件，有其特定的执行主体、权限、程序、适用条件、执行范围，是一种约束性很强的要式行政行为。对税务机关权力设定一定程度限制，于纳税人权利保护有相当的积极意义。

然而，现行《税收征管法》设置的税收保全措施分为两种：其一为税款征收环节的保全措施（《税收征管法》第三十七条、三十八条）；其二为税务稽查环节的保全措施（第五十五条）。前者的适用对象是“未按照规定办理税务登记的从事生产、经营的纳税人以及临时从事经营的纳税人”，不涉及自然人纳税人，这一制度措施与个人所得税改革不相适应，应予修订；后者的适用对象也是“从事生产、经营的纳税人”。无法覆盖所有自然人纳税人，在个税改革的初期即应做出配套修订。

现有税收保全措施中还存在几点漏洞需要配套完善：

——对自然人的存款不得实施查封。《实施细则》第七十二条规定：“税收征管法所称存款，包括独资企业投资人、合伙企业合伙人、个体工商户的储蓄存款以及股东资金账户中的资金等。”也即，税务机关采取冻结银行存款之保全措施的对象主要是“从事生产、经营的纳税人”，这一规定显然不能涵盖所有个人所得税纳税人。实务中，将保全对象仅局限于“从事生产、经营的纳税人”，不仅将大部分自然人纳税人排除在保全对象之外，而且也会漏掉其他纳税主体（比如村委会、居委会等不属于从事生产、经营的纳税人）。

——现行税收保全制度中有“个人及其所扶养家属维持生活必需的住房和用品，不在税收保全措施的范围之内”（《税收征管法》第三十八条）的规定，以体现宪法保障生存权的原则。为适应征管对象从公司企业为主向自然人为主的转变，必须列举并明确指出与个人生存权密切相关的财产范围。在立法技术上，可以采用正列举与反列举相结合的解释方法。比如，“第二套住房以上的房产不属于生计房产，可以依法成为税收保全的标的”、“个人生活用品不得成为税收保全标的，但是股票、债券、期权等有价证券，股权，机动车辆，金银首饰，珠宝，名人字画、邮票等收藏品等除外。”

——现有税收保全标的不包括自然人名下的股权。随着公民个人投资的增长，个人拥有有限责任公司或股份有限公司（非公众公司）股权的情况越来越多，《税收征管法》第三十八条第二款规定：对“商品、货物或其他财产”可以实施扣押、查封之保全措施。“其他财产”的概念在《实施细则》第五十九条有所界定：所谓其他财产，“包括纳税人的房地产、现金、有价证券等不动产和动产”。由于“有价证券”在狭义和广义层面都不包括一般公司（非公众公司）股权，因此，给税收保全的对象留下漏洞。《税收征管法》及其《实施细则》修订时，应该明确规定股权属于“其他财产”，或者授权财税主管机关对“等”做出符合法理的“等外等”解释，以便为今后的个人所得税改革预留制度空间。

综上所述，随着我国个人所得税走向“综合与分类相结合”税制的推进，越来越多的纳税人将通过自行申报履行纳税义务，目前税收保全措施将大部分个人所得税纳税人排除在适用对象之外，显系不妥。因此，税收保全措施应适用于所有自然人纳税人。同时，建议在《税收征管法》修订时，对不缴或者少缴已扣、已收税款的扣缴义务人，也应适用税收保全措施。

纳税担保

《税收征管法》规定的纳税担保制度，体现在两个条款，即第三十八条税款征收环节的纳税担保和第八十八条复议诉讼环节的纳税担保。这两个条款在功能上有重大区别。

前者的主要目的是实现担保税收债权的功能，其适用须具备三个前提条件：（1）从事生产经营的纳税人有逃避纳税义务行为；（2）税务机关责令限期纳税在前；（3）如果在限期之前，纳税主体有转移、隐匿商品、货物、财产或者收入的，税务机关可以责令其提供纳税担保。实务中，所谓界定“逃避纳税义务”或者“转移、隐匿财产”，税务机关应该有明确证据，以防范税收行政执法风险。根据国家税务总局《纳税担保试行办法》（国家税务总局令第 11 号）第二条规定，可以是纳税人自行提供抵押、质押担保，也可以是第三人（纳税担保人）以保证、抵押、质押的方式提供担保，也即提供担保的主体可以是纳税人本人，也可以是第三人。

后者的功能主要给纳税人一个纳税替代方

案。即在与税务机关产生纳税争议时，纳税人可以不需先行缴纳税款而以提供经税务机关同意的纳税担保的方式，取得提起行政复议和行政诉讼的权利。由于第八十八条规定的纳税争议救济须经税款缴纳前置程序和税务复议前置程序，故以纳税担保替代税款缴纳，在立法上是一个进步，体现了保护纳税人权利的价值。实务中，税务机关对纳税担保运用得当，既有力地保障了国家税权，又发挥了保障纳税人救济权的功能。然而，由于纳税担保需经过税务机关同意才能生效，也有些税务机关对纳税担保实行严格限制措施，使得这一制度形同虚设，处于“半僵死”的状态，未能发挥应有的功效。

鉴于纳税担保具有的双重功能，为应对个人所得税改革的需要，实务中，纳税担保有进一步开拓的制度空间。因此，应该研究如何激活并推进纳税担保制度，以应对更多的纳税担保申请事宜。大致包括：

——理念转变。不应将纳税担保的审核同意视为一项行政许可审批，因其在法理上不属于“一般禁止的解禁”或“许可获得某项资格”，纳税担保申请本身即为纳税人的一项法定权利，在性质上，纳税担保申请与领购发票申请没有质的区别；

——简化纳税担保审核程序。重点放在权利义务的对等性审核，即担保物价值与税收债权的等同性上；

——认清可作为纳税担保人的主体。除法律规定不得作为担保人的公益法人（学校、幼儿园、医院等）之外，皆可以成为纳税担保人；

——形式审查与实质审查相结合。对提供纳税担保的主体只进行形式审查，但应重视对提供抵押和质押的标的物进行实质审查，以确保担保标的物的价值与应缴税款相当，等等。

税收强制执行

税收强制执行措施是指当事人不履行法律、法规规定的义务，由税务机关或者法院采用法定的手段，强迫当事人履行法定义务的行为。税务机关税收强制执行是行政强制的一种，在《行政强制法》缺位的情况下，《税收征管法》赋予税务机关在特定情况下的税收强制执行权，对于保障国家税权有积极意义。《税收征管法》规定的税收强制执行措施可分为两类：一类是直接实施的税收强制执行措施，如第四十条、第六十八条、第八十八条；另一类是在税收保全程序终止后，转入实施的强制执行措施，如第三十七条、第三十八条、第五十五条。

直接实施的税收强制措施中，税法规定可以针对“纳税人、扣缴义务人和纳税担保人”采取。由于“纳税人”的概念涵盖自然人纳税人，这一类税收强制措施可以包括自然人纳税人，可以适应个人所得税走向“综合与分类相结合”税制改革的需要。但是，在税收保全措施中，现行税法只能针对“从事生产经营的纳税人”，因此，在税收保全程序终止之后转入实施的强制执行措施中，同样存在大部分自然人纳税主体缺位的问题。

专栏 8-1　税收保全与税收强制执行措施的区别

从《税收征管法》的规定和实践观察，税收保全措施与强制执行措施有共同点，即实施主体均为税务机关及税务人员、均须经县级以上税务局（分局）局长批准、均须开具清单和收据、解除税收保全或者强制执行措施均应通知行政相对人等共同之处，也在适用对象、实施条件、实施时间和执行性标的等方面有不同之处。理解这些不同之处，对税务机关依法行政和纳税人依法保护其合法权益至关重要。两种措施的主要区别是：

专栏 8－1（续）

1. 两种措施的适用对象不同

税收保全措施仅适用于纳税义务人（“从事生产经营的纳税人”）；而强制执行措施适用于纳税义务人、扣缴义务人和纳税担保人。

2. 两种措施的实施条件不同

对当期应纳税款实施税收保全措施的条件是责令限期缴纳在前，提供纳税担保居中，税收保全措施断后；强制执行措施实施的条件是责令限期缴纳在前，强制执行措施断后。注意此处的“责令限期缴纳”对两种措施而言有所不同，税收保全措施的“限期”是指纳税期限；强制执行措施的“限期”是指纳税期限届满后由税务机关责令缴纳税款的期限。

3. 两种措施的实施时间不同

税收保全措施是对纳税人当期纳税义务在纳税期限届满之前实施或在税务检查时对以前应纳税款实施；强制执行措施则须在税法规定的纳税期限届满并且责令限期届满之后实施。

4. 两种措施的执行标的不同

采取税收保全措施时仅以纳税人应纳税款为执行标的；而强制执行措施应以纳税人应纳税款和滞纳金一并作为执行标的。

5. 两种措施的采取方式及法律后果不同

税收保全措施的方式是书面通知金融机构冻结存款或扣押、查封商品、货物或其他财产，仅仅是冻结、查封、扣押纳税义务人财产，并未剥夺纳税义务人财产所有权，而只是对纳税义务人的财产处分权的一种限制。而强制执行措施的方式是书面通知金融机构从其存款中扣缴税款或以依法拍卖或变卖商品、货物及其他财产所得抵缴税款，是扣缴、拍卖、变卖纳税人、扣缴义务人和纳税担保人财产，可产生变更或者消灭纳税人、扣缴义务人和纳税担保人财产所有权的法律后果。

资料来源：根据《税收征管法》、《实施细则》和国家税务总局相关规定等整理。

8.2.2 反避税法律体系中自然人主体缺位问题

反避税是世界范围的难题，中国也不例外。因此，研究并健全反避税理论体系，累积反避税案例和实践经验，构筑中国税法的实质课税理论和中国税法的反避税规则体系，迫在眉睫。我国现行的反避税法律体系中的反避税规则，其规制主体仅涵盖公司企业主体，而规制范围局限于所得税。现行反避税的法律规范主要在《企业所得税法》（“第六章　特别纳税调整”），以及其后的《特别纳税调整实施办法》（国税发〔2009〕2号）等部门规章中体现。推进个人所得税税制的改革，对完善我国反避税法律制度提出了更高的要求。

实践中，避税行为不仅仅局限于所得税领域，可能存在于所有税收领域；在行为主体上，企业的所有避税行为（减少征税客体的数量，纳税主体利用税收优惠政策、“避税港”避税等），自然人纳税主体同样不可或免。而且，在当前个人所得税与企业所得税两个所得税没有实现立法合一的前提下，从法律适用的原理上，《企业所得税法》第四十七条规定的一般反避税规则及《实施条例》的特别纳税调整条款，不能当然适用于个人所得税领域；在适用范围上，《特别纳税调整实施办法》第二条明文规定其适用主体乃是“企业”，这就排除了对自然人主体的适用。一如前述，在设定针对非居民企业在中国境内取得所得的代扣代缴管理制度中，没有考虑到自然人非居民纳税人在中国境内取得所得的个人所得税问题。因此，为应对个人所得税走向“综合与分类相结合”税制改革的需要，应加强反避税领域的税法法理研究，即实质课税理论的研究，以期在《个人所得税法》修订时，将成熟的反避税规则条款配置在新法之中。

8.2.3 税收优先权、代位权和撤销权制度的完善

为保障国家税权，维护国家税收秩序，《税收征管法》设立了税收优先权（第四十五条）、税收代位权（第五十条）和税收撤销权（第五十条）制度。

税收优先权

税收优先权是指税务机关征收税款与其他民事债权的实现发生冲突时，税收的征收原则上优先于其他民事债权的实现。根据《税收征管法》第四十五条的规定：“（1）税务机关征收税款，税收优先于无担保债权，法律另有规定的除外；（2）纳税人欠缴的税款发生在纳税人以其财产设定抵押、质押或者纳税人的财产被留置之前的，税收应当先于抵押权、质权、留置权执行。（3）纳税人欠缴税款，同时又被行政机关决定处以罚款、没收违法所得的，税收优先于罚款、没收违法所得。”

无担保债权是指未设定担保的债权，即债权人没有要求债务人以其财产设定抵押、质押等担保方式，以保证该债权的实现。当税收债权与无担保债权冲突时，应当首先保证国家税收的征收，即国家税款的征收要优先于未设定担保的第三人的债权，体现了公权优先的原则。这是对债权平等原则的突破，对保护国家税权十分有力。税收优先权的理论基础，应该是国家税权的特性理论，或者税收特质理论，而非有关“税收之债理论”。税收具有某种债的因素，比如以给付为内容，但税收本质上不属于债。将国家税收看成民法之债，有助于促进纳税人权利的保护，具有正面意义；但同时，也会引起一些立法和实务上的困难。（杨楠，2009；赵水林，2001；蔺翠牌，2005）

但是，与立法者对税收债权理论和制度引进之预期相反，实务中，优先权制度几乎处于冷冻状态，极少实际启动。在企业破产的场合，由债权人和法院等组成的清算组并不通知税务机关受领税收债权，人民法院在审理产权转移纠纷、担保物权纠纷或者公司清算纠纷之时，也从不考察转让人、转让标的物之上或者清算主体是否存在欠税，而税务机关可能因为信息闭塞而失去追缴欠税的机会，这使得法律设定的税收优先权形同虚设。造成这种局面，在观念上，与实务部门特别是审判机关将税收看成民法之债即普通民事债权有关。

随着市场经济改革的推进，个人所得税纳税人将参与众多交易、应税行为或者转让财产、设定抵押或质押等商事行为，而伴随着“综合与分类相结合”个人所得税改革的推进，税收优先权制度势必从企业纳税人延伸到个人纳税人。

为保障国家税收，有必要研究堵塞税收优先权制度的下列漏洞：（1）由于质权在转移质物占有之时成立，且不需登记公示，故欠税人可能与其债权人串通，将质权成立的时间提前于税收债务成立之时，以对抗税收优先权。（2）由于《合同法》规定，提供加工承揽、保管和运输服务的债权人享有留置标的物的权力，且这些合同的债权人实际主要是主张劳动报酬，亦即《合同法》肯定合同债权与留置标的物之间的特定利益关系，现行法律规定税收债权高于这一留置权，但在实践中则会引起争讼，导致劳动者权益与国家税权冲突的尴尬局面。（3）如果欠缴税款的纳税人优先清偿无担保债权或者发生在后的抵押权、质权致使所欠税款不能足额清偿时，税务机关应主张税收优先权，有权对欠税人转移的归抵押权人、

质权人占有和控制的财产采取行政强制执行措施。(4) 已经由人民法院根据《民事诉讼法》查封、扣押的财产，税务机关可否再行实施查封、扣押等保全措施？进而，税务机关能够主张税收优先权？这涉及到国家税权与司法权的协调与冲突问题，相关研究有待深入。(5) 人民法院在审理产权转移纠纷、股份转让纠纷、房产转让纠纷、担保物权纠纷、公司清算纠纷等财产纠纷之时，应该先就转让双方、转让标的或清算标的是否欠税征询税务机关，并以此作为判决的依据之一，等等。

税收代位权和撤销权

税收代位权和撤销权直接采纳或挪用了民法代位权（《合同法》第七十三条）和撤销权（《合同法》第七十四条）制度，本意是防范欠税人怠于行使到期债权、低价转移资产、损害国家税权等恶意欠税行为，以保障和严肃国家税收秩序。

先看税收代位权制度。现行税收代位权制度的最大缺陷就是将国家税收债权等同于一般普通民事债权，实现代位权的途径需要税务机关向人民法院提起代位权诉讼，并承担相当于民事主体的举证责任。

一般要举证证明：(1) 纳税人欠税的事实；(2) 欠税人对次债务人享有到期债权；(3) 欠税人怠于行使到期债权；所谓“怠于行使”，根据《最高人民法院关于适用〈中华人民共和国合同法〉若干问题的解释（一）》（法释［1999］19号，下称《司法解释》）第十三条规定：“合同法第七十三条规定的‘债务人怠于行使其到期债权，对债权人造成损害的’，是指债务人不履行其对债权人的到期债务，又不以诉讼方式或者仲裁方式向其债务人主张其享有的具有金钱给付内容的到期债权，致使债权人的到期债权未能实现。”

按照《司法解释》第十一条的规定，行使民事代位权诉讼需满足四个要件：(1) 债权人对债务人的债权合法；(2) 债务人怠于行使其到期债权对债权人造成损害；(3) 债务人的债权已到期；(4) 债务人的债权不是专属于债务人自身的债权。

此外，如果税务机关与次债务人不在同一城市，税务机关必须屈驾到次债务人所在地的人民法院提起诉讼，以便在程序上符合“原告就被告”的民事诉讼管辖原则。如此观之，税收代位权诉讼从实体到程序，林林总总，规定繁多，以致实践中极难操作。

再看税收撤销权制度。同理，税收撤销权也必须借助民事诉讼才能实现。在税收撤销权诉讼中，税务机关完全处于民事诉讼当事人的地位。而我国《民事诉讼法》和《民法通则》没有关于撤销权诉讼的具体程序规定，这样，税务机关提起税收撤销权诉讼，应该符合《民事诉讼法》第一百零八条规定的基本起诉条件：即 (1) 原告主体适格；(2) 有明确的被告；(3) 有具体的诉讼请求、事实和理由；(4) 属于人民法院管辖范围和受诉人民法院管辖等。根据证据法原理，原告应就被告具有无偿赠与、非对待给付等损害债权（国家税收）的行为，承担举证义务；此外，根据《合同法》第五十五条规定：“有下列情形之一的，撤销权消灭：（一）具有撤销权的当事人自知道或者应当知道撤销事由之日起一年内没有行使撤销权”。由此，撤销权诉讼必须在法定期限一年之内提起，否则税务机关将丧失撤销权。如此看来，税收撤销权诉讼从制度规定进入实际操作层面，绝非易事。

为了应对个人所得税改革的需要，避免欠税人转移、隐匿财产，怠于行使其到期债权而逃避国家税收，一个最为有利而简洁的突破口就是加强行政协助和信息共享。比如，强化法院在审理股东清算纠纷、破产纠纷、企业产权转让纠纷、房产转让纠纷、股权转让纠纷、抵押权纠纷等诉讼时，有义务审查转让人和受让人的纳税情况，并就此向税务机关作出通报，以便税务机关在欠税人转移财产之前实施保全措施或者强制执行措施；二是加强股权转让和房产权转让之前的信息通报机制，这样就可以避免税收优先权落空，也可以使税务机关避免无计可施仅剩下行使代位权或者撤销权诉讼以追缴欠税的窘境。

8.3 税收争议解决机制的法律完善

个人所得税改革，势必要求由弱征管向强稽查过渡，稽查的重要性由此凸显；而稽查替代征管机制，势必引起国家税权直面纳税人私权的局面，纳税人的权利意识将随即高涨，这相应要求税收争议解决机制的完善，主要包括：纳税争议协调解决机制完善；税法共同体的构建。

专栏8-2 目前税企争议未浮出水面的原因

一直以来，我国税企争议虽大量存在但并不表现为大量复议和诉讼，主要原因有三：

首先，中国人的“以和为贵”的“非诉”心理和传统。中国虽比照西方建立了行政诉讼制度，但是，模仿西方诉讼两方尖锐对抗的行政诉讼制度，在中国有点不合时宜，主要原因在于国民的非诉文化心理。最初，原《行政诉讼法》（1989年施行）构筑的行政诉讼“不得和解制度”，是从西方诉讼对抗的理想模式引进的，但经过实践检验之后，被证明显然不符合中国国情，于化解社会冲突不利，有悖构建社会和谐的时代要求。其后，最高人民法院相关《司法解释》肯定了行政诉讼应当适用“和解制度”，是对先前抄袭西方制度的一种纠偏。

其次，我国以间接税、流转税为主要税收收入来源，公民个人的所得税采用源泉扣缴，公民并不直接面对税务机关，也即公民并不直接面对国家权力，或者说，宪法意义上的公民只停留在制定法层面，在实践中“公民”尚处于睡眠状态还未苏醒。此外，税收征管中的自动纳税申报制度和很少启动税务稽查的弱稽查体制，使得税企之间的争议不容易发生。

最后，我国《税收征管法》及其《实施细则》和新旧《税务稽查工作规程》中的一些规定，符合行政法正当程序的基本原则，有力地保障了纳税人的权利和规范了税务机关的稽查权，对化解税收执法特别是稽查风险功不可没，有继续发扬光大之必要。自动纳税申报制度和很少启动税务稽查的弱稽查体制，使得税企之间的争议不容易发生，即便发生也不至于演变为激烈冲突。

资料来源：本书课题组整理。

8.3.1 纳税争议主体从企业向个人“位移”

我国现行的税制结构决定了税务机关主要面对企事业单位纳税人，而较少直接面对自然人纳税人。即使是个人所得税，由于实行分类税制，也主要以代扣代缴为主要的征收方式。

而随着“综合与分类相结合”个人所得税改革的推进，大量纳税人要将综合计征的所得项目通过自行申报的方式进行汇算清缴，税务机关将直接面对自然人纳税人。那时，纳税人将直面国家税权并被置于国家权力的直接看管之下，这时，一个沉睡的纳税公民将会被唤醒，公民将从宪法意义的“纸面”存在，变成一个社会意义的“现实”存在。这将带来两个层面的问题：

纳税人的权利意识空前高涨

个人所得税意味着公民个人财产的直接减损。随着改革的深入和从严征管的推进，势必引起纳税人对个人财产的本能警惕和防备，从而，公民的维权意识势必逐渐增强，先前可有可无的诉求将变成一个现实而迫切的要求，比如要求税务机关提供纳税凭证等，税收争议的主体由企业为主变更为以自然人为主。

公民对信息披露的要求更加强烈而具体

公民对于国家提供公共服务和财税信息披露的要求会更加强烈且具体，国家与公民之间的契约关系和契约意识会更加强化。要求财政支出信息公开的势头会逐渐增强，对政府公共管理的回应性和透明性也将提出更高标准，由此可能带来公共治理变革和转型的契机。

现行征管模式和稽查方式面临考验

在税收征管的体制上，现行税收征管模式（源泉扣缴）和稽查方式（弱稽查体制）都将接受严峻考验，即弱征管和弱稽查体制将走向式微，强征管和强稽查体制势将浮出水面，强稽查体制之下的税收警察制度或税收执法中的人身和财产强制制度等，就存在现实土壤。

8.3.2 个人所得税改革与纳税争议协调解决机制的完善

建议继续保留复议前置程序

思考构建我国税收司法或者税收法治的正确路径，其思想方法应该从中国的具体国情出发和税法的特性出发，而非从某个抽象的法学原则或者宪政理念出发。坚守这一点非常重要。复议前置保留的必要性在于，复议本身作为税务机关的一个复审程序，具有准私法的一切审查特性，是税务机关的一个内部纠错程序。在当前构建和谐社会和弱化官民矛盾冲突的大背景之下，行政复议的内部纠错功能只有强化的理由，而没有弱化的根据。

税收法治的目标是构建税企和谐和依法治税，而非令一切税企争议都涌向法院，在哪里解决和化解争议仅是手段，而非判断制度对错或好坏的终极标准。假定所有税企争议都演变成激烈冲突，且这些争议或冲突都要求法院一一化解，法院势必难以担当如此重负。即司法审查权也是有限度的，不是所有纠纷都诉诸法院解决，就成为法治社会。以法院的司法消极秉性和司法权的治理限度，现代司法权必须表现出对行政权的尊让（何海波，2009），即对行政权的活动边界的相当程度的肯定。司法有限尊让理论，其可取之处就是能意识到“司法能力”和“司法边界”的局限性，前者包括司法机构本身的专业能力、社会认同、司法权威和政治势能的局限性；后者是指司法活动受司法消极秉性的制约，无法应对纷繁复杂的经济交易并对其实施主动的规制，而主动规制则天然属于行政机关的长项。复议程序有利于纠正规制失误、错误和化解税企争议。法院的专长在于传统民商事纠纷和刑事案件的处理，而不在于应对变动不居、复杂繁琐的税法纠纷。税法实践表明，税务机关乃是应对税法漏洞、生产税法知识和调控税收争议的最佳主角，换言之，税务机关本身就是税法知识的最大生产者、提供者甚至垄断者，以法院的现状、人力、公信力、知识结构和司法消极秉性，不适宜应对大量复杂的经济执法领域的纳税纠纷。

因此，复议前置程序必须保留，甚至必须长期保留。税务机关则需要转变观念，改变闻纳税人复议则色变的心态，重视并加强行政复议工作，通过累积案例、培训人才、外聘专家和总结提炼，以达到提升税务行政执法和复议审查的水平，从而推进税收法治和税企和谐建设。行政复议有可能是完善税收法治的一个现实途径和突破口。

构建完善的复议配套制度

对《税收征管法》第八十八条修订时，可以考虑在纳税人提起复议环节不需缴纳税款，以便增加纳税人获取复议救济的机会，保障纳税人的救济权。随着个人所得税改革的推进，自然人纳税人势必增多，有些甚至可能是外国人（居民或非居民纳税人），为防止有人利用法律漏洞，以提起行政复议为名而行“金蝉脱壳”之实，依据现《税收征管法》第四十四条的规定“欠税人未清缴税款又不提供担保的不得离境”，欠税人在复议程序尚未终结期间未缴清税款又不提供担保的，不得离境，税务机关应向海关发出《阻止离境通知书》；如果纳税人必须离境但有尚未了结的税务行政复议案件，那么，应先行缴纳税款或责令其提供纳税担保，否则不得准予离境。

纳税人对复议决定不服的，可以在缴纳定额税款或提供税务机关认可的足额纳税担保前提下，提起税务行政诉讼。这样，对原来的复议前置程序进行一定程度的改良，将纳税或提供纳税担保才能提起复议的制度改造为不经纳税或提供纳税担保也可提起复议的制度。在诉讼环节，依然坚持纳税或者提供纳税担保获得诉权的制度安排，以便在保障税收秩序和保护私权之间维持动态的平衡。

专栏8-3　部颁税法规则的审议机制展望

部颁税法规则是指国家税收主管机关发布的大量税收规范性文件，主要包括税收程序性规范和税收实体性规范，这些文件构成我国税法规则的重要组成部分。

税法规则需要面对两个现实：交易类型层出不穷和税法规则漏洞。税法适用中的解释工作具有填补法律漏洞和创制税法规则的作用，而税法适用中的解释职责在实务中已经被财税执法机关充任，部颁税法规则是其主要表现形式。在刑法领域，必须坚守罪行法定原则，但是，在税法领域，绝对的税收法定主义则寸步难行。

以个税改革为例，个税的生计扣除中的通货膨胀系数扣除标准，就不可能完全做到由立法机关决定，类似这种情形必须授权税务行政执法机关行使。以所得税为例，税法不可能穷尽不断翻新的交易形式，比如，“网络买卖虚拟货币所得”，就带来扩充个人所得认定范围的问题。个人股票期权的所得如何归集认定，遵循何种原则和标准，也带来一系列税法规则和原则的适用问题。在多变的交易形式之下，制定法或成文法的先天缺陷凸显，由此，税法适用中的税法解释问题就浮出水面，税法的变动不居就客观存在。

每一种交易形式都带来税法处理中的构成要件事实认定和法律适用难题，而税法构成要件事实认定之复杂性，也为不深研税法者难以想象，其中既有纳税主体的认定问题，也有税收客体的有无、定性和量化（成本、费用或损失的归集和扣除等）问题，错综复杂，需要综合法学的功底才能应对。如此复杂的税法适用中的解释问题，实在是眼花缭乱，目不暇接。代议机构将这些事无巨细的立法解释任务大包大揽，既不堪重负，也不堪胜任。

由此，既要意识到绝对税收法定主义的局限，还原部颁税法规则存在的合理性，又要建立部颁税法规则的审议机制，以免部颁税法规则变成“脱缰的野马”。为此，税法理论界、税收实务界包括税收争议解决机制中的复议机关、立法机关、国务院法制主管机关和人民法院均可以有所作为，有所贡献。只有在学术累积和中国本土税法实践累积的基础上，梳理出税法应当遵循的原则和理念，并由此形成税法学界和实务界的共识，中国税法共同体才能逐渐形成，而税法制定法的形成和修订也就渐渐累积了法理基础。客观上，这将是一个缓慢的过程。

部颁税法规则有其存在的合理性和法理依据，乃是我国税收法治秩序的重要组成部分，在税法实务中将会长期存在。正确地阅读和解读这一秩序，乃是中国税法学的特定使命。部颁税法规则不仅不应该成为绝对税收法定主义的批判和指责的“靶子”，反而应成为税法学研究的新领域。如何提升部颁税法规则的法学品行和品质，探寻并论证其存在或欠缺的税法法理依据，累积税法学理和共识，并以此逐渐构建税法共同体，任重而道远。

资料来源：本书课题组整理。

8.4 其他配套措施的法律完善

8.4.1 建立并强化税收行政协助制度

税收行政协助制度是指国家机关、企业、社会团体和个人依照法律规定向税务机关履行提供税收信息义务以协助税务行政执法的法律责任制度体系。税收行政协助制度的主要功能就是协税护税，即解决税务机关税务信息不对称问题。

税收行政协助主体和协助方式

行政协助概念分为广义和狭义两种。狭义的行政协助概念，其协助义务主体仅包括行政机关，不包括社会、企业和自然人主体。本报告采广义的税收行政协助概念，协助义务主体既包括公法主体（国家司法机关、国家经济管理机关、事业单位和社会团体等）也包括私法主体（支付所得和发生交易的企业单位、合伙组织、个体工商户、自然人等民事主体）。协助方式包括两种：其一为应要求履行协助义务；其二是主动履行协助义务。

有观点认为，协税护税必待法律修订完善后方能启动，否则即违法。这是一种教条的法治观念。在现行征管体制之下，协税护税已经存在制定法依据，尚有较大制度空间可以开拓，《税收征管法》第五条、第六条和《实施细则》对此均有规定。由此，协税护税既有法律依据，亦有路径可寻。诚然，制定法不可能面面俱到，法律有待完备乃是永恒的命题。

从行政管理学的角度，行政协助是指行政机关之间应当基于行政的整体性、统一性，相互提供协助，共同完成行政管理任务。税收行政协助，其内容是向税务机关提供税收信息，对于行政机关而言有遵照义务而无推辞理由。换言之，协助乃是行政机关的一项内在职责，不以法条规定详尽妥帖为先决条件，那种凡事必修法先行的认识，属不自觉地陷入立法依赖主义。

新中国成立后，我们建立起了高效运转的行政系统，靠贯彻红头文件和行政指令管理，无需借助签订合同等外在形式，即具有高效且强大的动员能力。实际上，正如制度经济学家科斯指出，企业组织存在的核心在于，高效内部行政指令能减少签订外部合约的交易成本。政府组织亦然。目前，诸多税务机关已经探索出许多协税护税的措施，以《山东省地方税收保障条例》为例，协税护税范围已经扩大和延伸到公检法等司法机关。这是一个很好的探索，亟待提炼和推广。

综上所述，建立"综合与分类相结合"的个人所得税，迫切需要协税护税制度向两个层面推进：一是建立税收行政协助法律制度，即在制定法层面有所作为；二是在行政措施的改革、探索和累积方面积极进取，有所创新，有所作为。在各级政府的支持之下，税收行政协助可以不待修法完善即可起而行之，且行之有效。反过来，这些探索实践又为今后完善立法提供行政操作或行政措施方面的经验。

税收行政协助制度的基本内容

目前，我国税收信息的采集和共享机制有待建立并完善，对于分散于企业、社会、国家机关、事业单位或国家经济管理部门的税务信息，税务机关在涉税信息收集方面存在"短板"。目前，在税收信息的获取和税源监控方面，税务机关的征管活动受到多方面的制约，其信息源大致包括四个方面：其一为国家司法机关；其二为国家行政机关，关涉工商、城建、规划、房管、土地、海关、银监、证监、保监、外汇、商务、教育、医疗、体育等管理部门和其他公法主体；其三为公法团体；其四为介入税收法律关系的第三方主体，如与纳税主体发生经济交易的企业、个人等利益相关人。

以下试粗略分析税收行政协助义务主体及其协助内容，以为深入研究之开端及今后修法之参考。

（1）国家司法机关协助。

国家司法机关向税务机关提供税收信息的协助义务。比如，法院、检察院、公安机关对涉及财产转让交易、企业破产、产权转让、清算案件等一切财产纠纷案件，有审查其交易是否完税的义务，在未审查其交易是否完税的前提下，不得结案或者做出法律裁决。在实务上，一项交易没有完税，参与交易的相关主体其权利义务状态未定，其法律地位将处于未决状态。就一宗民事案件而言，在未扣减一项交易的法定税负之前，法院将无法确定相关主体的权利义务状况，因此，司法机关了结相关案件，必须以考察相关交易的缴税情况为前提，否则构成程序和实体的双重违法。

在民事案件特别是各类合同纠纷、财产纠纷、股东清算纠纷中，一项交易已经合法纳税的，或者对纳税事项做出处理约定的，可以做出判决；没有合法纳税的，或者未纳税又没有明确其纳税责任的，应将相关信息通报税务机关处理。目前，司法机关的税法观念缺乏，税收行政协助的理念阙如，笔者曾亲历数起公司股东清算案件，法院的通常处理方式是，无视《税收征管法》规定的清算之前的清税结票程序而迳行判决；企业破产清算案件中，存在将国家税收视为普通民事债权的错误观念，出现既不通知税务机关也不考虑税收优先权的案例，实不鲜见。

（2）国家行政机关协助。

是指国家经济管理部门履行向税务机关通报汇总涉税信息的义务。比如，国土管理、城市规划、房屋管理、工商管理、商务部门、证券登记、知识产权登记、外汇管理等机构应对财产交易（股权、证券、产权、地产、房产、知识产权）或房屋租赁等信息向税务机关履行通报义务。

工商登记管理部门，应对两年不进行工商年检的公司和其股东等信息，向税务机关履行通报义务，以杜绝藉吊销营业执照等手段，不经清税而恶意逃避国家税收的行为。其他国家机关比如海关、金融管理（保险、证券和银行监管机构）、外汇监管、财政、审计等部门负有向税务机关通报涉税信息的法定义务。再如，在外国人非居民或者居民纳税人的税务管理方面，政府机关的派出机构如街道办事处、居委会、公安派出所，也负有向税务机关报告涉税信息的义务。理论上，在现行分类所得税制之下，一切财产转让交易信息均可以通过税收协助制度得到交流和呈现，从而解决税务信息不对称的问题。

（3）公法团体或社会团体协助。

一些行使公权力的公法团体（执政党和参政党机关、共青团、妇联、工会等履行政治职能的政治机关除外）、事业单位、社会团体或行业管理协会（如足协、篮协、乒协、羽协、科协、轻工业协会等），履行向税务机关提供税收信息的协助义务。公法团体在涉税行政协助中有两个角色，有时系交易主体处于税收利益相关人地位，有时或处于行业管理者的地位，拥有众多的涉税交易信息。

（4）第三方协助制度。

指纳税主体之外的私法主体履行通报税收信息的税收行政协助制度，也即第三方协助制度或税收利益相关人协助制度。比如，公司、企业（如银行等）、合伙和税收利益相关人（扣缴义务人、交易关联方和其他交易对象等）履行向税务机关就交易和所得提供涉税信息的协作义务。这一义务在税法和行政法上称之为“协力义务”，税收协力义务是税收行政协助的一部分。比如，对中国或者外资银行及其分支机构而言，其负有如实向我国税务机关报告资金流转信息的义务；对税收利益相关人（公司、企业、合伙、个人、社会团体、事业单位、非营利组织等）而言，皆负有向税务机关报告涉税交易信息的义务。客观上，如果税收信息不断涌向税务机关，税收机关可以将纳税人的自行申报信息与利益相关人申报的涉税信息进行比对，从中发现和监控税收违法行为。

（5）中国特色的保障机制。

目前，应该强化税收行政协助的义务主体主要是国家机关（含司法机关）的观念。在条件成熟的情况下，逐渐将协助主体延伸至公法团体或税收利益相关人。在现行体制之下，还可以考虑发挥纪律检查和行政监察系统的作用，在现行纪律检查和行政监察制度中注入税收信息通报即税收行政协助的新内容，使得税务信息从各主管部门源源不断地向税务机关汇聚，以解决目前税务机关的税源信息困境。由此，可以将税收行政协助的制度建设与《行政监察法》和《税收征管法》的修订相衔接，并与党纪党规相衔接。

8.4.2 厘清并强化扣缴义务人的法律责任

从当前看，个人所得税作为现实中的零散税源，虽在税收总收入中的比重不断上升，但其税源的零散性决定了主要依靠扣缴义务人的征收制度格局将长期存在。在现实层面，个人所得税征收制度大厦的根基就是代扣代缴制度。将来的个人所得税改革也必须依赖这一高效的征管手段，在改革的过渡期，甚至还必须坚持并强化这一制度安排。

随着非居民纳税人的不断增多，以及非居民纳税人（企业或自然人）取得来源于中国境内的所得种类越来越多，研究和强化扣缴义务人的法律责任和激励机制，显得益发重要。但是，如前所述，非居民自然人在我国取得所得的情形越来越多，其所得形式也千差万别，非居民自然人在中国境内取得所得的个人所得税源泉扣缴问题，急需在征管制度上予以补正和加强，以应对国际交流日益复杂的现实局面。

厘清并强化扣缴义务人的法律责任

在税收执法实务和理论层面，对扣缴义务人已扣未缴和未扣未缴造成未解缴税款的法律责任不应区别对待，因为两者皆造成未解缴税款的后果，对代扣代缴制度形成同等损害。（滕祥志，2005）应对现行《税收征管法》第三十二条和第六十八条规定的模糊之处，进行修订。在法理上，扣缴义务人的扣缴义务和纳税人的缴纳义务应当是并列关系。即两者并重，且互相不能替代。强化扣缴义务人未扣未缴的法律责任，不减轻纳税人的缴纳义务；反之，强化纳税人的缴纳义务，也不减轻扣缴义务人的法律责任，不得以纳税人的缴纳义务否定扣缴义务人的代扣代缴义务。实务中，在某种意义上，必须突出和强化扣缴义务人的“第一责任人”的法律地位，否则，个人所得税的制度大厦势必失去支柱。目前，国家税务总局《个人所得税代扣代缴暂行办法》（国税发［1995］065 号）和《税收征管法》中，关于扣缴义务人的第一责任规定尚不明确。这使得扣缴义务人的法律责任处于弱化状态，既不利于严肃执行现行税法，也不利于个人所得税制度向“综合与分类相结合”税制的顺利转型。

扩大扣缴义务人的范围

根据我国《个人所得税法》的规定，支付所得的单位和个人为扣缴义务人。这一规定使得扣缴义务人范围太窄。在理论上，任何控制、收取、监管和支付所得的单位和个人（含境内居住的外国人），都有向税务机关代扣代缴或者申报涉税信息的义务。其中“所得”是指在法定免税所得之外的在中国境内取得法定的经济性收益，比如股息、利息、租金、特许权使用费、独立或者非独立劳务所得、偶然所得、财产转让、违约金等。

8.4.3 个人所得税修法之“应税所得”的立法表述问题

在税收实体法上，有些项目难以确定是否计入应税所得或者存在操作疑难。由于我国现行《个人所得税法》实行分类所得税制，对明确规定的11类所得实行正列举，对其他所得采用兜底条款的立法方式，赋予财税主管机关的定夺权。按照绝对税收法定主义的观点，未进入列举范围的所得不得征税。但是，有些所得的确系通过市场交易获得，而且当事人凭借这些交易取得收益，且这些收益占用了市场资源，本质上是对政府提供的公共产品的消费。从法理上看，这种消费应当分摊相应的成本，而当事人取得收益应分摊的公共成本就是纳税。近年来，出现一些借助新型交易工具取得的所得，比如利用“网络买卖虚拟货币所得”，国家税务总局专门发文《关于个人通过网络买卖虚拟货币取得收入征收个人所得税问题的批复》（国税函［2008］818号），明确规定，这类收益必须缴纳所得税。

当然，围绕国税函［2008］818号文的争议体现了两种税法理念的对立，一种是税法的绝对税收法定主义和形式课税原则，一种是实质课税原则基础之上的实质课税。其背后是形式主义法治观和实质主义法治观在税法领域的反映。撇开税法理念不谈，由此凸显现行《个人所得税法》之应税所得的立法界定问题，即在《个人所得税法》新修订之时，采用何种立法表述的问题。我们认为，可以比照美国《国内收入法典》的表述方法，将我国的“应税所得”表述为总所得和不征税或减免征税所得两个层面，凡有所得，若不属于法定不征税或者减免税范围的，应该计入“应税所得”。即总所得减除不征税或减免征税所得等于“应税所得”。这一修订，将为解决实务操作中的法律疑难问题预留制定法空间。目前，最高人民法院解决行政诉讼受案范围的经验可资参考，《最高人民法院关于执行〈中华人民共和国行政诉讼法〉若干问题的解释》（法释［2000］8号）解决受案范围的智慧是，首先用正列举即遵循《行政诉讼法》的正列举，然后用排除法明确不予受理案件的范围，这样，就为受案范围开拓了新的空间。

主要参考文献

高培勇：“个税自行申报：特征、意义、难题与出路”，《中国财经报》，2007年4月3日。

张斌：“个人所得税改革的目标定位与征管约束”，《税务研究》，2010年第9期。

岳树民、刘泉：“个人所得税自行纳税申报制度实施中存在的难点及改进建议”，《第一财经日报》，2007年1月17日。

滕祥志：“试论扣缴义务人未扣缴税款的法律责任——以个人所得税为例”，载于《财税法论丛》，2004年第5期，法律出版社2004年版。

何海波：《实质法治——寻求行政判决的合法性》，法律出版社2009年版。

杨楠：“税收优先权法理基础探讨”，《南京广播电视大学学报》，2009年第3期。

赵水林：“质疑税收优先权”，《涉外税务》，2001年第7期。

蔺翠牌：“税法理论热点问题探寻”，《法学杂志》，2005年第1期。

梁若莲、李坤：“美国非居民个人取得境外收入所得税管理的经验及借鉴”，《涉外税务》，2011年第1期。

刘云、岳守群、郑云鹤：“OECD成员国个人所得税管理经验简介”，《涉外税务》，2011年第1期。

邢会强：“论税收动态法定原则”，《税务研究》，2008年第8期。

侯作前：“从税收法定到税收公平：税法原则的演变”，《社会科学》，2008年第9期。

9

结　束　语

Conclusion

9. 结 束 语

从"九五"计划到"十二五"规划，作为国家层面确立的改革目标，历经15个年头，个人所得税的综合制改革一再被明确提出而始终未能有效推进。究其原因，在我们看来，税收征管环境和条件的制约是推进改革的主要障碍。

从深层次看，1994年税制改革以来确立的以间接税为主体的税制结构，实现了税收收入的持续稳定增长；同时也确立了税务机关以间接税为主体，并且以企事业单位为主要征管对象的"间接化"的税收征管机制。而个人所得税的综合制改革，则要求税收机关建立适应"以直接面对自然人纳税人为主"的税收征管机制，这种机制转变势必受到税制结构的调整、税务机关与其他政府部门和单位的信息交换、税收征管环境的改善（如对现金交易的控制）等诸多因素的影响，需要投入巨大的模式转换成本。对税务机关而言，在完成税收任务的压力下，对目前收入占税收收入不足7%的个人所得税，应配置多少征管资源，投入多大的征管成本，这是困扰个人所得税改革的基本问题。

然而，随着中国经济发展进入新的历史时期，以间接税为主体的税制结构造成的税制总体的累退性和对消费的抑制等问题日益严重。在调节收入分配和扩大内需成为转变经济发展方式、构建和谐社会面临的重大全局性问题的时候，调整税制结构，提高包括个人所得税在内的直接税的比重，充分发挥税收在收入分配和扩大内需方面的作用显得尤为迫切，刻不容缓。

在这一背景下，如何加快推进"综合与分类相结合"的个人所得税改革就成为我们必须面对、无法回避的重大课题。在现行税收征管环境和条件约束下，能否设计出短期有可能推出、具有可行性的个人所得税综合制改革方案，至关重要。

为此，我们以中国现阶段税收征管的约束和未来发展为前提，以经济全球化背景下国际税收竞争和主要市场经济国家个人所得税的改革趋势为参考，立足中国具体国情，设计了中国个人所得税综合制改革的渐进式方案。

这一方案的核心，是保持现行分类所得税制要素的基本稳定。以现行年所得12万元以上纳税人自行申报制度为基础，对这部分纳税人的部分所得项目适用综合税率实施综合计征，通过控制初始阶段适用综合计征纳税人的数量以及分类计征与综合计征阶段税率和费用扣除标准的设计，争取以相对较小的征管成本引入综合制因素，尽快建立初始的“综合与分类相结合”的个人所得税制度；同时，随着个人所得税征管机制的不断完善，初始改革方案应保持良好的可拓展性，能够为未来“综合与分类相结合”税制的持续健全发展奠定基本的制度框架。

在方案设计时，我们面临的困难主要表现为两对矛盾：一是公平与效率的矛盾。从世界个人所得税发展的趋势来看，在全球经济一体化和国际税收竞争的压力下，为提高经济效率和吸引资本流入，往往要对易于流动的资本分类课征较低的比例税率，对流动性较差的劳动所得实施综合课征，适用较高的累进税率。而从社会公平的角度来看，对资本所得课征较重的税负则更有利于收入分配的调节并与社会公众的公平观念相一致。

二是征管成本与改革效果之间的矛盾。如果税务机关对具有较好代扣代缴基础、信息可获得性较强的所得项目进行综合计征，将信息可获得性较差的所得项目，如财产租赁所得列为分类计征范围，推进综合制改革的征管成本就相对较低。但这样一来，在分类所得税制下信息可获得性较差，难以征管的所得项目在综合制改革后也难有明显改善，综合制改革的效果难以充分发挥。而如果希望通过综合制改革，将原来分类所得税制下难以征管的所得项目纳入综合计征范围来切实加强征管，改革的效果将更显著，但同时相应的征管成本可能就会大幅增加。

除此之外，如果年所得 12 万元以下纳税人在分类计征阶段的税负高于综合计征阶段的税负，是否允许这部分纳税人有权选择自行申报？能否在分类计征环节引入部分差别化费用扣除项目，使改革方案在有效调节高收入者收入的同时，能够有针对性地降低中低收入纳税人的负担等等问题，也需要在征管成本与改革效果之间进行微妙的权衡。

应当说，我们目前拿出的方案，尽管努力考虑了各种税制要素及其关联，根据现阶段中国国情，在上述两对矛盾的权衡中提出了我们的倾向性建议，但是，个人所得税综合制改革毕竟是一个复杂的系统工程，我们的方案还只是一个初步的思考和尝试，许多方面还需要更为细致的分析、测算和论证。

我们的期望是，社会各界携起手来，共同为推进“综合与分类相结合”的个人所得税改革而努力！

中国个人所得税改革大事记（1949.10～2011.5）

1949 年

10 月 1 日　中华人民共和国成立。在成立中央人民政府的同时，成立了中央人民政府财政部。财政部受政务院的领导及中央人民政府政务院财政经济委员会（简称中财委）的指导，主管全国财政事宜。

11 月 24 日　财政部召开第一次全国税务会议。会议拟定《全国税政实施要则》，作为整理与统一全国税政的基本准则。

11 月 28 日　政务院复函财政部，同意建立全国税务总局。

12 月 9 日　首届全国税务工作会议召开。主要目的就是统一全国税制，当时大体确定了 14 种税。

1950 年

1 月 1 日　中央人民政府财政部税务总局正式成立。

1 月 27 日　政务院第十二次及第十七次政务会议审查通过《全国税政实施要则》、《工商业税暂行条例》、《货物税暂行条例》和《全国各级税务机关暂行组织规程》。

1 月 30 日　政务院通令发布《关于统一全国税政的决定》，并附发上述《全国税政实施要则》、条例和规程等文件，决定开征 14 种税。当时列举有对个人所得课税的税种，定名为“薪给报酬所得税”。但由于我国生产力和人均收入水平低，实行低工资制，虽然设立了这一税种，却一直没有开征。

12 月 15 日　政务院第六十三次政务会议通过并颁布《利息所得税暂行条例》等文件。

1959 年

1 月 6 日　国务院批转财政部报送的《关于拟从 1959 年起停止征收存款利息所得税的报告》。

1980 年

9 月 10 日　第五届全国人民代表大会第三次会议通过《中华人民共和国个人所得税法》，即日公布施行，同时确定了 800 元的个人所得税工薪费用减除标准。至此，我国宣布开始征收个人所得税，个人所得税制度建立。

10月9日　为适当减轻合作商店和个体经济的所得税负担，经国务院批准，财政部发出《关于改进合作商店和个体经济交纳工商所得税问题的通知》。

12月14日　经国务院批准，财政部发布《中华人民共和国个人所得税法实施细则》。

1983年

9月6日　中国政府与日本政府签订《关于避免对所得双重征税和防止偷漏税的协定》。这个协定是中国政府对外签订的第一个关于避免对所得双重征税和防止偷漏税的协定。

1984年

4月30日　中国和美国两国政府《对所得避免双重征税和防止偷漏税协定》在北京签字。

5月30日　中国政府和法国政府就《关于对所得避免双重征税和防止偷漏税协定》在巴黎签字。

6月28日　国务院颁发《国营企业奖金税暂行规定》。

7月26日　中国政府和英国政府就《关于对所得和财产收益相互避免双重征税和防止偷漏税的协定》在北京签订。

9月18日　国务院颁布产品税、增值税、盐税、营业税、资源税、所得税条例和《国营企业调节税征税办法》。

1985年

7月3日　国务院修订发布《国营企业奖金税暂行规定》，自当年起施行。

8月24日　国务院发布《集体企业奖金税暂行规定》，自当年起施行。

9月20日　国务院发布《事业单位奖金税暂行规定》，自当年起施行。

1986年

1月7日　国务院发布《中华人民共和国城乡个体工商业户所得税暂行条例》，自当年起施行。

4月18日　中国和新加坡两国政府在新加坡签订《关于对所得避免双重征税和防止偷漏税的协定》。

4月18日　财政部发布《关于城乡个体工商户所得税的若干政策规定》。

4月21日　国务院发布《中华人民共和国税收征收管理暂行条例》，自7月1日起施行。

5月12日　中国和加拿大两国政府在北京签订《关于对所得避免双重征税和防止偷漏税的协定》。同日，中国和芬兰两国政府在赫尔辛基签订《关于对所得避免双重征税和防止偷漏税的协定》。

9月16日　中国和新西兰两国政府在惠灵顿签订《关于对所得避免双重征税和防止偷漏税的协定》。

9月25日　针对我国国内个人收入发生很大变化的情况，国务院发布了《中华人民共和国个人收入调节税暂行条例》，规定对本国公民的个人收入统一征收个人收入调节税，自1987年1月1日起施行。

12月10日　财政部发布《中华人民共和国个人收入调节税暂行条例施行细则》。

1987年

8月8日　国务院发布《关于对来华工作的外籍人员的工资、薪金所得减征个人所得税的暂行规定》。

1988年

6月25日　国务院发布《中华人民共和国私营企业所得税暂行条例》和《关于征收私营企业投资者个人收入调节税的规定》。

12月5日　国务院决定，在全国实行个人收入调节税应税收入申报制度，并从12月5日起首先在北京市海淀区进行试点。

1990年

2月21日　国家税务总局发出《关于个

人收入调节税有关政策问题的通知》，对《中华人民共和国个人收入调节税暂行条例》中“劳务报酬收入”和“投稿、翻译收入”的范围问题给予了进一步的明确。

1991 年

2月23日　国家税务局发出《关于私营企业若干税收政策规定的通知》，对《中华人民共和国私营企业所得税暂行条例》和《国务院关于征收私营企业投资者个人收入调节税的规定》发布施行后需明确的问题作了规定。

1993 年

10月31日　八届全国人大常委会四次会议通过了《关于修改〈中华人民共和国个人所得税法〉的决定》的修正案，规定不分内、外，所有中国居民和有来源于中国所得的非居民，均应依法缴纳个人所得税。同日发布了新修改的《中华人民共和国个人所得税法》。此次修正，是为了深化税制改革，简化税制，公平税负，而决定对《中华人民共和国个人所得税法》作出修改的。

1994 年

1月23日　国务院发出通知，决定自1994年1月1日起，取消奖金税、工资调节税等。

1月28日　国务院发布《中华人民共和国个人所得税法实施条例》。条例共四十七条，对个人所得税的征收对象、征收范围、征收办法等做出规定。

6月24日　国务院办公厅转发财政部、国家税务总局《关于加强个人所得税征收管理意见》。

1996 年

8月2日　《中华人民共和国税法（中央卷）》正式出版发行，国家税务总局在人民大会堂举行首发式。

1997 年

3月26日　国家税务总局发布《个体工商户个人所得税计税办法（试行）》。该办法就个体工商户的收入、成本、费用、损失的计算，税前扣除项目与标准，资产处理，亏损弥补等问题作了较为全面、详细的规定。

1998 年

2月19日　财政部、国家税务总局联合发出《关于事业单位工资所得税前扣除问题的通知》。

1999 年

8月30日　九届全国人大常委会第十一次会议通过了《关于修改〈中华人民共和国个人所得税法〉的决定》，将《个人所得税法》第四条第二款“储蓄存款利息”免征个人所得税项目删去，由此开征个人储蓄存款利息所得税。这是《个人所得税法》自1980年颁布以来的第二次修正。

9月30日　国务院发布《对储蓄存款利息所得征收个人所得税的实施办法》。

2002 年

1月1日　我国所得税收入分配方式实施重大改革。此后，除少数特殊行业或企业外，其他企业所得税和个人所得税收入实行中央与地方按比例分享。

2003 年

4月23日　财政部公布了中央财政20亿元非典型肺炎防治基金的用途。25日，财政部、国家税务总局发出《关于非典型肺炎疫情发生期间个人取得的特殊临时性工作补助等所得免征个人所得税问题的通知》。

10月22日　商务部提出取消征收利息税、提高个人收入所得税费用扣除标准等多项建议。

10月22日　财政部公布了一份名为《我

国居民收入分配状况及财税调节政策》的报告，建议改革现行的个人所得税制度，适度提高个人所得税费用扣除额，同时对中等收入阶层采取低税率政策。

2005 年

7 月 26 日　国务院召开常务会议，讨论并原则通过了《中华人民共和国个人所得税法修正案（草案）》。

8 月 23 日　十届全国人大常委会第十七次会议审议《个人所得税法修正案（草案）》。

10 月 27 日　十届全国人大常委会第十八次会议再次审议《个人所得税法修正案（草案）》，会议表决通过全国人大常委会《关于修改〈中华人民共和国个人所得税法〉的决定》，把个人所得税工薪费用减除标准从 800 元调整到 1 600 元。决定将于 2006 年 1 月 1 日起施行。这是我国《个人所得税法》颁布以来，对其进行的第三次修正。

2007 年

6 月 29 日　十届全国人大常委会第二十八次会议通过了《关于修改〈中华人民共和国个人所得税法〉的决定》，对《个人所得税法》进行了第四次修正。

12 月 29 日　十届全国人大常委会第三十一次会议表决通过了《关于修改〈中华人民共和国个人所得税法〉的决定》。个人所得税工薪费用减除标准自 2008 年 3 月 1 日起由 1 600 元提高到 2 000 元。这是对《个人所得税法》的第五次修正。

2008 年

3 月 1 日　新修订的《中华人民共和国个人所得税法》和《中华人民共和国所得税法实施条例》实施，将工资、薪金所得减除费用标准由 1 600 元/月提高到 2 000 元/月。

2009 年

8 月 17 日　国家税务总局颁布《关于明确个人所得税若干政策执行问题的通知》，取消“双薪制”计税办法。

2011 年

3 月 1 日　国务院常务会议讨论并通过《个人所得税法修正案（草案）》。会议认为，为加强税收对收入分配的调节作用，进一步减轻中低收入者的税收负担，有必要对《个人所得税法》进行修改，提高工资、薪金所得减除费用标准，调整工资、薪金所得税率级次级距，并相应调整个体工商户生产、经营所得和承包（承租）经营所得税率级距。

4 月 20 日　十一届全国人大常委会第二十次会议召开。会议未对草案进行表决，将汇总相关意见修改草案后，进入二审阶段。

4 月 25 日　《个人所得税法修正案（草案）》全文公布，向社会征集意见。

5 月 31 日　《个人所得税法修正案（草案）》向社会征集意见结束。

部分财政经济发展指标

部分财政经济发展指标引言

部分财政经济发展指标为一套涵盖中国宏观经济、财政与税收核心标准的指标体系。虽然隶属于中国财政政策报告（2011/2012）的附录部分，但自成一体。统计主表共包含16张表格，分为宏观经济态势和财政、税收主要指标两部分，提供了中国大陆地区可获得的最近年份或时期以及以往年份或时期的社会经济数据，并在附表部分附上了2011年最新的统计数据。

该指标体系提供的大多数数据和指标来源于《中国统计年鉴》、《中国财政年鉴》以及相关的官方和非官方网站，采取了点面结合、纵横比较的统计方式：一方面，遴选的指标力求全面、广泛，能够展现中国宏观经济运行态势的不同方面和各个层次；另一方面，聚焦于中国的财政、税收状况，着重关注历年来财政、税收方面的指标与变化动态。在横向的比较中把握中国宏观经济与财政、税收的互动关系；在纵向的考察中洞察中国未来经济以及宏观财政政策的发展动向。

“个人所得税：迈出走向‘综合与分类相结合’的脚步”是本书今年的主题。以此立意主要是基于当前我国个人所得税改革在未来中国经济增长、社会均衡发展以及税制改革整体布局进程中所扮演的重要角色以及可能发挥的重大作用。体现为以下两个方面：

其一，将个人所得税改革放置于我国社会经济改革的大背景之下加以理解，其影响深远。1980年个人所得税法颁布以来，个人所得税收入逐步增加，收入调节功能的不断强化。这种功能的转变和定位的调整正是市场经济改革纵深推进过程中，日益暴露的市场失灵问题对于政府收入调节功能的客观要求使然。个人所得税改革的进一步深入不仅仅意味着个人所得税这一单一税种收入的增减，更为重要的是这种调整、增减将伴随我国当前社会不同阶层利益的再分配，也必将涉及市场与政府之间、中央政府与地方政府之间利益的再平衡，甚至可能影响到我国经济长期的增长发展与社会的长治久安。

其二，将个人所得税改革放置于中国税制改革的整体布局之中加以考量，目前个人所得税改革的启动极可能拉开中国税制新一轮改革的“大幕”。1994 年税制改革以来形成的税制结构，“收入功能为主，分配功能为辅”，加之税收征收成本、征管难易等因素，形成了以间接税为主、直接税为辅的政府税收收入格局。当前，中国社会经济面临的收入分配以及内需刺激等突出问题，让现有的税制模式以及税制体系的主体功能定位同当前宏观调控目标以及调控方向存在着明显偏差。税制调整势在必行，改革一触即发。个人所得税兼具调节收入差距、扩大消费需求的双重功能。以此为突破，对于整体税制形成直接税与间接税均衡布局，缓解乃至扭转整体税制的累退性而言，势必具有了“牵一发而动全身”的意义。个人所得税改革极有可能成为未来进一步优化税制结构，推进我国新一轮税制改革的突破口。

由此，《国民经济和社会发展第十二个五年规划纲要》中将个人所得税的改革明确为“逐步建立健全综合与分类相结合的个人所得税制度，完善个人所得税征管机制”。如今，改革的方向已确立，思路渐明晰，摆在我们面前的现实问题就是拿出具体的个人所得税改革方案：提出何种思路，选择何种路径，谋划何种步骤，才能使个人所得税改革在稳步推进中不断规范？如何在逐步实现“公平”的同时，兼具“效率”功能？如何在改革单一税种的同时，启动中国新一轮税制的整体调整，从而建立起适应新时期、新形势的中国财税体制。以上诸多的问题都需要我们在未来的改革当中一一解决和回答，这些也正是本书所承载的使命和所需研究的内容。在本章节，主要通过以下两个部分加以体现：1. 宏观经济态势；2. 财政、税收主要指标，并在具体的指标体系中加以分解和细化。

鉴于财政报告数据的延续性，今年本书财经数据部分依然以 1993 年以来中国财经数据为主导，反映自 1993 年以来中国经济与财政的变迁与发展。

关于部分财政经济发展指标的介绍

宏观经济态势由四个部分，8 张表格组成：

表 1 至表 2 反映经济增长，考察了 1993 年以来，中国宏观经济运行的总体状况：国内生产总值增长多少？各个行业的发展情况怎样？各行业对国内生产总值的贡献程度如何？

表 3 至表 4 反映价格走势，显示了 1993 年以来，反映生产价格的工业品出厂价格指数，原材料、燃料、动力购进价格指数，固定资产投资价格指数；反映消费价格的居民消费价格指数、商品零售价格指数。

表 5 至表 6 反映国内需求，通过居民消费以及固定资产投资两张表格提供了近年来，中国国内在消费和生产两方面的需求信息。

表 7 至表 8 反映对外部门，用进出口贸易额、贸易差额以及偿债率、负债率和债务率反映中国经济融入世界经济的程度以及面临外债风险的大小。在当今世界一体化的背景下，考察一国宏观经济形势时，选取上述指标符合经济开放性潮流。

财政、税收主要指标由四部分，8 张表格组成：

表 9 至表 10 反映国家财政总收支，提供了 1993 年后，特别是近些年来国家财政总量情况：国家财政总收入、总支出是多少？变化是多少？在国民收入的分配和支出中，政府收支所占的比重是多少？

表 11 至表 12 反映国家财政、税收分项收入，选择了税收收入占财政收入比重以及税收总量分项目情况指标，展现政府主要收入来源——税收对于国家财政收入以及个人所得税收入对国家税收收入的贡献程度。

表 13 至表 14 反映国家财政支出，财政支出是政府宏观结构调控的重要手段，是政府实现其职能的重要工具。选取政府支出的核心指标，通过政府履行各类职能的支出比重体现政府支出调整的思路以及未来改革的动向。

表15至表16反映中央、地方财政收入和支出，通过对中央、地方收支的对比关系，反映1993年以来，中央、地方对社会资源调控配置程度，也在一定程度上反映了中国分权集权的程度。

数据来源以及计算方法

本指标体系提供的社会经济数据主要有以下几种来源：《中国统计年鉴》、《中国财政年鉴》，中华人民共和国财政部、国家税务总局、国家统计局网站，中经网等多渠道的资料来源系统。尽管目前，大多数统计资料在统计口径、定义和分类上都采用了全世界或全国通用的标准，但是在具体的涵盖范围、倾向性以及基本数据收集汇编能力上和资源方面，特别是，源于统计口径的改变以及同国际逐步接轨的过程造成的统计方法的调整等等，仍存在不可避免的差异。因此，虽然我们在数据标准化方面作了大量的工作，在进行数据的审查的时候，更是力求数据的准确和统一，但也不能保证数据具有绝对的可比性。在理解上述指标时，请读者多加注意。

技术注释

对进行数据的查阅时，请同时参考相关的技术注释。技术注释对编制表格时使用的方法、概念、定义等均做出了概要性的说明，便于读者更为清晰和深刻地理解表格所反映的数据。详见后技术注释。

基本数据文献

作为社会经济数据的主要使用者之一，为了能为经济分析以及政策预测提供及时和充分的信息，我们一直对宏观数据的汇编工作特别重视。经过一段时间的收集，我们整理了部分财政经济发展指标，包含了1993年以来，涵盖中国宏观经济、财政税收基本状况的数据。

主　　表

宏观经济态势

经济增长

表 1　　国内生产总值　　单位：亿元、%

1993～2010 年国内生产总值及其增长率

年份	绝对数形式		指数形式	
	总额	增长率	总额	增长率
1993	35 333.9	—	400.43	—
1994	48 197.9	36.4	452.81	13.1
1995	60 793.7	26.1	502.28	10.9
1996	71 176.6	17.1	552.55	10.0
1997	78 973.0	11.0	603.92	9.3
1998	84 402.3	6.9	651.23	7.8
1999	89 677.1	6.2	700.85	7.6
2000	99 214.6	10.6	759.95	8.4
2001	109 655.2	10.5	823.02	8.3
2002	120 332.7	9.7	897.77	9.1
2003	135 822.8	12.9	987.78	10.0
2004	159 878.3	17.7	1 087.39	10.1
2005	184 937.4	15.7	1 210.38	11.3
2006	216 314.4	17.0	1 363.81	12.7
2007	265 810.3	22.9	1 556.96	14.2
2008	314 045.4	18.1	1 706.97	9.6
2009	340 506.9	8.4	1 862.53	9.1
2010	397 983.0	16.9	—	—

注：本表绝对数总值以当年价格计算；指数总值按 1978 年为基年的不变价格计算。

资料来源：1993～2009 年数据来源于《中国统计年鉴 2010》，中华人民共和国国家统计局编，中国统计出版社 2010 年版；2010 年国内生产总值数据来源于《中华人民共和国 2010 年国民经济和社会发展统计公报》。

表 2 **国内生产总值行业分布** 单位：亿元、%

1993～2010 年国内生产总值行业分布及其增长率

年份	国内生产总值	第一产业			第二产业			第三产业		
		总额	比重	增长率	总额	比重	增长率	总额	比重	增长率
1993	35 333.9	6 963.8	19.7	—	16 454.4	46.6	—	11 915.7	33.7	—
1994	48 197.9	9 572.7	19.9	37.5	22 445.4	46.6	36.4	16 179.8	33.6	35.8
1995	60 793.7	12 135.8	20.0	26.8	28 679.5	47.2	27.8	19 978.5	32.9	23.5
1996	71 176.6	14 015.4	19.7	15.5	33 835.0	47.5	18.0	23 326.2	32.8	16.8
1997	78 973.0	14 441.9	18.3	3.0	37 543.0	47.5	11.0	26 988.1	34.2	15.7
1998	84 402.3	14 817.6	17.6	2.6	39 004.2	46.2	3.9	30 580.5	36.2	13.3
1999	89 677.1	14 770.0	16.5	-0.3	41 033.6	45.8	5.2	33 873.4	37.8	10.8
2000	99 214.6	14 944.7	15.1	1.2	45 555.9	45.9	11.0	38 714.0	39.0	14.3
2001	109 655.2	15 781.3	14.4	5.6	49 512.3	45.2	8.7	44 361.6	40.5	14.6
2002	120 332.7	16 537.0	13.7	4.8	53 896.8	44.8	8.9	49 898.9	41.5	12.5
2003	135 822.8	17 381.7	12.8	5.1	62 436.3	46.0	15.8	56 004.7	41.2	12.2
2004	159 878.3	21 412.7	13.4	23.2	73 904.3	46.2	18.4	64 561.3	40.4	15.3
2005	184 937.4	22 420.0	12.1	4.7	87 598.1	47.4	18.5	74 919.3	40.5	16.0
2006	216 314.4	24 040.0	11.1	7.2	103 719.5	47.9	18.4	88 554.9	40.9	18.2
2007	265 810.3	28 627.0	10.8	19.1	125 831.4	47.3	21.3	111 351.9	41.9	25.7
2008	314 045.4	33 702.0	10.7	17.7	149 003.4	47.4	18.4	131 340.0	41.8	18.0
2009	340 506.9	35 226.0	10.3	4.5	157 638.8	46.3	5.8	147 642.1	43.4	12.4
2010	397 983.0	40 497.0	10.2	15.0	186 481.0	46.9	18.3	171 005.0	43.0	15.8

注：本表绝对值按当年价格计算。

资料来源：1993～2009 年数据来源于《中国统计年鉴 2010》，中华人民共和国国家统计局编，中国统计出版社 2010 年版；2010 年数据来源于《中华人民共和国 2010 年国民经济和社会发展统计公报》。

价格走势

表 3　　消费价格

1993～2010 年消费价格趋势（上年 = 100）

年份	居民消费价格指数 总指数	居民消费价格指数 城市	居民消费价格指数 农村	商品零售价格指数 总指数	商品零售价格指数 城市	商品零售价格指数 农村
1993	114.7	116.1	113.7	113.2	114.2	112.6
1994	124.1	125.0	123.4	121.7	120.9	122.9
1995	117.1	116.8	117.5	114.8	113.5	116.4
1996	108.3	108.8	107.9	106.1	105.8	106.4
1997	102.8	103.1	102.5	100.8	100.8	100.7
1998	99.2	99.4	99.0	97.4	97.4	97.6
1999	98.6	98.7	98.5	97.0	97.0	97.1
2000	100.4	100.8	99.9	98.5	98.5	98.5
2001	100.7	100.7	100.8	99.2	98.9	99.6
2002	99.2	99.0	99.6	98.7	98.5	99.1
2003	101.2	100.9	101.6	99.9	99.6	100.5
2004	103.9	103.3	104.8	102.8	102.1	104.2
2005	101.8	101.6	102.2	100.8	100.5	101.4
2006	101.5	101.5	101.5	101.0	100.9	101.4
2007	104.8	104.5	105.4	103.8	103.3	104.9
2008	105.9	105.6	106.5	105.9	105.5	106.7
2009	99.3	99.1	99.7	98.8	98.7	99.0
2010	103.3	103.2	103.6	—	—	—

资料来源：1993～2009 年数据来源于《中国统计年鉴 2010》，中华人民共和国国家统计局编，中国统计出版社 2010 年版；2010 年数据来源于《中华人民共和国 2010 年国民经济和社会发展统计公报》。

表 4　　生产价格

1993～2010 年生产价格趋势（上年 = 100）

年份	工业品出厂价格指数	原材料、燃料、动力购进价格指数	固定资产投资价格指数
1993	124.0	135.1	126.6
1994	119.5	118.2	110.4
1995	114.9	115.3	105.9
1996	102.9	103.9	104.0
1997	99.7	101.3	101.7
1998	95.9	95.8	99.8
1999	97.6	96.7	99.6
2000	102.8	105.1	101.1
2001	98.7	99.8	100.4
2002	97.8	97.7	100.2
2003	102.3	104.8	102.2
2004	106.1	111.4	105.6
2005	104.9	108.3	101.6
2006	103.0	106.0	101.5
2007	103.1	104.4	103.9
2008	106.9	110.5	108.9
2009	94.6	92.1	97.6
2010	105.5	109.6	103.6

资料来源：1993～2009 年数据来源于《中国统计年鉴 2010》，中华人民共和国国家统计局编，中国统计出版社 2010 年版；2010 年数据来源于《中华人民共和国 2010 年国民经济和社会发展统计公报》。

国内需求

表 5 **居民消费** 单位：亿元、%

1993～2009 年居民消费及其增长率

年份	全体居民		农村居民		城镇居民	
	总　额	增长率	总　额	增长率	总　额	增长率
1993	1 393.0	—	805.0	—	2 924.0	—
1994	1 833.0	31.6	1 038.0	28.9	3 852.0	31.7
1995	2 355.0	28.5	1 313.0	26.5	4 931.0	28.0
1996	2 789.0	18.4	1 626.0	23.8	5 532.0	12.2
1997	3 002.0	7.6	1 722.0	5.9	5 823.0	5.3
1998	3 159.0	5.2	1 730.0	0.5	6 109.0	4.9
1999	3 346.0	5.9	1 766.0	2.1	6 405.0	4.8
2000	3 632.0	8.5	1 860.0	5.3	6 850.0	6.9
2001	3 887.0	7.0	1 969.0	5.9	7 161.0	4.5
2002	4 144.0	6.6	2 062.0	4.7	7 486.0	4.5
2003	4 475.0	8.0	2 103.0	2.0	8 060.0	7.7
2004	5 032.0	12.4	2 319.0	10.3	8 912.0	10.6
2005	5 573.0	10.8	2 579.0	11.2	9 644.0	8.2
2006	6 263.0	12.4	2 868.0	11.2	10 682.0	10.8
2007	7 255.0	15.8	3 293.0	14.8	12 211.0	14.3
2008	8 349.0	15.1	3 795.0	15.2	14 006.0	14.7
2009	9 098.0	9.0	4 021.0	6.0	15 025.0	7.3

注：1. 总额按当年价格计算；居民消费水平指按常住人口平均计算的居民消费支出。

2. 城乡消费水平对比，没有剔除城乡价格不可比的因素。

资料来源：中华人民共和国国家统计局：《中国统计年鉴 2010》，中国统计出版社 2010 年版。

表 6 **固定资产投资** 单位：亿元、%

1993～2010 年全社会固定资产投资

年份	固定资产投资总额		按资金来源划分：国家预算内资金			国内贷款			利用外资			自筹、其他渠道			按构成划分：建筑安装工程			设备、工具、器具购置			其他费用		
	总额	增长率	总额	增长率	比重	总额	增长率	比重	总额	增长率	比重	总额	增长率	比重	总额	增长率	比重	总额	增长率	比重	总额	增长率	比重
1993	13 072.3	—	483.7	—	3.7	3 072.0	—	23.5	954.3	—	7.3	8 562.4	—	65.5	8 201.2	—	62.7	3 315.9	—	25.4	1 555.2	—	11.9
1994	17 042.1	30.4	529.6	9.5	3.1	3 997.6	30.1	23.5	1 769.0	85.4	10.4	11 531.0	34.7	67.7	10 786.5	31.5	63.3	4 328.3	30.5	25.4	1 928.1	24.0	11.3
1995	20 019.3	17.5	621.1	17.3	3.1	4 198.7	5.0	21.0	2 295.9	29.8	11.5	13 409.2	16.3	67.0	13 173.3	22.1	65.8	4 262.5	-1.5	21.3	2 583.5	34.0	12.9
1996	22 974	14.8	625.9	0.8	2.7	4 573.7	8.9	19.9	2 746.6	19.6	12.0	15 412.4	14.9	67.1	15 109.3	14.7	65.8	4 926.0	15.6	21.4	2 878.3	11.4	12.5
1997	24 941.1	8.6	696.7	11.3	2.8	4 782.6	4.6	19.2	2 683.9	-2.3	10.8	17 096.5	10.9	68.5	15 614.0	3.3	62.6	6 044.8	22.7	24.2	3 282.3	14.0	13.2
1998	28 406.2	13.9	1 197.4	71.9	4.2	5 542.9	15.9	19.5	2 617.0	-2.5	9.2	19 359.6	13.2	68.2	17 874.5	14.5	62.9	6 528.5	8.0	23.0	4 003.1	22.0	14.1
1999	29 854.7	5.1	1 852.1	54.7	6.2	5 725.9	3.3	19.2	2 006.8	-23.3	6.7	20 169.7	4.2	67.6	18 795.9	5.2	63.0	7 053.0	8.0	23.6	4 005.7	0.1	13.4
2000	32 917.7	10.3	2 109.5	13.9	6.4	6 727.3	17.5	20.4	1 696.3	-15.5	5.2	22 577.4	11.9	68.6	20 536.3	9.3	62.4	7 785.6	10.4	23.7	4 595.9	14.7	14.0
2001	37 213.5	13.1	2 546.4	20.7	6.8	7 239.8	7.6	19.5	1 730.7	2.0	4.7	26 470.0	17.2	71.1	22 954.9	11.8	61.7	8 833.8	13.5	23.7	5 424.8	18.0	14.6
2002	43 499.9	16.9	3 161.0	24.1	7.3	8 859.1	22.4	20.4	2 085.0	20.5	4.8	30 941.9	16.9	71.1	26 578.9	15.8	61.1	9 884.5	11.9	22.7	7 036.6	29.7	16.2
2003	55 566.61	27.7	2 687.8	-15.0	4.8	12 044.4	36.0	21.7	2 599.4	24.7	4.7	41 284.8	33.4	74.3	33 447.2	25.8	60.2	12 681.9	28.3	22.8	9 437.5	34.1	17.0
2004	70 477.4	26.8	3 254.9	21.1	4.6	13 788.0	14.5	19.6	3 285.7	26.4	4.7	54 236.3	31.4	77.0	42 803.6	28.0	60.7	16 527.0	30.3	23.5	11 146.8	18.1	15.8
2005	88 773.6	26.0	4 154.3	27.6	4.7	16 319.0	18.4	18.4	3 978.8	21.1	4.5	70 138.7	29.3	79.0	53 382.6	24.7	60.1	21 422.9	29.6	24.1	13 968.1	25.3	15.7
2006	109 998.2	23.9	4 672.0	12.5	4.2	19 590.5	20.0	17.8	4 334.3	8.9	3.9	90 360.2	28.8	82.1	66 775.8	25.1	60.7	25 563.9	19.3	23.2	17 658.4	26.4	16.1
2007	137 323.9	24.8	5 857.1	25.4	4.3	23 044.2	17.6	16.8	5 132.7	18.4	3.7	116 769.7	29.2	85.0	83 518.3	25.1	60.8	3 1574.8	23.5	23.0	22 230.9	25.9	16.2
2008	172 828.4	25.9	7 954.8	35.8	4.6	26 443.7	14.8	15.3	5 311.9	3.5	3.1	143 204.8	22.6	82.9	104 958.9	25.7	60.7	40 594.1	28.6	23.5	27 275.5	22.7	15.8
2009	224 598.8	30.0	12 685.7	59.5	5.6	39 302.8	48.6	17.5	4 623.7	-13.0	2.1	193 617.4	35.2	86.2	138 758.3	32.2	61.8	50 844.2	25.3	22.6	34 996.2	28.3	15.6
2010	278 140.0	23.8	—	—	—	—	—	—	—	—	—	—	—	—	—	—	—	—	—	—	—	—	—

注：1. 按资金来源分组为财务拨款，各项加总不等于投资总额。

2．增长速度未扣除价格因素。

资料来源：1993～2009 年数据来源于《中国统计年鉴 2010》，中华人民共和国国家统计局编，中国统计出版社 2010 年版；2010 年数据来源于《中华人民共和国 2010 年国民经济和社会发展统计公报》。

对外部门

表 7 进出口贸易 单位：亿元、亿美元、%

1993～2010 年进出口总额及其增长率

年份	人民币					美元				
	出口额		进口额		差额	出口额		进口额		差额
	总额	增长率	总额	增长率		总额	增长率	总额	增长率	
1993	5 284.8	—	5 986.2	—	-701.40	917.4	—	1 039.6	—	-122.2
1994	10 421.8	97.2	9 960.1	66.4	461.70	1 210.1	31.9	1 156.1	11.2	54.0
1995	12 451.8	19.5	11 048.1	10.9	1 403.70	1 487.8	22.9	1 320.8	14.2	167.0
1996	12 576.4	1.0	11 557.4	4.6	1 019.00	1 510.5	1.5	1 388.3	5.1	122.2
1997	15 160.7	20.5	11 806.5	2.2	3 354.20	1 827.9	21.0	1 423.7	2.5	404.2
1998	15 223.6	0.4	11 626.1	-1.5	3 597.50	1 837.1	0.5	1 402.4	-1.5	434.7
1999	16 159.8	6.1	13 736.4	18.2	2 423.40	1 949.3	6.1	1 657.0	18.2	292.3
2000	20 634.4	27.7	18 638.8	35.7	1 995.60	2 492.0	27.8	2 250.9	35.8	241.1
2001	22 024.4	6.7	20 159.2	8.2	1 865.20	2 661.0	6.8	2 435.5	8.2	225.5
2002	26 947.9	22.4	24 430.3	21.2	2 517.60	3 256.0	22.4	2 951.7	21.2	304.3
2003	36 287.9	34.7	34 195.6	40.0	2 092.30	4 382.3	34.6	4 127.6	39.8	254.7
2004	49 103.3	35.3	46 435.8	35.8	2 667.50	5 933.2	35.4	5 612.3	36.0	320.9
2005	62 648.1	27.6	54 273.7	16.9	8 374.40	7 619.5	28.4	6 599.5	17.6	1 020.0
2006	77 594.6	23.9	63 376.9	16.8	14 217.73	9 689.4	27.2	7 914.6	19.9	1 774.7
2007	93 455.6	20.4	73 284.6	15.6	20 171.07	12 177.8	25.7	9 559.5	20.8	2 618.3
2008	100 395	7.4	79 526.5	8.5	20 868.40	14 306.9	17.5	11 325.6	18.5	2 981.3
2009	82 029.7	-18.3	68 618.4	-13.7	13 411.3	12 016.1	-16.0	10 059.2	-11.2	1 956.9
2010	—	—	—	—	—	15 779.0	31.3	13 948.0	38.7	1 831.0

资料来源：1993～2009 年数据来源于《中国统计年鉴 2010》，中华人民共和国国家统计局编，中国统计出版社 2010 年版；2010 年数据来源于《中华人民共和国 2010 年国民经济和社会发展统计公报》。

表 8 外债风险 单位：%

1993～2009 年外债风险指标

年 份	偿债率	负债率	债务率
2009	2.9	8.7	32.2
2008	1.8	8.6	24.7
2007	2.0	11.5	29.0
2006	2.1	12.7	30.4
2005	3.1	13.2	33.6
2004	3.2	13.6	40.2
2003	6.9	13.4	45.2
2002	7.9	13.9	55.5
2001	7.5	15.3	67.9
2000	9.2	13.5	52.1
1999	11.3	15.3	68.7
1998	10.9	15.2	70.4
1997	7.3	14.5	63.2
1996	6.0	14.2	67.7
1995	7.6	15.2	72.4
1994	9.1	17.1	78.0
1993	10.2	13.9	96.5

注：1. 偿债率指偿还外债本息与当年贸易和非贸易外汇收入（国际收支口径）之比。

2. 负债率指外债余额与当年国内生产总值之比。

3. 债务率指外债余额与当年贸易与非贸易外汇收入（国际收支口径）之比。

资料来源：中华人民共和国国家统计局：《中国统计年鉴 2010》，中国统计出版社 2010 年版。

财政、税收主要指标

国家财政、税收收支

表 9　国家财政总收入、总支出　单位：亿元、%

1993～2010 年国家财政总收入、总支出及其增长率

年份	总收入	增长率	总支出	增长率	收支差额
1993	4 349.0	—	4 642.3	—	－293.4
1994	5 218.1	20.0	5 792.6	24.8	－574.5
1995	6 242.2	19.6	6 823.7	17.8	－581.5
1996	7 408.0	18.7	7 937.6	16.3	－529.6
1997	8 651.1	16.8	9 233.6	16.3	－582.4
1998	9 876.0	14.2	10 798.2	16.9	－922.2
1999	11 444.1	15.9	13 187.7	22.1	－1 743.6
2000	13 395.2	17.0	15 886.5	20.5	－2 491.3
2001	16 386.0	22.3	18 902.6	19.0	－2 516.5
2002	18 903.6	15.4	22 053.2	16.7	－3 149.5
2003	21 715.3	14.9	24 650.0	11.8	－2 934.7
2004	26 396.5	21.6	28 486.9	15.6	－2 090.4
2005	31 649.3	19.9	33 930.3	19.1	－2 281.0
2006	38 760.2	22.5	40 422.7	19.1	－1 662.5
2007	51 321.8	32.4	49 781.4	23.2	1 540.4
2008	61 330.4	19.5	62 592.7	25.7	－1 262.3
2009	68 518.3	11.7	76 299.9	21.9	－7 781.6
2010	83 080.3	21.3	89 575.4	17.4	－6 495.1

注：1. 财政收入中不包括国内外债务收入。

2. 2000 年起，财政支出包含国内外债务付息支出。

3. 如果包括解决出口退税历史陈欠 613 亿元，2006 年全国财政收入决算数为 39 373.2 亿元。2006 年收支差额中包括了中央预算调节基金 500 亿元。

资料来源：1993～2009 年数据来源于《中国统计年鉴 2010》，中华人民共和国国家统计局编，中国统计出版社 2010 年版；2010 年数据来源于 2011 年 3 月 5 日在第十一届全国人民代表大会第四次会议上《关于 2010 年中央和地方预算执行情况与 2011 年中央和地方预算草案的报告》。

表 10　国家财政总收入占国内生产总值的比重　单位：亿元、%

1993～2010 年财政总收入占国内生产总值比重

年份	财政总收入	国内生产总值	比重
1993	4 349.0	35 333.9	12.3
1994	5 218.1	48 197.9	10.8
1995	6 242.2	60 793.7	10.3
1996	7 408.0	71 176.6	10.4
1997	8 651.1	78 973.0	11.0
1998	9 876.0	84 402.3	11.7
1999	11 444.1	89 677.1	12.8
2000	13 395.2	99 214.6	13.5
2001	16 386.0	109 655.2	14.9
2002	18 903.6	120 332.7	15.7
2003	21 715.3	135 822.8	16.0
2004	26 396.5	159 878.3	16.5
2005	31 649.3	184 937.4	17.1
2006	38 760.2	216 314.4	17.9
2007	51 321.8	265 810.3	19.3
2008	61 330.4	314 045.4	19.5
2009	68 518.3	340 506.9	20.1
2010	83 080.3	397 983.0	20.9

注：国家财政收入中不包括国内外债务收入。

资料来源：1993～2009 年数据来源于《中国统计年鉴 2010》，中华人民共和国国家统计局编，中国统计出版社 2010 年版；2010 年国内生产总值数据来源于《中华人民共和国 2010 年国民经济和社会发展统计公报》，财政总收入数据来源于 2011 年 3 月 5 日在第十一届全国人民代表大会第四次会议上《关于 2010 年中央和地方预算执行情况与 2011 年中央和地方预算草案的报告》。

国家财政、税收分项收入

表 11　　税收收入占财政收入的比重　　单位：亿元、%

1993 ~ 2010 年税收收入占财政收入的比重

年份	税收收入	财政收入	比重
1993	4 255.3	4 349.0	97.8
1994	5 126.9	5 218.1	98.3
1995	6 038.0	6 242.2	96.7
1996	6 909.8	7 408.0	93.3
1997	8 234.0	8 651.1	95.2
1998	9 262.8	9 876.0	93.8
1999	10 682.6	11 444.1	93.3
2000	12 581.5	13 395.2	93.9
2001	15 301.4	16 386.0	93.4
2002	17 636.5	18 903.6	93.3
2003	20 017.3	21 715.3	92.2
2004	24 165.7	26 396.5	91.5
2005	28 778.5	31 649.3	90.9
2006	34 804.4	38 760.2	89.8
2007	45 622.0	51 321.8	88.9
2008	54 223.8	61 330.4	88.4
2009	59 521.6	68 518.3	86.9
2010	73 202.0	83 080.3	88.1

注：国家财政收入中不包括国内外债务收入。

资料来源：1993 ~ 2009 年数据来源于《中国统计年鉴 2010》，中华人民共和国国家统计局编，中国统计出版社 2010 年版；2010 年数据来源于 2011 年 3 月 5 日在第十一届全国人民代表大会第四次会议上《关于 2010 年中央和地方预算执行情况与 2011 年中央和地方预算草案的报告》。

表 12　　国家税收分项收入　　单位：亿元、%

1993 ~ 2010 年国家税收分项收入

年份	税收收入		增值税			营业税			消费税			关税			企业所得税			个人所得税		
	总额	增长率	总额	增长率	比重	总额	增长率	比重	总额	增长率	比重	总额	增长率	比重	总额	增长率	比重	总额	增长率	比重
1993	4 255.3	—	1 081.5	—	25.4	966.1	—	22.7	—	—	—	256.5	—	6.0	678.6	—	15.9	—	—	—
1994	5 126.9	20.5	2 308.3	113.4	45.0	670.0	-30.6	13.1	487.4	—	9.5	272.7	6.3	5.3	708.5	4.4	13.8	—	—	—
1995	6 038.0	17.8	2 602.3	12.7	43.1	865.6	29.2	14.3	541.5	11.1	9.0	291.8	7.0	4.8	878.4	24.0	14.5	—	—	—
1996	6 909.8	14.4	2 962.8	13.9	42.9	1 052.6	21.6	15.2	620.2	14.5	9.0	301.8	3.4	4.4	968.5	10.2	14.0	—	—	—
1997	8 234.0	19.2	3 283.9	10.8	39.9	1 324.3	25.8	16.1	678.7	9.4	8.2	319.5	5.8	3.9	963.2	-0.5	11.7	—	—	—
1998	9 262.8	12.5	3 628.5	10.5	39.2	1 575.1	18.9	17.0	814.9	20.1	8.8	313.0	-2.0	3.4	925.5	-3.9	10.0	—	—	—
1999	10 682.6	15.3	3 881.9	7.0	36.3	1 668.6	5.9	15.6	820.7	0.7	7.7	562.2	79.6	5.3	811.4	-12.3	7.6	413.7	—	3.9
2000	12 581.5	17.8	4 553.2	17.3	36.2	1 868.8	12.0	14.9	858.3	4.6	6.8	750.5	33.5	6.0	999.6	23.2	7.9	659.6	59.4	5.2
2001	15 301.4	21.6	5 357.1	17.7	35.0	2 064.1	10.5	13.5	930.0	8.4	6.1	840.5	12.0	5.5	2 630.9	163.2	17.2	995.3	50.9	6.5
2002	17 636.5	15.3	6 178.4	15.3	35.0	2 450.3	18.7	13.9	1 046.3	12.5	5.9	704.3	-16.2	4.0	3 082.8	17.2	17.5	1 211.8	21.8	6.9
2003	20 017.3	13.5	7 236.5	17.1	36.2	2 844.5	16.1	14.2	1 182.3	13.0	5.9	923.1	31.1	4.6	2 919.5	-5.3	14.6	1 418.0	17.0	7.1
2004	24 165.7	20.7	9 017.9	24.6	37.3	3 582.0	25.9	14.8	1 501.9	27.0	6.2	1 043.8	13.1	4.3	3 957.3	35.5	16.4	1 737.1	22.5	7.2
2005	28 778.5	19.1	10 792.1	19.7	37.5	4 232.5	18.2	14.7	1 633.8	8.8	5.7	1 066.2	2.1	3.7	5 343.9	35.0	18.6	2 094.9	20.6	7.3
2006	34 804.4	20.9	12 784.8	18.5	36.7	5 128.7	21.2	14.7	1 885.7	15.4	5.4	1 141.8	7.1	3.3	7 039.6	31.7	20.2	2 453.7	17.1	7.0
2007	45 622.0	31.1	15 470.2	21.0	33.9	6 582.2	28.3	14.4	2 206.8	17.0	4.8	1 432.6	25.5	3.1	8 779.3	24.7	19.2	3 185.6	29.8	7.0
2008	54 223.8	18.9	17 996.9	16.3	33.2	7 626.4	15.9	14.1	2 568.3	16.4	4.7	1 770.0	23.6	3.3	11 175.6	27.3	20.6	3 722.3	16.8	6.9
2009	59 521.6	9.8	18 481.2	2.7	31.0	9 014.0	18.2	15.1	4 761.2	85.4	8.0	1 483.8	-16.2	2.5	11 536.8	3.2	19.4	3 949.4	6.1	6.6
2010	73 202.0	23.0	21 092.0	14.1	28.8	11 158.0	23.8	15.2	6 071.5	27.5	8.3	2 027.5	36.6	2.8	12 843.0	11.3	17.5	4 837.0	22.5	6.6

注：1. 企业所得税 2001 年以前只包括国有及集体企业所得税，从 2001 年起，企业所得税还包括除国有企业和集体企业外的其他所有制企业所得税，与以前各年不可比。

2. 增值税不包括进口产品增值税；消费税不包括进口产品消费税。

资料来源：1993 ~ 2009 年数据来源于《中国统计年鉴 2010》，中华人民共和国国家统计局编，中国统计出版社 2010 年版；2010 年数据来源于“《2010 年财政收支情况》”，中华人民共和国财政部网站（http：//www. mof. gov. cn）。

国家财政支出

表 13　国家财政主要支出项目　　单位：亿元、%

2009 年国家财政主要支出项目及比重

项目	总额	比重
总计	76 299.9	—
一般公共服务	9 164.2	12.0
外交	250.9	0.3
#对外援助	133.0	0.2
国防	4 951.1	6.5
公共安全	4 744.1	6.2
#武装警察	866.3	1.1
教育	10 437.5	13.7
科学技术	2 744.5	3.6
文化体育与传媒	1 393.1	1.8
社会保障和就业	7 606.7	10.0
保障性住房支出	726.0	1.0
医疗卫生	3 994.2	5.2
环境保护	1 934.0	2.5
城乡社区事务	5 107.7	6.7
农林水事务	6 720.4	8.8
交通运输	4 647.6	6.1
#车辆购置税支出	1 085.1	1.4
采掘电力信息等事务	2 879.1	3.8
粮油物资储备等事务	2 218.6	2.9
金融事务	911.2	1.2
地震灾后恢复重建支出	1 174.5	1.5
国债付息支出	1 491.3	2.0
其他支出	3 203.3	4.2

注：本表依据 2007 年调整后的预算科目选择指标。

资料来源：中华人民共和国国家统计局：《中国统计年鉴 2010》，中国统计出版社 2010 年版。

表 14　中央财政主要支出项目　　单位：亿元、%

2009 年中央财政主要支出项目及比重

项目	总额	比重
总计	15 255.6	—
一般公共服务	1 084.2	7.1
外交	249.7	1.6
#对外援助	133.0	0.9
国防	4 825.0	31.6
公共安全	845.8	5.5
#武装警察	679.1	4.5
教育	567.6	3.7
科学技术	1 433.8	9.4
文化体育与传媒	154.8	1.0
社会保障和就业	454.4	3.0
保障性住房支出	26.4	0.2
医疗卫生	63.5	0.4
环境保护	37.9	0.2
城乡社区事务	3.9	0.0
农林水事务	318.7	2.1
交通运输	1 069.2	7.0
#车辆购置税支出	648.8	4.3
采掘电力信息等事务	508.2	3.3
粮油物资储备等事务	781.4	5.1
金融事务	778.0	5.1
地震灾后恢复重建支出	130.6	0.9
国债付息支出	1 320.7	8.7
其他支出	601.8	3.9

注：本表依据 2007 年调整后的预算科目选择指标。

资料来源：中华人民共和国国家统计局：《中国统计年鉴 2010》，中国统计出版社 2010 年版。

中央、地方财政收入和支出

表 15　中央、地方财政收入　单位：亿元、%

1993～2010 年中央与地方财政收入及占总收入比重

年份	总收入	中央财政收入	比重	增长率	地方财政收入	比重	增长率
1993	4 349.0	957.5	22.0	—	3 391.4	78.0	—
1994	5 218.1	2 906.5	55.7	203.5	2 311.6	44.3	-31.8
1995	6 242.2	3 256.6	52.2	12.0	2 985.6	47.8	29.2
1996	7 408.0	3 661.1	49.4	12.4	3 746.9	50.6	25.5
1997	8 651.1	4 226.9	48.9	15.5	4 424.2	51.1	18.1
1998	9 876.0	4 892.0	49.5	15.7	4 984.0	50.5	12.7
1999	11 444.1	5 849.2	51.1	19.6	5 594.9	48.9	12.3
2000	13 395.2	6 989.2	52.2	19.5	6 406.1	47.8	14.5
2001	16 386.0	8 582.7	52.4	22.8	7 803.3	47.6	21.8
2002	18 903.6	10 388.6	55.0	21.0	8 515.0	45.0	9.1
2003	21 715.3	11 865.3	54.6	14.2	9 850.0	45.4	15.7
2004	26 396.5	14 503.1	54.9	22.2	11 893.4	45.1	20.7
2005	31 649.3	16 548.5	52.3	14.1	15 100.8	47.7	27.0
2007	51 321.8	27 749.2	54.1	35.6	23 572.6	45.9	28.8
2008	61 330.4	32 680.6	53.3	17.8	28 649.8	46.7	21.5
2009	68 518.3	35 915.7	52.4	9.9	32 602.6	47.6	13.8
2010	83 080.3	42 470.5	51.1	18.3	40 609.8	48.9	24.6

注：1. 本表数字不包括国内外债务收入。
2. 中央、地方财政收入均为本级收入。

资料来源：1993～2009 年数据来源于《中国统计年鉴 2010》，中华人民共和国国家统计局编，中国统计出版社 2010 年版；2010 年数据来源于 2011 年 3 月 5 日在第十一届全国人民代表大会第四次会议上《关于 2010 年中央和地方预算执行情况与 2011 年中央和地方预算草案的报告》。

表 16　中央、地方财政支出　单位：亿元、%

1993～2010 年中央与地方财政支出及占总支出比重

年　份	总支出	中央财政支出	比重	增长率	地方财政支出	比重	增长率
1993	4 642.3	1 312.1	28.3	—	3 330.2	71.7	—
1994	5 792.6	1 754.4	30.3	33.7	4 038.2	69.7	21.3
1995	6 823.7	1 995.4	29.2	13.7	4 828.3	70.8	19.6
1996	7 937.6	2 151.3	27.1	7.8	5 786.3	72.9	19.8
1997	9 233.6	2 532.5	27.4	17.7	6 701.1	72.6	15.8
1998	10 798.2	3 125.6	28.9	23.4	7 672.6	71.1	14.5
1999	13 187.7	4 152.3	31.5	32.8	9 035.3	68.5	17.8
2000	15 886.5	5 519.9	34.7	32.9	10 366.7	65.3	14.7
2001	18 902.6	5 768.0	30.5	4.5	13 134.6	69.5	26.7
2002	22 053.2	6 771.7	30.7	17.4	15 281.5	69.3	16.3
2003	24 650.0	7 420.1	30.1	9.6	17 229.9	69.9	12.8
2004	28 486.9	7 894.1	27.7	6.4	20 592.8	72.3	19.5
2005	33 930.3	8 776.0	25.9	11.2	25 154.3	74.1	22.2
2006	40 422.7	9 991.4	24.7	13.8	30 431.3	75.3	21.0
2007	49 781.4	11 442.1	23.0	14.5	38 339.3	77.0	26.0
2008	62 592.7	13 344.2	21.3	16.6	49 248.5	78.7	28.5
2009	76 299.9	15 255.8	20.0	14.3	61 044.1	80.0	24.0
2010	89 575.0	15 973.0	17.8	4.7	73 602.0	82.2	20.6

注：1. 中央、地方财政支出均为本级支出。
2. 本表数据不包括国内外债务还本付息支出和国外借款收入安排的基本建设支出，但从 2000 年起，全国财政支出和中央财政支出中包括国内外债务付息支出。

资料来源：1993～2009 年数据来源于《中国统计年鉴 2010》，中华人民共和国国家统计局编，中国统计出版社 2010 年版；2010 年数据来源于“2010 年财政收支情况”，中华人民共和国财政部网站（http：//www. mof. gov. cn）。

附　表

2011 年最新主要财经指标

附表 1　2011 年 1 季度国内生产总值及行业分布　单位：亿元、%

季度	国内生产总值		第一产业		第二产业		第三产业	
	绝对额	同比增长	绝对额	同比增长	绝对额	同比增长	绝对额	同比增长
1 季度	96 311	9.7	5 980	3.5	46 788	11.1	43 543	9.1

注：数据为初步核算数，绝对额按现价计算；增长速度按不变价计。

资料来源：国家统计局网站（http：//www. stats. gov. cn/）。

附表 2　2011 年 1～4 月社会消费品零售总额　单位：亿元、%

月份	社会消费品零售总额		按经营地				按消费形态			
			城镇		乡村		商品零售		餐饮收入	
	绝对量	同比增长	绝对量	同比增长	绝对量	同比增长	绝对量	同比增长	绝对量	同比增长
1	15 249.0	19.9	13 256.0	20.0	1 993.0	19.6	13 562.2	20.1	1 686.8	18.3
2	13 769.1	11.6	11 917.2	11.7	1 851.9	11.2	12 214.6	11.5	1 554.5	12.6
3	13 588.0	17.4	11 800.8	17.5	1 787.2	16.7	12 082.0	17.7	1 506.0	15.0
4	13 649.0	17.1	11 846.5	17.3	1 802.5	16.3	12 152.3	17.2	1 496.7	16.7

资料来源：国家统计局网站（http：//www. stats. gov. cn/）。

附表 3　2011 年 1～3 月固定资产投资（按行业分类）　单位：亿元、%

年　月	第一产业		第二产业		第三产业	
	自年初累计	同比增长	自年初累计	同比增长	自年初累计	同比增长
2011－3	652.5	10.8	17 014.0	24.8	21 798.4	25.6
2011－2	211.5	6.9	7 155.2	24.7	10 077.5	25.6
2011－1	—	—	—	—	—	—

注：统计范围是城镇固定资产投资，包括城镇（城关镇以上）范围内各种经济类型所有 50 万元以上项目投资。

资料来源：国家统计局网站（http：//www. stats. gov. cn/）。

附表 4　2011 年 1～3 月城镇固定资产投资（按隶属关系分类）　单位：亿元、%

年　月	中央项目累进值		地方项目累进值	
	自年初累计	同比增长	自年初累计	同比增长
2011－3	2 540.4	3.0	36 924.5	26.8
2011－2	1 384.5	6.3	16 059.62	26.9
2011－1	—	—	—	—

资料来源：国家统计局网站（http：//www. stats. gov. cn/）。

附表 5　2011 年 1～4 月海关进出口贸易　单位：千美元、%

年　月	进出口总值累进值	出口总额累进值		进口总额累进值	
	金额	金额	增长率	金额	增长率
2011－4	1 100 321 148.0	555 302 029.0	27.4	545 019 119.0	29.6
2011－3	800 281 439.0	399 642 564.0	26.5	400 638 875.0	32.6
2011－2	495 852 578.0	247 469 923.0	21.3	248 382 655.0	36.0
2011－1	295 007 361.0	150 734 151.0	37.7	144 273 210.0	51.0

资料来源：中国统计数据应用支持系统（http：//gov. acmr. cn）。

附表 6　2011 年 1～4 月财政收支　单位：亿元、%

年　月	财政预算收入		财政预算支出		收支差额
	总额	同比增长	总额	同比增长	总额
2011－4	10 082.1	27.2	7 304.5	31.0	2 777.6
2011－3	7 631.4	26.7	7 570.0	27.8	61.4
2011－2	6 997.0	41.5	4 074.8	－17.5	2 922.2
2011－1	11 497.4	32.8	6 408.8	84.9	5 088.6

资料来源：2011 年 1 月、2 月财政支出数据来源于中国统计数据应用支持系统；其余数据来源于中华人民共和国财政部网站（http：//www. mof. gov. cn）。

技术注释

本技术注释给出了上述部分财政经济发展指标体系所有表格中主要指标的定义和解释。注释是根据各表出现的顺序排列。

表 1　国内生产总值

国内生产总值（GDP）指一个国家（或地区）所有常住单位在一定时期内生产活动的最终成果。国内生产总值有三种表现形态，即价值形态、收入形态和产品形态。从价值形态看，它是所有常住单位在一定时期内生产的全部货物和服务价值超过同期中间投入的全部非固定资产货物和服务价值的差额，即所有常住单位的增加值之和；从收入形态看，它是所有常住单位在一定时期内创造并分配给常住单位和非常住单位的初次收入分配之和；从产品形态看，它是所有常住单位在一定时期内最终使用的货物和服务价值与货物和服务净出口价值之和。

表 2　国内生产总值行业分布

三次产业是根据社会生产活动历史发展的顺序对产业结构的划分。产品直接取自自然界的部门称为第一产业；对初级产品进行再加工的部门称为第二产业；为生产和消费提供各种服务的部门称为第三产业。它是世界上较为通用的产业结构分类，但各国的划分不尽一致。

我国的三次产业划分是：

第一产业：农业（包括种植业、林业、牧业和渔业）。

第二产业：工业（包括采掘业，制造业，电力、煤气及水的生产和供应业）和建筑业。

第三产业：除第一、第二产业以外的其他各业。由于第三产业包括的行业多、范围广，根据我国的实际情况，第三产业可分为两大部分：一是流通部门；二是服务部门。

表 3　消费价格

商品零售价格指数是反映城乡商品零售价格变动趋势的一种经济指数。零售物价的调整变动直接影响到城乡居民的生活支出和国家的财政收入，影响居民购买力和市场供需平衡，影响消费与积累的比例。因此，计算零售价格指数，可以从一个侧面对上述经济活动进行观察和分析。

居民消费价格指数是反映一定时期内城乡居民所购买的生活消费品价格和服务项目价格变动趋势和程度的相对数，是对城市居民消费价格指数和农村居民消费价格指数进行综合汇总计算的结果。利用居民消费价格指数，可以观察和分析消费品的零售价格和服务价格变动对城乡居民实际生活费支出的影响程度。

城市居民消费价格指数是反映城市居民家庭所购买的生活消费品价格和服务项目价格变动趋势和程度的相对数。城市居民消费价格指数可以观察和分析消费品的零售价格和服务项目价格变动对职工货币工资的影响，作为研究职工生活和确定工资政策的依据。

农村居民消费价格指数是反映农村居民家庭所购买的生活消费品价格和服务项目价格变动趋势和程度的相对数。农村居民消费价格指数可以观察农村消费品的零售价格和服务项目价格变动对农村居民生活消费支出的影响，直接反映农民生活水平的实际变化情况，为分析和研究农村居民生活问题提供依据。

表 4　生产价格

工业品出厂价格指数是反映全部工业产品出厂价格总水平的变动趋势和程度的相对数，包括工业企业售给本企业以外所有单位的各种产品和直接售给居民用于生活消费的产品。通过工业品出厂价格指数能观察出厂价格变动对工业总产值的影响。

原材料、燃料、动力购进价格指数反映工业企业通过各种价格形式购进的主要原材料、燃料、动力价格水平变动趋势和程度的相对数。

固定资产投资价格指数是反映固定资产投资额价格变动趋势和程度的相对数。固定资产投资额是由建筑安装工程投资完成额，设备、工具、器具购置投资完成额和其他费用投资完成额三部分组成的。编制固定资产投资价格指数应首先分别编制上述三部分投资的价格指数，然后采用加权算术平均法求出固定资产投资价格总指数。

编制固定资产投资价格指数可以准确地反映固定资产投资中涉及的各类商品和取费项目价格变动趋势和变动幅度，消除按现价计算的固定资产投资指标中的价格变动因素，真实地反映固定资产投资的规模、速度、结构和效益，为国家科学地制定、检查固定资产投资计划并提高宏观调控水平，为完善国民经济核算体系提供科学的、可靠的依据。

表 5　居民消费

居民消费支出指常住住户在一定时期内对于货物和服务的全部最终消费支出。居民消费支出除了直接以货币形式购买的货物和服务的消费支出外，还包括以其他方式获得的货物和服务的消费支出，即所谓的虚拟消费支出。居民虚拟消费支出包括如下几种类型：单位以实物报酬及实物转移的形式提供给劳动者的货物和服务；住户生产并由本住户消费了的货物和服务，其中的服务仅指住户的自有住房服务、金融机构提供的金融媒介服务、保险公司提供的保险服务。

表 6　固定资产投资

全社会固定资产投资是社会固定资产再生产的主要手段。通过建造和购置固定资产的活动，国民经济不断采用先进技术装备，建立新兴部门，进一步调整经济结构和生产力的地区分布，增强经济实力，为改善人民物质文化生活创造物质条件。这对我国的社会主义现代化建设具有重要意义。

固定资产投资额是以货币表现的建造和购置固定资产活动的工作量，它是反映固定资产投资规模、速度、比例关系和使用方向的综合性指标。全社会固定资产投资按经济类型可分为国有、集体、个体、联营、股份制、外商、港澳台商、其他等。按照管理渠道，全社会固定资产投资总额分为基本建设、更新改造、房地产开发投资和其他固定资产投资四个部分。

固定资产投资按资金来源划分。根据固定资产投资的资金来源不同，分为国家预算内资金、国内贷款、利用外资、自筹资金和其他资金来源。

（1）国家预算内资金：指中央财政和地方财政中由国家统筹安排的基本建设拨款和更新改造拨款，以及中央财政安排的专项拨款中用于基本建设的资金和基本建设拨款改贷款的资金等。

（2）国内贷款：指报告期内，企、事业单位向银行及非银行金融机构借入的用于固定资产投资的各种国内借款。包括银行利用自有资金及吸收的存款发放的贷款、上级主管部门拨入的国内贷款、国家专项贷款（包括煤代油贷款、劳改煤矿专项贷款等）、地方财政专项资金安排的贷款、国内储备贷款、周转贷款等。

（3）利用外资：指报告期内收到的用于固定资产投资的国外资金，包括统借统还、自借自还的国外贷款，中外合资项目中的外资，以及对外发行债券和股票等。国家统借统还的外资指由我国政府出面同外国政府、团体或金融组织签订贷款协议、并负责偿还本息的国外贷款。

（4）自筹资金：指固定资产投资单位报告期内收到的，由各地区、各部门及企事业单位筹集用于固定资产投资的预算外资金，包括中央各部门、各级地方和企事业单位的自筹资金。

（5）其他资金来源：指报告期内收到的除以上各种拨款、固定资产投资按国民经济行业分建设项目归哪个行业，按其建成投产后的主要产品或主要用途及社会经济活动性质来确定。基本建设按建设项目划分国民经济行业，更新改造、国有单位其他固定资产投资及城镇集体投资根据整个企业、事业单位所属的行业来划分。一般情况下，一个建设项目或一个企业、事业单位只能属于一种国民经济行业。为了更准确地反映国民经济各行业之间的比例关系，联合企业（总厂）所属分厂属于不同行业的，原则上按分厂划分行业。

固定资产投资按构成划分。固定资产投资活动按其工作内容和实现方式分为建筑安装工程，设备、工具、器具购置，其他费用三个部分。

（1）建筑安装工程（建筑安装工作量）：指各种房屋、建筑物的建造工程和各种设备、装置的安装工程。包括各种房屋建造工程，各种用途设备基础和各种工业窑炉的砌筑工程；为施工而进行的各种准备工作和临时工程以及完工后的清理工作等；铁路、道路的铺设，矿井的开凿及石油管道的架设等；水利工程；防空地下建筑等特殊工程；以及各种机械设备的安装工程；为测定安装工程质量，对设备进行的试运工作。在安装工程中，不包括被安装设备本身的价值。

（2）设备、工具、器具购置：指购置或自制达到固定资产标准的设备、工具、器具的价值，固定资产的标准按财务部门规定。新建单位、扩建单位的新建车间按照设计和计划要求购置或自制的全部设备、工具、器具，不论是否达到固定资产标准均计入“设备、工具、器具购置”中。

（3）其他费用：指在固定资产建造和购置过程中发生的，除建筑安装工程和设备、工具、器具购置以外的各种应摊入固定资产的费用。

表7　进出口贸易

进出口总额指实际进出中国国境的货物总金额。包括对外贸易实际进出口货物，来料加工装配进出口货物，国家间、联合国及国际组织无偿援助物资和赠送品，华侨、港澳台同胞和外籍华人捐赠品，租赁期满归承租人所有的租赁货物，进料加工进出口货物，边境地方贸易及边境地区小额贸易进出口货物（边民互市贸易除外），中外合资企业、中外合作经营企业、外商独资经营企业进出口货物和公用物品，到、离岸价格在规定限额以上的进出口货样和广告品（无商业价值、无使用价值和免费提供出口的除外），从保税仓库提取在中国境内销售的进口货物，以及其他进出口货物。进出口总额用以观察一个国家在对外贸易方面的总规模。中国规定出口货物按离岸价格统计，进口货物按到岸价格统计。

表 8　外债风险

外债风险由三个指标衡量：偿债率、负债率和债务率。偿债率指偿还外债本息与当年贸易和非贸易外汇收入（国际收支口径）之比。负债率指外债余额与当年国内生产总值之比。债务率指外债余额与当年贸易与非贸易外汇收入（国际收支口径）之比。

表 9　国家财政总收入、总支出

财政收入指国家财政参与社会产品分配所取得的收入，是实现国家职能的财力保证。依据《2007 年政府收支分类科目》，我国财政收入按经济性质分为税收收入、社会保障基金收入、非税收入、贷款转贷回收本金收入、债务收入和转移性收入。

财政支出指国家财政将筹集起来的资金进行分配使用，以满足经济建设和各项事业的需要。

表 10　国家财政总收入占国内生产总值的比重

国家财政总收入占国内生产总值的比重反映了在国民收入的分配中，国家所分配的份额。

表 11　税收收入占财政收入的比重

财政收入指国家财政参与社会产品分配所取得的收入，是实现国家职能的财力保证。以收入形式为依据，财政收入可划分为税收收入和非税收入。税收收入占财政收入的比重反映了税收对政府收入的贡献程度。自 1994 年税收制度改革以来，各项税收收入逐渐成为政府收入的主要来源。

表 12　国家税收分项收入

国家税收分项收入包括增值税、消费税、营业税、关税、企业所得税、个人所得税收入等部分。

表 13　国家财政主要支出项目

财政支出指国家财政将筹集起来的资金进行分配使用，以满足经济建设和各项事业的需要。依据《2009 年政府收支分类科目》，我国财政支出按功能分为一般公共服务、外交、国防、公共安全、教育、科学技术、文化体育与传媒、社会保障和就业、社会保险基金支出、医疗卫生、环境保护、城乡社区事务、农林水事务、交通运输、工业商业金融等事务、其他支出、转移性支出。按经济分类分为工资福利支出、商品和服务支出、对企事业单位的补贴、转移性支出、赠与、债务利息支出、债务还本支出、基本建设支出、其他资本性支出、贷款转贷及产权参股、其他支出。

表 14　中央财政主要支出项目

中央政府肩负提供外交、国防、公共安全、跨地区公共物品和服务以及调整国民经济结构、协调地区发展、实施宏观调控等职能。中央财政分项支出及其比重则是反映中央政府履行上述各项职能的支出比重。

表 15　中央、地方财政收入

指按现行分税制财政体制划分的中央本级收入和地方本级收入。属于中央财政的收入包括关税，进口货物增值税和消费税，出口货物退增值税和消费税，消费税，铁道部门、各银行总行、各保险公司总公司等集中交纳的营业税和城市维护建设税，增值税 75% 部分，纳入共享范围的企业所得税 60% 部分，未纳入共享范围的中央企业所得税、中央企业上交的利润，个人所得税 60% 部分，车辆购置税，船舶吨税，证券交易印花税 97% 部分，海洋石油资源税，中央非税收入等。属于地方财政的收入包括营业税（不含铁道部门、各银行总行、各保险公司总公司集中交纳的营业税），地方企业上交利润，城市维护建设税（不含铁道部门、各银行总行、各保险公司总公司集中交纳的部分），房产税，城镇土地使用税，土地增值税，车船税，耕地占用税，契税，烟叶税，印花税，增值税25%部分，纳入共享范围的企业所得税40%部分，个人所得税40%部分，证券交易印花税3%部分，海洋石油资源税以外的其他资源税，地方非税收入等。

表16　中央、地方财政支出

指根据政府在经济和社会活动中的不同职责，划分中央和地方政府的责权，按照政府的责权划分确定的支出。中央财政支出包括一般公共服务，外交支出，国防支出，公共安全支出，以及中央政府调整国民经济结构、协调地区发展、实施宏观调控的支出等。地方财政支出包括一般公共服务，公共安全支出，地方统筹的各项社会事业支出等。

附录 1

《中华人民共和国个人所得税法》

（1980 年 9 月 10 日第五届全国人民代表大会第三次会议通过）

（根据 1993 年 10 月 31 日第八届全国人民代表大会常务委员会第四次会议《关于修改〈中华人民共和国个人所得税法〉的决定》第一次修正

根据 1999 年 8 月 30 日第九届全国人民代表大会常务委员会第十一次会议《关于修改〈中华人民共和国个人所得税法〉的决定》第二次修正

根据 2005 年 10 月 27 日第十届全国人民代表大会常务委员会第十八次会议《关于修改〈中华人民共和国个人所得税法〉的决定》第三次修正

根据 2007 年 6 月 29 日第十届全国人民代表大会常务委员会第二十八次会议《关于修改〈中华人民共和国个人所得税法〉的决定》第四次修正

根据 2007 年 12 月 29 日第十届全国人民代表大会常务委员会第三十一次会议《关于修改〈中华人民共和国个人所得税法〉的决定》第五次修正）

第一条 在中国境内有住所，或者无住所而在境内居住满一年的个人，从中国境内和境外取得的所得，依照本法规定缴纳个人所得税。

在中国境内无住所又不居住或者无住所而在境内居住不满一年的个人，从中国境内取得的所得，依照本法规定缴纳个人所得税。

第二条 下列各项个人所得，应纳个人所得税：

一、工资、薪金所得；

二、个体工商户的生产、经营所得；

三、对企事业单位的承包经营、承租经营所得；

四、劳务报酬所得；

五、稿酬所得；

六、特许权使用费所得；

七、利息、股息、红利所得；

八、财产租赁所得；

九、财产转让所得；

十、偶然所得；

十一、经国务院财政部门确定征税的其他所得。

第三条 个人所得税的税率：

一、工资、薪金所得，适用超额累进税率，税率为百分之五至百分之四十五（税率表附后）。

二、个体工商户的生产、经营所得和对企事业单位的承包经营、承租经营所得，适用百分之五至百分之三十五的超额累进税率（税率表附后）。

三、稿酬所得，适用比例税率，税率为百分之二十，并按应纳税额减征百分之三十。

四、劳务报酬所得，适用比例税率，税率为百分之二十。对劳务报酬所得一次收入畸高的，可以实行加成征收，具体办法由国务院规定。

五、特许权使用费所得，利息、股息、红利所得，财产租赁所得，财产转让所得，偶然所得和其他所得，适用比例税率，税率为百分之二十。

第四条 下列各项个人所得，免纳个人所得税：

一、省级人民政府、国务院部委和中国人民解放军军以上单位，以及外国组织、国际组织颁发的科学、教育、技术、文化、卫生、体育、环境保护等方面的奖金；

二、国债和国家发行的金融债券利息；

三、按照国家统一规定发给的补贴、津贴；

四、福利费、抚恤金、救济金；

五、保险赔款；

六、军人的转业费、复员费；

七、按照国家统一规定发给干部、职工的安家费、退职费、退休工资、离休工资、离休生活补助费；

八、依照我国有关法律规定应予免税的各国驻华使馆、领事馆的外交代表、领事官员和其他人员的所得；

九、中国政府参加的国际公约、签订的协议中规定免税的所得；

十、经国务院财政部门批准免税的所得。

第五条 有下列情形之一的，经批准可以减征个人所得税：

一、残疾、孤老人员和烈属的所得；

二、因严重自然灾害造成重大损失的；

三、其他经国务院财政部门批准减税的。

第六条 应纳税所得额的计算：

一、工资、薪金所得，以每月收入额减除费用二千元后的余额，为应纳税所得额。

二、个体工商户的生产、经营所得，以每一纳税年度的收入总额，减除成本、费用以及损失后的余额，为应纳税所得额。

三、对企事业单位的承包经营、承租经营所得，以每一纳税年度的收入总额，减除必要费用后的余额，为应纳税所得额。

四、劳务报酬所得、稿酬所得、特许权使用费所得、财产租赁所得，每次收入不超过四千元的，减除费用八百元；四千元以上的，减除百分之二十的费用，其余额为应纳税所得额。

五、财产转让所得，以转让财产的收入额减除财产原值和合理费用后的余额，为应纳税所得额。

六、利息、股息、红利所得，偶然所得和其他所得，以每次收入额为应纳税所得额。

个人将其所得对教育事业和其他公益事业捐赠的部分，按照国务院有关规定从应纳税所得中扣除。

对在中国境内无住所而在中国境内取得工资、薪金所得的纳税义务人和在中国境内有住所而在中国境外取得工资、薪金所得的纳税义务人，可以根据其平均收入水平、生活水平以及汇率变化情况确定附加减除费用，附加减除费用适用的范围和标准由国务院规定。

第七条 纳税义务人从中国境外取得的所得，准予其在应纳税额中扣除已在境外缴纳的个人所得税税额。但扣除额不得超过该纳税义务人境外所得依照本法规定计算的应纳税额。

第八条 个人所得税，以所得人为纳税义务人，以支付所得的单位或者个人为扣缴义务人。个人所得超过国务院规定数额的，在两处以上取得工资、薪金所得或者没有扣缴义务人的，以及具有国务院规定的其他情形的，纳税义务人应当按照国家规定办理纳税申报。扣缴义务人应当按照国家规定办理全员全额扣缴申报。

第九条 扣缴义务人每月所扣的税款，自行申报纳税人每月应纳的税款，都应当在次月七日内缴入国库，并向税务机关报送纳税申报表。

工资、薪金所得应纳的税款，按月计征，由扣缴义务人或者纳税义务人在次月七日内缴入国库，并向税务机关报送纳税申报表。特定行业的工资、薪金所得应纳的税款，可以实行按年计算、分月预缴的方式计征，具体办法由国务院规定。

个体工商户的生产、经营所得应纳的税款，按年计算，分月预缴，由纳税义务人在次月七日内预缴，年度终了后三个月内汇算清缴，多退少补。

对企事业单位的承包经营、承租经营所得应纳的税款，按年计算，由纳税义务人在年度终了后三十日内缴入国库，并向税务机关报送纳税申报表。纳税义务人在一年内分次取得承包经营、承租经营所得的，应当在取得每次所得后的七日内预缴，年度终了后三个月内汇算清缴，多退少补。

从中国境外取得所得的纳税义务人，应当在年度终了后三十日内，将应纳的税款缴入国库，并向税务机关报送纳税申报表。

第十条 各项所得的计算，以人民币为单位。所得为外国货币的，按照国家外汇管理机关规定的外汇牌价折合成人民币缴纳税款。

第十一条 对扣缴义务人按照所扣缴的税款，付给百分之二的手续费。

第十二条 对储蓄存款利息所得开征、减征、停征个人所得税及其具体办法，由国务院规定。

第十三条 个人所得税的征收管理，依照《中华人民共和国税收征收管理法》的规定执行。

第十四条 国务院根据本法制定实施条例。

第十五条 本法自公布之日起施行。

个人所得税税率表一（工资、薪金所得适用）

级数	月应纳税所得额	税率（%）
1	不超过500元的	5
2	超过500元至2 000元的部分	10
3	超过2 000元至5 000元的部分	15
4	超过5 000元至20 000元的部分	20
5	超过20 000元至40 000元的部分	25
6	超过40 000元至60 000元的部分	30
7	超过60 000元至80 000元的部分	35
8	超过80 000元至100 000元的部分	40
9	超过100 000元的部分	45

（注：本表所称全月应纳税所得额是指依照本法第六条的规定，以每月收入额减除费用二千元后的余额或者减除附加减除费用后的余额）。

个人所得税税率表二（个体工商户的生产、经营所得和对企事业单位的承包经营、承租经营所得适用）

级数	全年应纳税所得额	税率（%）
1	不超过5 000元的	5
2	超过5 000元至10 000元的部分	10
3	超过10 000元至30 000元的部分	20
4	超过30 000元至50 000元的部分	30
5	超过50 000元的部分	35

（注：本表所称全年应纳税所得额是指依照本法第六条的规定，以每一纳税年度的收入总额，减除成本、费用以及损失后的余额。）

附录 2

《中华人民共和国个人所得税法实施条例》

（1994 年 1 月 28 日中华人民共和国国务院令第 142 号发布　根据 2005 年 12 月 19 日《国务院关于修改〈中华人民共和国个人所得税法实施条例〉的决定》第一次修订　根据 2008 年 2 月 18 日《国务院关于修改〈中华人民共和国个人所得税法实施条例〉的决定》第二次修订）

第一条　根据《中华人民共和国个人所得税法》（以下简称税法）的规定，制定本条例。

第二条　税法第一条第一款所说的在中国境内有住所的个人，是指因户籍、家庭、经济利益关系而在中国境内习惯性居住的个人。

第三条　税法第一条第一款所说的在境内居住满一年，是指在一个纳税年度中在中国境内居住 365 日。临时离境的，不扣减日数。

前款所说的临时离境，是指在一个纳税年度中一次不超过 30 日或者多次累计不超过 90 日的离境。

第四条　税法第一条第一款、第二款所说的从中国境内取得的所得，是指来源于中国境内的所得；所说的从中国境外取得的所得，是指来源于中国境外的所得。

第五条　下列所得，不论支付地点是否在中国境内，均为来源于中国境内的所得：

（一）因任职、受雇、履约等而在中国境内提供劳务取得的所得；

（二）将财产出租给承租人在中国境内使用而取得的所得；

（三）转让中国境内的建筑物、土地使用权等财产或者在中国境内转让其他财产取得的所得；

（四）许可各种特许权在中国境内使用而取得的所得；

（五）从中国境内的公司、企业以及其他经济组织或者个人取得的利息、股息、红利所得。

第六条 在中国境内无住所，但是居住一年以上五年以下的个人，其来源于中国境外的所得，经主管税务机关批准，可以只就由中国境内公司、企业以及其他经济组织或者个人支付的部分缴纳个人所得税；居住超过五年的个人，从第六年起，应当就其来源于中国境外的全部所得缴纳个人所得税。

第七条 在中国境内无住所，但是在一个纳税年度中在中国境内连续或者累计居住不超过90日的个人，其来源于中国境内的所得，由境外雇主支付并且不由该雇主在中国境内的机构、场所负担的部分，免予缴纳个人所得税。

第八条 税法第二条所说的各项个人所得的范围：

（一）工资、薪金所得，是指个人因任职或者受雇而取得的工资、薪金、奖金、年终加薪、劳动分红、津贴、补贴以及与任职或者受雇有关的其他所得。

（二）个体工商户的生产、经营所得，是指：

1. 个体工商户从事工业、手工业、建筑业、交通运输业、商业、饮食业、服务业、修理业以及其他行业生产、经营取得的所得；

2. 个人经政府有关部门批准，取得执照，从事办学、医疗、咨询以及其他有偿服务活动取得的所得；

3. 其他个人从事个体工商业生产、经营取得的所得；

4. 上述个体工商户和个人取得的与生产、经营有关的各项应纳税所得。

（三）对企事业单位的承包经营、承租经营所得，是指个人承包经营、承租经营以及转包、转租取得的所得，包括个人按月或者按次取得的工资、薪金性质的所得。

（四）劳务报酬所得，是指个人从事设计、装潢、安装、制图、化验、测试、医疗、法律、会计、咨询、讲学、新闻、广播、翻译、审稿、书画、雕刻、影视、录音、录像、演出、表演、广告、展览、技术服务、介绍服务、经纪服务、代办服务以及其他劳务取得的所得。

（五）稿酬所得，是指个人因其作品以图书、报刊形式出版、发表而取得的所得。

（六）特许权使用费所得，是指个人提供专利权、商标权、著作权、非专利技术以及其他特许权的使用权取得的所得；提供著作权的使用权取得的所得，不包括稿酬所得。

（七）利息、股息、红利所得，是指个人拥有债权、股权而取得的利息、股息、红利所得。

（八）财产租赁所得，是指个人出租建筑物、土地使用权、机器设备、车船以及其他财产取得的所得。

（九）财产转让所得，是指个人转让有价证券、股权、建筑物、土地使用权、机器设备、车船以及其他财产取得的所得。

（十）偶然所得，是指个人得奖、中奖、中彩以及其他偶然性质的所得。

个人取得的所得，难以界定应纳税所得项目的，由主管税务机关确定。

第九条 对股票转让所得征收个人所得税的办法，由国务院财政部门另行制定，报国务院批准施行。

第十条 个人所得的形式，包括现金、实物、有价证券和其他形式的经济利益。所得为实物的，应当按照取得的凭证上所注明的价格计算应纳税所得额；无凭证的实物或者凭证上所注明的价格明显偏低的，参照市场价格核定应纳税所得额。所得为有价证券的，根据票面价格和市场价格核定应纳税所得额。所得为其他形式的经济利益的，参照市场价格核定应纳税所得额。

第十一条 税法第三条第四项所说的劳务报酬所得一次收入畸高，是指个人一次取得劳务报酬，其应纳税所得额超过2万元。

对前款应纳税所得额超过2万元至5万元的部分，依照税法规定计算应纳税额后再按照应纳税额加征五成；超过5万元的部分，加征十成。

第十二条 税法第四条第二项所说的国债利息，是指个人持有中华人民共和国财政部发行的债券而取得的利息；所说的国家发行的金融债券利息，是指个人持有经国务院批准发行的金融债券而取得的利息。

第十三条 税法第四条第三项所说的按照国家统一规定发给的补贴、津贴，是指按照国务院规定发给的政府特殊津贴、院士津贴、资深院士津贴，以及国务院规定免纳个人所得税的其他补贴、津贴。

第十四条 税法第四条第四项所说的福利费，是指根据国家有关规定，从企业、事业单位、国家机关、社会团体提留的福利费或者工会经费中支付给个人的生活补助费；所说的救济金，是指各级人民政府民政部门支付给个人的生活困难补助费。

第十五条 税法第四条第八项所说的依照我国法律规定应予免税的各国驻华使馆、领事馆的外交代表、领事官员和其他人员的所得，是指依照《中华人民共和国外交特权与豁免条例》和《中华人民共和国领事特权与豁免条例》规定免税的所得。

第十六条 税法第五条所说的减征个人所得税，其减征的幅度和期限由省、自治区、直辖市人民政府规定。

第十七条 税法第六条第一款第二项所说的成本、费用，是指纳税义务人从事生产、经营所发生的各项直接支出和分配计入成本的间接费用以及销售费用、管理费用、财务费用；所说的损失，是指纳税义务人在生产、经营过程中发生的各项营业外支出。

从事生产、经营的纳税义务人未提供完整、准确的纳税资料，不能正确计算应纳税所得额的，由主管税务机关核定其应纳税所得额。

第十八条 税法第六条第一款第三项所说的每一纳税年度的收入总额，是指纳税义务人按照承包经营、承租经营合同规定分得的经营利润和工资、薪金性质的所得；所说的减除必要费用，是指按月减除2 000元。

第十九条 税法第六条第一款第五项所说的财产原值，是指：

（一）有价证券，为买入价以及买入时按照规定交纳的有关费用；

（二）建筑物，为建造费或者购进价格以及其他有关费用；

（三）土地使用权，为取得土地使用权所支付的金额、开发土地的费用以及其他有关费用；

（四）机器设备、车船，为购进价格、运输费、安装费以及其他有关费用；

（五）其他财产，参照以上方法确定。

纳税义务人未提供完整、准确的财产原值凭证，不能正确计算财产原值的，由主管税务机关核定其财产原值。

第二十条 税法第六条第一款第五项所说的合理费用，是指卖出财产时按照规定支付的有关费用。

第二十一条 税法第六条第一款第四项、第六项所说的每次，按照以下方法确定：

（一）劳务报酬所得，属于一次性收入的，以取得该项收入为一次；属于同一项目连续性收入的，以一个月内取得的收入为一次。

（二）稿酬所得，以每次出版、发表取得的收入为一次。

（三）特许权使用费所得，以一项特许权的一次许可使用所取得的收入为一次。

（四）财产租赁所得，以一个月内取得的收入为一次。

（五）利息、股息、红利所得，以支付利息、股息、红利时取得的收入为一次。

（六）偶然所得，以每次取得该项收入为一次。

第二十二条 财产转让所得，按照一次转让财产的收入额减除财产原值和合理费用后的余额，计算纳税。

第二十三条 两个或者两个以上的个人共同取得同一项目收入的，应当对每个人取得的收入分别按照税法规定减除费用后计算纳税。

第二十四条 税法第六条第二款所说的个人将其所得对教育事业和其他公益事业的捐赠，是指个人将其所得通过中国境内的社会团体、国家机关向教育和其他社会公益事业以及遭受严重自然灾害地区、贫困地区的捐赠。

捐赠额未超过纳税义务人申报的应纳税所得额30%的部分，可以从其应纳税所得额中扣除。

第二十五条 按照国家规定，单位为个人缴付和个人缴付的基本养老保险费、基本医疗保险费、失业保险费、住房公积金，从纳税义务人的应纳税所得额中扣除。

第二十六条 税法第六条第三款所说的在中国境外取得工资、薪金所得，是指在中国境外任职或者受雇而取得的工资、薪金所得。

第二十七条 税法第六条第三款所说的附加减除费用，是指每月在减除 2 000 元费用的基础上，再减除本条例第二十九条规定数额的费用。

第二十八条 税法第六条第三款所说的附加减除费用适用的范围，是指：

（一）在中国境内的外商投资企业和外国企业中工作的外籍人员；

（二）应聘在中国境内的企业、事业单位、社会团体、国家机关中工作的外籍专家；

（三）在中国境内有住所而在中国境外任职或者受雇取得工资、薪金所得的个人；

（四）国务院财政、税务主管部门确定的其他人员。

第二十九条 税法第六条第三款所说的附加减除费用标准为 2 800 元。

第三十条 华侨和香港、澳门、台湾同胞，参照本条例第二十七条、第二十八条、第二十九条的规定执行。

第三十一条 在中国境内有住所，或者无住所而在境内居住满一年的个人，从中国境内和境外取得的所得，应当分别计算应纳税额。

第三十二条 税法第七条所说的已在境外缴纳的个人所得税税额，是指纳税义务人从中国境外取得的所得，依照该所得来源国家或者地区的法律应当缴纳并且实际已经缴纳的税额。

第三十三条 税法第七条所说的依照税法规定计算的应纳税额，是指纳税义务人从中国境外取得的所得，区别不同国家或者地区和不同所得项目，依照税法规定的费用减除标准和适用税率计算的应纳税额；同一国家或者地区内不同所得项目的应纳税额之和，为该国家或者地区的扣除限额。

纳税义务人在中国境外一个国家或者地区实际已经缴纳的个人所得税税额，低于依照前款规定计算出的该国家或者地区扣除限额的，应当在中国缴纳差额部分的税款；超过该国家或者地区扣除限额的，其超过部分不得在本纳税年度的应纳税额中扣除，但是可以在以后纳税年度的该国家或者地区扣除限额的余额中补扣。补扣期限最长不得超过五年。

第三十四条 纳税义务人依照税法第七条的规定申请扣除已在境外缴纳的个人所得税税额时，应当提供境外税务机关填发的完税凭证原件。

第三十五条 扣缴义务人在向个人支付应税款项时，应当依照税法规定代扣税款，按时缴库，并专项记载备查。

前款所说的支付，包括现金支付、汇拨支付、转账支付和以有价证券、实物以及其他形式的支付。

第三十六条 纳税义务人有下列情形之一的，应当按照规定到主管税务机关办理纳税申报：

（一）年所得 12 万元以上的；

（二）从中国境内两处或者两处以上取得工资、薪金所得的；

（三）从中国境外取得所得的；

（四）取得应纳税所得，没有扣缴义务人的；

（五）国务院规定的其他情形。

年所得 12 万元以上的纳税义务人，在年度终了后 3 个月内到主管税务机关办理纳税申报。

纳税义务人办理纳税申报的地点以及其他有关事项的管理办法，由国务院税务主管部门制定。

第三十七条 税法第八条所说的全员全额扣缴申报，是指扣缴义务人在代扣税款的次月内，向主管税务机关报送其支付所得个人的基本信息、支付所得数额、扣缴税款的具体数额和总额以及其他相关涉税信息。

全员全额扣缴申报的管理办法，由国务院税务主管部门制定。

第三十八条 自行申报的纳税义务人，在申报纳税时，其在中国境内已扣缴的税款，准予按照规定从应纳税额中扣除。

第三十九条 纳税义务人兼有税法第二条所列的两项或者两项以上的所得的，按项分别计算纳税。在中国境内两处或者两处以上取得税法第二条第一项、第二项、第三项所得的，同项所得合并计算纳税。

第四十条 税法第九条第二款所说的特定行业，是指采掘业、远洋运输业、远洋捕捞业以及国务院财政、税务主管部门确定的其他行业。

第四十一条 税法第九条第二款所说的按年计算、分月预缴的计征方式，是指本条例第四十条所列的特定行业职工的工资、薪金所得应纳的税款，按月预缴，自年度终了之日起 30 日内，合计其全年工资、薪金所得，再按 12 个月平均并计算实际应纳的税款，多退少补。

第四十二条 税法第九条第四款所说的由纳税义务人在年度终了后 30 日内将应纳的税款缴入国库，是指在年终一次性取得承包经营、承租经营所得的纳税义务人，自取得收入之日起 30 日内将应纳的税款缴入国库。

第四十三条 依照税法第十条的规定，所得为外国货币的，应当按照填开完税凭证的上一月最后一日人民币汇率中间价，折合成人民币计算应纳税所得额。依照税法规定，在年度终了后汇算清缴的，对已经按月或者按次预缴税款的外国货币所得，不再重新折算；对应当补缴税款的所得部分，按照上一纳税年度最后一日人民币汇率中间价，折合成人民币计算应纳税所得额。

第四十四条 税务机关按照税法第十一条的规定付给扣缴义务人手续费时，应当按月填开收入退还书发给扣缴义务人。扣缴义务人持收入退还书向指定的银行办理退库手续。

第四十五条 个人所得税纳税申报表、扣缴个人所得税报告表和个人所得税完税凭证式样，由国务院税务主管部门统一制定。

第四十六条 税法和本条例所说的纳税年度，自公历 1 月 1 日起至 12 月 31 日止。

第四十七条 1994 纳税年度起，个人所得税依照税法以及本条例的规定计算征收。

第四十八条 本条例自发布之日起施行。1987 年 8 月 8 日国务院发布的《中华人民共和国国务院关于对来华工作的外籍人员工资、薪金所得减征个人所得税的暂行规定》同时废止。

附录 3

《个人所得税管理办法》

第一章　总　　则

第一条　为了进一步加强和规范税务机关对个人所得税的征收管理，促进个人所得税征管的科学化、精细化，不断提高征管效率和质量，根据《中华人民共和国个人所得税法》（以下简称税法）、《中华人民共和国税收征收管理法》（以下简称征管法）及有关税收法律法规规定，制定本办法。

第二条　加强和规范个人所得税征管，要着力健全管理制度，完善征管手段，突出管理重点。即要建立个人收入档案管理制度、代扣代缴明细账制度、纳税人与扣缴义务人向税务机关双向申报制度、与社会各部门配合的协税制度；尽快研发应用统一的个人所得税管理信息系统，充分利用信息技术手段加强个人所得税管理；切实加强高收入者的重点管理、税源的源泉管理、全员全额管理。

第二章　个人收入档案管理制度

第三条　个人收入档案管理制度是指，税务机关按照要求对每个纳税人的个人基本信息、收入和纳税信息以及相关信息建立档案，并对其实施动态管理的一项制度。

第四条　省以下（含省级）各级税务机关的管理部门应当按照规定逐步对每个纳税人建立收入和纳税档案，实施“一户式”的动态管理。

第五条　省以下（含省级）各级税务机关的管理部门应区别不同类型纳税人，并按以下内容建立相应的基础信息档案：

（一）雇员纳税人（不含股东、投资者、外籍人员）的档案内容包括：姓名、身份证照类型、身份证照号码、学历、职业、职务、电子邮箱地址、有效联系电话、有效通信地址、邮政编码、户籍所在地、扣缴义务人编码、是否重点纳税人。

（二）非雇员纳税人（不含股东、投资者）的档案内容包括：姓名、身份证照类型、身份证照号码、电子邮箱地址、有效联系电话、有效通信地址（工作单位或家庭地址）、邮政编码、工作单位名称、扣缴义务人编码、是否重点纳税人。

（三）股东、投资者（不含个人独资、合伙企业投资者）的档案内容包括：姓名、国籍、身份证照类型、身份证照号码、有效通讯地址、邮政编码、户籍所在地、有效联系电话、电子邮箱地址、公司股本（投资）总额、个人股本（投资）额、扣缴义务人编码、是否重点纳税人。

（四）个人独资、合伙企业投资者、个体工商户、对企事业单位的承包承租经营人的档案内容包括：姓名、身份证照类型、身份证照号码、个体工商户（或个人独资企业、合伙企业、承包承租企事业单位）名称，经济类型、行业、经营地址、邮政编码、有效联系电话、税务登记证号码、电子邮箱地址、所得税征收方式（核定、查账）、主管税务机关、是否重点纳税人。

（五）外籍人员（含雇员和非雇员）的档案内容包括：纳税人编码、姓名（中、英文）、性别、出生地（中、英文）、出生年月、境外地址（中、英文）、国籍或地区、身份证照类型、身份证照号码、居留许可号码（或台胞证号码、回乡证号码）、劳动就业证号码、职业、境内职务、境外职务、入境时间、任职期限、预计在华时间、预计离境时间、境内任职单位名称及税务登记证号码、境内任职单位地址、邮政编码、联系电话、其他任职单位（也应包括地址、电话、联系方式）名称及税务登记证号码、境内受聘或签约单位名称及税务登记证号码、地址、邮政编码、联系电话、境外派遣单位名称（中、英文）、境外派遣单位地址（中、英文）、支付地（包括境内支付还是境外支付）、是否重点纳税人。

第六条 纳税人档案的内容来源于：

（一）纳税人税务登记情况。

（二）《扣缴个人所得税报告表》和《支付个人收入明细表》。

（三）代扣代收税款凭证。

（四）个人所得税纳税申报表。

（五）社会公共部门提供的有关信息。

（六）税务机关的纳税检查情况和处罚记录。

（七）税务机关掌握的其他资料及纳税人提供的其他信息资料。

第七条 税务机关应对档案内容适时进行更新和调整；并根据本地信息化水平和征管能力提高的实际，以及个人收入的变化等情况，不断扩大档案管理的范围，直至实现全员全额管理。

第八条 税务机关应充分利用纳税人档案资料，加强个人所得税管理。定期对重点纳税人、重点行业和企业的个人档案资料进行比对分析和纳税评估，查找税源变动情况和原因，及时发现异常情况，采取措施堵塞征管漏洞。

第三章 代扣代缴明细账制度

第九条 代扣代缴明细账制度是指，税务机关依据个人所得税法和有关规定，要求扣缴义务人按规定报送其支付收入的个人所有的基本信息、支付个人收入和扣缴税款明细信息以及其他相关涉税信息，并对每个扣缴义务人建立档案，为后续实施动态管理打下基础的一项制度。

第十条 税务机关应按照税法及相关法律、法规的有关规定，督促扣缴义务人按规定设立代扣代缴税款账簿，正确反映个人所得税的扣缴情况。

第十一条 扣缴义务人申报的纳税资料，税务机关应严格审查核实。对《扣缴个人所得税报告表》和《支付个人收入明细表》没有按每一个人逐栏逐项填写的，或者填写内容不全的，主管税务机关应要求扣缴义务人重新填报。已实行信息化管理的，可以将《支付个人收入明细表》并入《扣缴个人所得税报告表》。《扣缴个人所得税报告表》填写实际缴纳了个人所得税的纳税人的情况；《支付个人收入明细表》填写支付了应税收入，但未达到纳税标准的纳税人的情况。

第十二条 税务机关应将扣缴义务人报送的支付个人收入情况与其同期财务报表交叉比对，发现不符的，应要求其说明情况，并依法查实处理。

第十三条 税务机关应对每个扣缴义务人建立档案，其内容包括：扣缴义务人编码、扣缴义务人名称、税务（注册）登记证号码、电话号码、电子邮件地址、行业、经济类型、单位地址、邮政编码、法定代表人（单位负责人）和财务主管人员姓名及联系电话、税务登记机关、登记证照类型、发照日期、主管税务机关、应纳税所得额（按所得项目归类汇总）、免税收入、应纳税额（按所得项目归类汇总）、纳税人数、已纳税额、应补（退）税额、减免税额、滞纳金、罚款、完税凭证号等。

第十四条 扣缴义务人档案的内容来源于：

（一）扣缴义务人扣缴税款登记情况。

（二）《扣缴个人所得税报告表》和《支付个人收入明细表》。

（三）代扣代收税款凭证。

（四）社会公共部门提供的有关信息。

（五）税务机关的纳税检查情况和处罚记录。

（六）税务机关掌握的其他资料。

第四章 纳税人与扣缴义务人向税务机关双向申报制度

第十五条 纳税人与扣缴义务人向税务机关双向申报制度是指，纳税人与扣缴义务人按照法律、行政法规规定和税务机关依法律、行政法规所提出的要求，分别向主管税务机关办理纳税申报，税务机关对纳税人和扣缴义务人提供的收入、纳税信息进行交叉比对、核查的一项制度。

第十六条 对税法及其实施条例，以及相关法律、法规规定纳税人必须自行申报的，税务机关应要求其自行向主管税务机关进行纳税申报。

第十七条 税务机关接受纳税人、扣缴义务人的纳税申报时，应对申报的时限、应税项目、适用税率、税款计算及相关资料的完整性和准确性进行初步审核，发现有误的，应及时要求纳税人、扣缴义务人修正申报。

第十八条 税务机关应对双向申报的内容进行交叉比对和评估分析，从中发现问题并及时依法处理。

第五章 与社会各部门配合的协税制度

第十九条 与社会各部门配合的协税制度是指，税务机关应建立与个人收入和个人所得税征管有关的各部门的协调与配合的制度，及时掌握税源和与纳税有关的信息，共同制定和实施协税、护税措施，形成社会协税、护税网络。

第二十条 税务机关应重点加强与以下部门的协调配合：公安、检察、法院、工商、银行、文化体育、财政、劳动、房管、交通、审计、外汇管理等部门。

第二十一条 税务机关通过加强与有关部门的协调配合，着重掌握纳税人的相关收入信息。

（一）与公安部门联系，了解中国境内无住所个人出入境情况及在中国境内的居留暂住情况，实施阻止欠税人出境制度，掌握个人购车等情况。

（二）与工商部门联系，了解纳税人登记注册的变化情况和股份制企业股东及股本变化等情况。

（三）与文化体育部门联系，掌握各种演出、比赛获奖等信息，落实演出承办单位和体育单位的代扣代缴义务等情况。

（四）与房管部门联系，了解房屋买卖、出租等情况。

（五）与交通部门联系，了解出租车、货运车以及运营等情况。

（六）与劳动部门联系，了解中国境内无住所个人的劳动就业情况。

第二十二条 税务机关应积极创造条件，逐步实现与有关部门的相关信息共享或定期交换。

第二十三条 各级税务机关应当把大力宣传和普及个人所得税法知识、不断提高公民的依法纳税意识作为一项长期的基础性工作予以高度重视，列入重要议事日程，并结合征管工作的要求、社会关注的热点和本地征管的重点，加强与上述部门的密切配合。制定周密的宣传工作计划，充分利用各种宣传媒体和途径、采取灵活多样的方式进行个人所得税宣传。

第六章 加快信息化建设

第二十四条 各级税务机关应在金税工程三

期的总体框架下，按照“一体化”要求和“统筹规划、统一标准，突出重点、分步实施，整合资源、讲究实效，加强管理、保证安全”的原则，进一步加快个人所得税征管信息化建设，以此提高个人所得税征管质量和效率。

第二十五条 按照一体化建设的要求，个人所得税与其他税种具有共性的部分，由核心业务系统统一开发软件，个人所得税个性的部分单独开发软件。根据个人所得税特点，总局先行开发个人所得税代扣代缴（扣缴义务人端）和基础信息管理（税务端）两个子系统。

第二十六条 代扣代缴（扣缴义务人端）系统的要求是：

（一）为扣缴义务人提供方便快捷的报税工具。

（二）可以从扣缴义务人现有的财务等软件中导入相关信息。

（三）自动计算税款，自动生成各种报表。

（四）支持多元化的申报方式。

（五）方便扣缴义务人统计、查询、打印。

（六）提供《代扣代收税款凭证》打印功能。

（七）便于税务机关接受扣缴义务人的明细扣缴申报，准确全面掌握有关基础数据资料。

第二十七条 基础信息管理系统（税务端）的要求是：

（一）建立个人收入纳税一户式档案，用于汇集扣缴义务人、纳税人的基础信息、收入及纳税信息资料。

（二）传递个人两处以上取得的收入及纳税信息给征管环节。

（三）从一户式档案中筛选高收入个人、高收入行业、重点纳税人、重点扣缴义务人，并实施重点管理。

（四）通过对纳税人收入、纳税相关信息进行汇总比对，判定纳税人申报情况的真实性。

（五）通过设定各类统计指标、口径和运用统计结果，为加强个人所得税管理和完善政策提供决策支持。

（六）建立与各部门的数据应用接口，为其他税费征收提供信息。

（七）按规定打印《中华人民共和国个人所得税完税证明》，为纳税人提供完税依据。

第二十八条 省级税务机关应做好现有个人所得税征管软件的整合工作。省级及以下各级税务机关原则上不应再自行开发个人所得税征管软件。

第七章 加强高收入者的重点管理

第二十九条 税务机关应将下列人员纳入重点纳税人范围：金融、保险、证券、电力、电信、石油、石化、烟草、民航、铁道、房地产、学校、医院、城市供水供气、出版社、公路管理、外商投资企业和外国企业、高新技术企业、中介机构、体育俱乐部等高收入行业人员；民营经济投资者、影视明星、歌星、体育明星、模特等高收入个人；临时来华演出人员。

第三十条 各级税务机关应从下列人员中，选择一定数量的个人作为重点纳税人，实施重点管理：

（一）收入较高者。

（二）知名度较高者。

（三）收入来源渠道较多者。

（四）收入项目较多者。

（五）无固定单位的自由职业者。

（六）对税收征管影响较大者。

第三十一条 各级税务机关对重点纳税人应实行滚动动态管理办法，每年都应根据本地实际情况，适时增补重点纳税人，不断扩大重点纳税人管理范围，直至实现全员全额管理。

第三十二条 税务机关应对重点纳税人按人建立专门档案，实行重点管理，随时跟踪其收入和纳税变化情况。

第三十三条 各级税务机关应充分利用建档管理掌握的重点纳税人信息，定期对重点纳税人的收入、纳税情况进行比对、评估分析，从中发现异常问题，及时采取措施堵塞管理漏洞。

第三十四条 省级（含计划单列市）税务机关应于每年7月底以前和次年1月底以前，分别将所确定的重点纳税人的半年和全年的基本情况及收入、纳税等情况，用Excel表格的形式填写《个人所得税重点纳税人收入和纳税情况汇总表》报送国家税务总局（所得税管理司）。

第三十五条 各级税务机关应强化对个体工商户、个人独资企业和合伙企业投资者以及独立从事劳务活动的个人的个人所得税征管。

（一）积极推行个体工商户、个人独资企业和合伙企业建账工作，规范财务管理，健全财务制度；有条件的地区应使用税控装置加强对纳税人的管理和监控。

（二）健全和完善核定征收工作，对账证不全、无法实行查账征收的纳税人，按规定实行核定征收，并根据纳税人经营情况及时进行定额调整。

（三）加强税务系统的协作配合，实现信息共享，建立健全个人所得税情报交流和异地协查制度，互通信息，解决同一个投资者在两处或两处以上投资和取得收入合并缴纳个人所得税的监控难题。

（四）加强个人投资者从其投资企业借款的管理，对期限超过一年又未用于企业生产经营的借款，严格按照有关规定征税。

（五）要严格对个人投资的企业和个体工商户税前扣除的管理，定期进行检查。对个人投资者以企业资金为本人、家庭成员及其相关人员支付的与生产经营无关的消费性、财产性支出，严格按照规定征税。

（六）加强对从事演出、广告、讲课、医疗等人员的劳务报酬所得的征收管理，全面推行预扣预缴办法，从源泉上加强征管。

第三十六条 税务机关要加强对重点纳税人、独立纳税人的专项检查，严厉打击涉税违法犯罪行为。各地每年应当通过有关媒体公开曝光2至3起个人所得税违法犯罪案件。

第三十七条 税务机关要重视和加强重点纳税人、独立纳税人的个人所得税日常检查，及时发现征管漏洞和薄弱环节，制定和完善征管制度、办法。日常检查由省级以下税务机关的征管和税政部门共同组织实施。实施日常检查应当制定计划，并按规定程序进行，防止多次、重复检查，防止影响纳税人的生产经营。

第八章 加强税源的源泉管理

第三十八条 税务机关应严格税务登记管理制度，认真开展漏征漏管户的清理工作，摸清底数。

第三十九条 税务机关应按照有关要求建立和健全纳税人、扣缴义务人的档案，切实加强个人所得税税源管理。

第四十条 税务机关应继续做好代扣代缴工作，提高扣缴质量和水平：

（一）要继续贯彻落实已有的个人所得税代扣代缴工作制度和办法，并在实践中不断完善提高。

（二）要对本地区所有行政、企事业单位、社会团体等扣缴义务人进行清理和摸底，在此基础上按照纳税档案管理的指标建立扣缴义务人台账或基本账户，对其实行跟踪管理。

（三）配合全员全额管理，推行扣缴义务人支付个人收入明细申报制度。

（四）对下列行业应实行重点税源管理：金融、保险、证券、电力、电信、石油、石化、烟草、民航、铁道、房地产、学校、医院、城市供水供气、出版社、公路管理、外商投资企业、高新技术企业、中介机构、体育俱乐部等高收入行业；连续3年（含3年）为零申报的代扣代缴单位（以下简称长期零申报单位）。

（五）对重点税源管理的行业、单位和长期零申报单位，应将其列为每年开展专项检查的重点对象，或对其纳税申报材料进行重点审核。

第四十一条 各级税务机关应充分利用与各部门配合的协作制度，从公安、工商、银行、文化、体育、房管、劳动、外汇管理等社会公共部门获取税源信息。

第四十二条 各级税务机关应利用从有关部门获取的信息，加强税源管理、进行纳税评估。税务机关应定期分析税源变化情况，对变动较大等异常情况，应及时分析原因，采取相应管理措施。

第四十三条 各级税务机关在加强查账征收工作的基础上，对符合征管法第三十五条规定情形的，采取定期定额征收和核定应税所得率征收，以及其他合理的办法核定征收个人所得税。对共管个体工商户的应纳税经营额由国家税务局负责核定。

第四十四条 主管税务机关在确定对纳税人的核定征收方式后，要选择有代表性的典型户进行调查，在此基础上确定应纳税额。典型调查面不得低于核定征收纳税人的3%。

第九章 加强全员全额管理

第四十五条 全员全额管理是指，凡取得应税收入的个人，无论收入额是否达到个人所得税的纳税标准，均应就其取得的全部收入，通过代扣代缴和个人申报，全部纳入税务机关管理。

第四十六条 各级税务机关应本着先扣缴义务人后纳税人，先重点行业、企业和纳税人后一般行业、企业和纳税人，先进“笼子”后规范的原则，积极稳妥地推进全员全额管理工作。

第四十七条 各级税务机关要按照规定和要求，尽快建立个人收入档案管理制度、代扣代缴明细账制度、纳税人与扣缴义务人向税务机关双向申报制度、与社会各部门配合的协税制度，为实施全员全额管理打下基础。

第四十八条 各级税务机关应积极创造条件，并根据金税工程三期的总体规划和有关要求，依托信息化手段，逐步实现全员全额申报管理，并在此基础上，为每个纳税人开具完税凭证（证明）。

第四十九条 税务机关应充分利用全员全额管理掌握的纳税人信息、扣缴义务人信息、税源监控信息、有关部门、媒体提供的信息、税收管理人员实地采集的信息等，依据国家有关法律和政策法规的规定，对自行申报纳税人纳税申报情况和扣缴义务人扣缴税情况的真实性、准确性进行分析、判断，开展个人所得税纳税评估，提高全员全额管理的质量。

第五十条 税务机关应加强个人独资和合伙企业投资者、个体工商户、独立劳务者等无扣缴义务人的独立纳税人的基础信息和税源管理工作。

第五十一条 个人所得税纳税评估应按“人机结合”的方式进行，其基本原理和流程是：根据当地居民收入水平及其变动、行业收入水平及其变动等影响个人所得税的相关因素，建立纳税评估分析系统；根据税收收入增减额、增减率或行业平均指标模型确定出纳税评估的重点对象；对纳税评估对象进行具体评估分析，查找锁定引起该扣缴义务人或者纳税人个人所得税变化的具体因素；据此与评估对象进行约谈，要求其说明情况并纠正错误，或者交由稽查部门实施稽查，并进行后续的重点管理。

第五十二条 税务机关应按以下范围和来源采集纳税评估的信息：

（一）信息采集的范围

1. 当地职工年平均工资、月均工资水平。

2. 当地分行业职工年平均工资、月均工资水平。

3. 当地分行业资金利润率。

4. 企业财务报表相关数据。

5. 股份制企业分配股息、红利情况。

6. 其他有关数据。

（二）信息采集的来源

1. 税务登记的有关信息。

2. 纳税申报的有关信息。

3. 会计报表有关信息。

4. 税控收款装置的有关信息。

5. 中介机构出具的审计报告、评估报告的信息。

6. 相关部门、媒体提供的信息。

7. 税收管理人员到纳税户了解采集的信息。

8. 其他途径采集的纳税人和扣缴义务人与个人所得税征管有关的信息。

第五十三条 税务机关应设置纳税评估分析指标、财务分析指标、业户不良记录评析指标，通过分析确定某一期间个人所得税的总体税源发生增减变化的主要行业、主要企业、主要群体，确定纳税评估重点对象。个人所得税纳税评估的程序、指标、方法等按照总局《纳税评估管理办法（试行）》及相关规定执行。

第五十四条 个人所得税纳税评估主要从以下项目进行：

（一）工资、薪金所得，应重点分析工资总额增减率与该项目税款增减率对比情况，人均工资增减率与人均该项目税款增减率对比情况，税款增减率与企业利润增减率对比分析，同行业、同职务人员的收入和纳税情况对比分析。

（二）利息、股息、红利所得，应重点分析当年该项目税款与上年同期对比情况，该项目税款增减率与企业利润增减率对比情况，企业转增个人股本情况，企业税后利润分配情况。

（三）个体工商户的生产、经营所得（含个人独资企业和合伙企业），应重点分析当年与上年该项目税款对比情况，该项目税款增减率与企业利润增减率对比情况；税前扣除项目是否符合现行政策规定；是否连续多个月零申报；同地区、同行业个体工商户生产、经营所得的税负对比情况。

（四）对企事业单位的承包经营、承租经营所得，应重点分析当年与上年该项目税款对比情况，该项目税款增减率与企业利润增减率对比情况，其行业利润率、上缴税款占利润总额的比重等情况；是否连续多个月零申报；同地区、同行业对企事业单位的承包经营、承租经营所得的税负对比情况。

（五）劳务报酬所得，应重点分析纳税人取得的所得与过去对比情况，支付劳务费的合同、协议、项目情况，单位白条列支劳务报酬情况。

（六）其他各项所得，应结合个人所得税征管实际，选择有针对性的评估指标进行评估分析。

第十章　附　　则

第五十五条　储蓄存款利息所得的个人所得税管理办法，另行制定。

第五十六条　此前规定与本办法不一致的，按本办法执行。

第五十七条　本办法未尽事宜按照税收法律、法规以及相关规定办理。

第五十八条　本办法由国家税务总局负责解释，各省、自治区、直辖市和计划单列市税务局可根据本办法制定具体实施意见。

第五十九条　本办法自 2005 年 10 月 1 日起执行。

附录4

《个人所得税自行纳税申报办法（试行）》

第一章　总　　则

第一条　为进一步加强个人所得税征收管理，保障国家税收收入，维护纳税人的合法权益，方便纳税人自行纳税申报，规范自行纳税申报行为，根据《中华人民共和国个人所得税法》（以下简称个人所得税法）及其实施条例、《中华人民共和国税收征收管理法》（以下简称税收征管法）及其实施细则和其他法律、法规的有关规定，制定本办法。

第二条　凡依据个人所得税法负有纳税义务的纳税人，有下列情形之一的，应当按照本办法的规定办理纳税申报：

（一）年所得12万元以上的；

（二）从中国境内两处或者两处以上取得工资、薪金所得的；

（三）从中国境外取得所得的；

（四）取得应税所得，没有扣缴义务人的；

（五）国务院规定的其他情形。

第三条　本办法第二条第一项年所得12万元以上的纳税人，无论取得的各项所得是否已足额缴纳了个人所得税，均应当按照本办法的规定，于纳税年度终了后向主管税务机关办理纳税申报。

本办法第二条第二项至第四项情形的纳税人，均应当按照本办法的规定，于取得所得后向主管税务机关办理纳税申报。

本办法第二条第五项情形的纳税人，其纳税申报办法根据具体情形另行规定。

第四条　本办法第二条第一项所称年所得12万元以上的纳税人，不包括在中国境内无住所，且在一个纳税年度中在中国境内居住不满1年的个人。

本办法第二条第三项所称从中国境外取得所得的纳税人，是指在中国境内有住所，或者无住所而在一个纳税年度中在中国境内居住满1年的个人。

第二章 申报内容

第五条 年所得12万元以上的纳税人，在纳税年度终了后，应当填写《个人所得税纳税申报表（适用于年所得12万元以上的纳税人申报）》（见附表1），并在办理纳税申报时报送主管税务机关，同时报送个人有效身份证件复印件，以及主管税务机关要求报送的其他有关资料。

有效身份证件，包括纳税人的身份证、护照、回乡证、军人身份证件等。

第六条 本办法所称年所得12万元以上，是指纳税人在一个纳税年度取得以下各项所得的合计数额达到12万元：

（一）工资、薪金所得；

（二）个体工商户的生产、经营所得；

（三）对企事业单位的承包经营、承租经营所得；

（四）劳务报酬所得；

（五）稿酬所得；

（六）特许权使用费所得；

（七）利息、股息、红利所得；

（八）财产租赁所得；

（九）财产转让所得；

（十）偶然所得；

（十一）经国务院财政部门确定征税的其他所得。

第七条 本办法第六条规定的所得不含以下所得：

（一）个人所得税法第四条第一项至第九项规定的免税所得，即：

1. 省级人民政府、国务院部委、中国人民解放军军以上单位，以及外国组织、国际组织颁发的科学、教育、技术、文化、卫生、体育、环境保护等方面的奖金；

2. 国债和国家发行的金融债券利息；

3. 按照国家统一规定发给的补贴、津贴，即个人所得税法实施条例第十三条规定的按照国务院规定发放的政府特殊津贴、院士津贴、资深院士津贴以及国务院规定免纳个人所得税的其他补贴、津贴；

4. 福利费、抚恤金、救济金；

5. 保险赔款；

6. 军人的转业费、复员费；

7. 按照国家统一规定发给干部、职工的安家费、退职费、退休工资、离休工资、离休生活补助费；

8. 依照我国有关法律规定应予免税的各国驻华使馆、领事馆的外交代表、领事官员和其他人员的所得；

9. 中国政府参加的国际公约、签订的协议中规定免税的所得。

（二）个人所得税法实施条例第六条规定可以免税的来源于中国境外的所得。

（三）个人所得税法实施条例第二十五条规定的按照国家规定单位为个人缴付和个人缴付的基本养老保险费、基本医疗保险费、失业保险费、住房公积金。

第八条 本办法第六条所指各项所得的年所得按照下列方法计算：

（一）工资、薪金所得，按照未减除费用（每月1 600元）及附加减除费用（每月3 200元）的收入额计算。

（二）个体工商户的生产、经营所得，按照应纳税所得额计算。实行查账征收的，按照每一纳税年度的收入总额减除成本、费用以及损失后的余额计算；实行定期定额征收的，按照纳税人自行申报的年度应纳税所得额计算，或者按照其自行申报的年度应纳税经营额乘以应税所得率计算。

（三）对企事业单位的承包经营、承租经营所得，按照每一纳税年度的收入总额计算，即按照承包经营、承租经营者实际取得的经营利润，加上从承包、承租的企事业单位中取得的工资、薪金性质的所得计算。

（四）劳务报酬所得，稿酬所得，特许权使用费所得，按照未减除费用（每次800元或者每次收入的20%）的收入额计算。

（五）财产租赁所得，按照未减除费用（每次800元或者每次收入的20%）和修缮费用的收入额计算。

（六）财产转让所得，按照应纳税所得额计算，即按照以转让财产的收入额减除财产原值和转让财产过程中缴纳的税金及有关合理费用后的余额计算。

（七）利息、股息、红利所得，偶然所得和其他所得，按照收入额全额计算。

第九条 纳税人取得本办法第二条第二项至第四项所得，应当按规定填写并向主管税务机关报送相应的纳税申报表（见附表2—附表9），同时报送主管税务机关要求报送的其他有关资料。

第三章 申报地点

第十条 年所得12万元以上的纳税人，纳税申报地点分别为：

（一）在中国境内有任职、受雇单位的，向任职、受雇单位所在地主管税务机关申报。

（二）在中国境内有两处或者两处以上任职、受雇单位的，选择并固定向其中一处单位所在地主管税务机关申报。

（三）在中国境内无任职、受雇单位，年所得项目中有个体工商户的生产、经营所得或者对企事业单位的承包经营、承租经营所得（以下统称生产、经营所得）的，向其中一处实际经营所在地主管税务机关申报。

（四）在中国境内无任职、受雇单位，年所得项目中无生产、经营所得的，向户籍所在地主管税务机关申报。在中国境内有户籍，但户籍所在地与中国境内经常居住地不一致的，选择并固定向其中一地主管税务机关申报。在中国境内没有户籍的，向中国境内经常居住地主管税务机关申报。

第十一条 取得本办法第二条第二项至第四项所得的纳税人，纳税申报地点分别为：

（一）从两处或者两处以上取得工资、薪金所得的，选择并固定向其中一处单位所在地主管税务机关申报。

（二）从中国境外取得所得的，向中国境内户籍所在地主管税务机关申报。在中国境内有户籍，但户籍所在地与中国境内经常居住地不一致的，选择并固定向其中一地主管税务机关申报。在中国境内没有户籍的，向中国境内经常居住地主管税务机关申报。

（三）个体工商户向实际经营所在地主管税务机关申报。

（四）个人独资、合伙企业投资者兴办两个或两个以上企业的，区分不同情形确定纳税申报地点：

1. 兴办的企业全部是个人独资性质的，分别向各企业的实际经营管理所在地主管税务机关申报。

2. 兴办的企业中含有合伙性质的，向经常居住地主管税务机关申报。

3. 兴办的企业中含有合伙性质，个人投资者经常居住地与其兴办企业的经营管理所在地不一致的，选择并固定向其参与兴办的某一合伙企业的经营管理所在地主管税务机关申报。

（五）除以上情形外，纳税人应当向取得所得所在地主管税务机关申报。

第十二条 纳税人不得随意变更纳税申报地点，因特殊情况变更纳税申报地点的，须报原主管税务机关备案。

第十三条 本办法第十一条第四项第三目规定的纳税申报地点，除特殊情况外，5年以内不得变更。

第十四条 本办法所称经常居住地，是指纳税人离开户籍所在地最后连续居住一年以上的地方。

第四章 申报期限

第十五条 年所得12万元以上的纳税人，在纳税年度终了后3个月内向主管税务机关办理纳税申报。

第十六条 个体工商户和个人独资、合伙企业投资者取得的生产、经营所得应纳的税款，分月预缴的，纳税人在每月终了后7日内办理纳税申报；分季预缴的，纳税人在每个季度终了后7日内办理纳税申报。纳税年度终了后，纳税人在3个月内进行汇算清缴。

第十七条 纳税人年终一次性取得对企事业单位的承包经营、承租经营所得的，自取得所得之日起30日内办理纳税申报；在1个纳税年度内分次取得承包经营、承租经营所得的，在每次取得所得后的次月7日内申报预缴，纳税年度终了后3个月内汇算清缴。

第十八条 从中国境外取得所得的纳税人，在纳税年度终了后30日内向中国境内主管税务机关办理纳税申报。

第十九条 除本办法第十五条至第十八条规定的情形外，纳税人取得其他各项所得须申报纳税的，在取得所得的次月7日内向主管税务机关办理纳税申报。

第二十条 纳税人不能按照规定的期限办理纳税申报，需要延期的，按照税收征管法第二十七条和税收征管法实施细则第三十七条的规定办理。

第五章 申报方式

第二十一条 纳税人可以采取数据电文、邮寄等方式申报，也可以直接到主管税务机关申报，或者采取符合主管税务机关规定的其他方式申报。

第二十二条 纳税人采取数据电文方式申报的，应当按照税务机关规定的期限和要求保存有关纸质资料。

第二十三条 纳税人采取邮寄方式申报的，以邮政部门挂号信函收据作为申报凭据，以寄出的邮戳日期为实际申报日期。

第二十四条 纳税人可以委托有税务代理资质的中介机构或者他人代为办理纳税申报。

第六章 申报管理

第二十五条 主管税务机关应当将各类申报表，登载到税务机关的网站上，或者摆放到税务机关受理纳税申报的办税服务厅，免费供纳税人随时下载或取用。

第二十六条 主管税务机关应当在每年法定申报期间，通过适当方式，提醒年所得12万元以上的纳税人办理自行纳税申报。

第二十七条 受理纳税申报的主管税务机关根据纳税人的申报情况，按照规定办理税款的征、补、退、抵手续。

第二十八条 主管税务机关按照规定为已经办理纳税申报并缴纳税款的纳税人开具完税凭证。

第二十九条 税务机关依法为纳税人的纳税申报信息保密。

第三十条 纳税人变更纳税申报地点，并报原主管税务机关备案的，原主管税务机关应当及时将纳税人变更纳税申报地点的信息传递给新的主管税务机关。

第三十一条 主管税务机关对已办理纳税申报的纳税人建立纳税档案，实施动态管理。

第七章 法律责任

第三十二条 纳税人未按照规定的期限办理纳税申报和报送纳税资料的，依照税收征管法第六十二条的规定处理。

第三十三条 纳税人采取伪造、变造、隐匿、擅自销毁账簿、记账凭证，或者在账簿上多列支出或者不列、少列收入，或者经税务机关通知申报而拒不申报或者进行虚假的纳税申报，不缴或者少缴应纳税款的，依照税收征管法第六十三条的规定处理。

第三十四条 纳税人编造虚假计税依据的，依照税收征管法第六十四条第一款的规定处理。

第三十五条 纳税人有扣缴义务人支付的应税所得，扣缴义务人应扣未扣、应收未收税款的，依照税收征管法第六十九条的规定处理。

第三十六条 税务人员徇私舞弊或者玩忽职守，不征或者少征应征税款的，依照税收征管法第八十二条第一款的规定处理。

第三十七条 税务人员滥用职权，故意刁难纳税人的，依照税收征管法第八十二条第二款的规定处理。

第三十八条 税务机关和税务人员未依法为纳税人保密的，依照税收征管法第八十七条的规定处理。

第三十九条 税务代理人违反税收法律、行政法规，造成纳税人未缴或者少缴税款的，依照税收征管法实施细则第九十八条的规定处理。

第四十条 其他税收违法行为，依照税收法律、法规的有关规定处理。

第八章 附 则

第四十一条 纳税申报表由各省、自治区、直辖市和计划单列市地方税务局按照国家税务总局规定的式样统一印制。

第四十二条 纳税申报的其他事项，依照税收征管法、个人所得税法及其他有关法律、法规的规定执行。

第四十三条 本办法第二条第一项年所得12万元以上情形的纳税申报，按照第十届全国人民代表大会常务委员会第十八次会议通过的《关于修改〈中华人民共和国个人所得税法〉的决定》规定的施行时间，自2006年1月1日起执行。

第四十四条 本办法有关第二条第二项至第四项情形的纳税申报规定，自2007年1月1日起执行，《国家税务总局关于印发〈个人所得税自行申报纳税暂行办法〉的通知》（国税发［1995］77号）同时废止。

附录 5

《个人所得税全员全额扣缴申报管理暂行办法》

第一条 为加强个人所得税征收管理，规范扣缴义务人的代扣代缴行为，维护纳税人和扣缴义务人的合法权益，根据《中华人民共和国个人所得税法》（以下简称税法）及其实施条例、《中华人民共和国税收征收管理法》（以下简称征管法）及其实施细则和其他法律、法规的规定，制定本办法。

第二条 扣缴义务人必须依法履行个人所得税全员全额扣缴申报义务。

第三条 本办法所称个人所得税全员全额扣缴申报（以下简称扣缴申报），是指扣缴义务人向个人支付应税所得时，不论其是否属于本单位人员、支付的应税所得是否达到纳税标准，扣缴义务人应当在代扣税款的次月内，向主管税务机关报送其支付应税所得个人（以下简称个人）的基本信息、支付所得项目和数额、扣缴税款数额以及其他相关涉税信息。

本办法所称扣缴义务人，是指向个人支付应税所得的单位和个人。

第四条 实行个人所得税全员全额扣缴申报的应税所得包括：

（一）工资、薪金所得；

（二）劳务报酬所得；

（三）稿酬所得；

（四）特许权使用费所得；

（五）利息、股息、红利所得；

（六）财产租赁所得；

（七）财产转让所得；

（八）偶然所得；

（九）经国务院财政部门确定征税的其他所得。

第五条 扣缴义务人应向主管税务机关报送

个人的以下基础信息：姓名、身份证照类型及号码、职务、户籍所在地、有效联系电话、有效通信地址及邮政编码等。

对下列个人，扣缴义务人还应加报有关信息：

（一）非雇员（不含股东、投资者）：工作单位名称等；

（二）股东、投资者：公司股本（投资）总额、个人股本（投资）额等；

（三）在中国境内无住所的个人（含雇员和非雇员）：外文姓名、国籍或地区、出生地（中、外文）、居留许可号码（或台胞证号码、回乡证号码）、劳动就业证号码、职业、境内职务、境外职务、入境时间、任职期限、预计在华时间、预计离境时间、境内任职单位名称及税务登记证号码、境内任职单位地址和邮政编码及联系电话、境外派遣单位名称（中、外文）、境外派遣单位地址（中、外文）、支付地（包括境内支付和境外支付）等。

储蓄机构向储户支付的储蓄存款利息所得、证券兑付机构向企业债券持有人兑付的企业债券利息所得和上市公司向股民支付的股息、红利所得，可暂报送以下信息：姓名、身份证照类型及号码、支付的利息（股息、红利）所得、扣缴税款等。

各地应根据这些基础信息和管理工作的要求，制定《个人基础信息登记表》，并要求扣缴义务人填报。

第六条 扣缴义务人在进行初次扣缴申报时，应报送第五条所述个人的基础信息。个人及基础信息发生变化时，扣缴义务人应在次月扣缴申报时，将变更信息报送主管税务机关。

第七条 扣缴义务人在扣缴税款时，应按每个人逐栏逐项填写《扣缴个人所得税报告表》（附件1）（略）、《支付个人收入明细表》（附件2）（略）。

《扣缴个人所得税报告表》填写实际缴纳了个人所得税的个人情况。《支付个人收入明细表》填写支付了应税所得，但未达到纳税标准的个人情况。

已实行扣缴申报信息化管理的，可以将《支付个人收入明细表》并入《扣缴个人所得税报告表》。

第八条 扣缴义务人在税法规定的期限内解缴代扣税款时，应向主管税务机关报送《扣缴个人所得税报告表》、《支付个人收入明细表》和个人基础信息。但同时报送有困难的，应最迟在扣缴税款的次月底前报送。

第九条 扣缴义务人应设立代扣代缴个人所得税款备查簿，正确反映扣缴个人所得税情况。

第十条 主管税务机关应严格审核扣缴义务人的扣缴申报资料。对《扣缴个人所得税报告表》和《支付个人收入明细表》没有按每一个人逐栏逐项填写的，或者填写不准确的，应要求扣缴义务人重新填报。

第十一条 扣缴义务人可以直接到税务机关办理扣缴申报，也可以按照规定采取邮寄、数据电文或者其他方式办理扣缴申报。

第十二条 扣缴义务人不能按期报送《扣缴个人所得税报告表》、《支付个人收入明细表》和个人基础信息，需要延期申报的，应按征管法的有关规定办理。

第十三条 扣缴义务人代扣税款时，纳税人要求扣缴义务人开具代扣税款凭证的，扣缴义务人应当开具。扣缴义务人应在开具代扣税款凭证的次月扣缴申报时，将开具代扣税款凭证的底联一并报送主管税务机关。

第十四条 主管税务机关应按照“一户式”管理的要求，对每个扣缴义务人建立档案，其内容包括：

（一）扣缴义务人编码、扣缴义务人名称、登记证照类型、税务登记证号码、电话号码、电子邮件地址、行业、经济类型、单位地址、邮政编码、法定代表人（单位负责人）和财务主管人员姓名及联系电话、税务登记机关、税务登记日期、主管税务机关；

（二）全年的职工人数、纳税人数及汇总的应纳税所得额（按所得项目归类汇总）、免税收入、应纳税额（按所得项目归类汇总）、减免税额、已扣税额、应补（退）税额、滞纳金、罚款等。

第十五条 主管税务机关应以个人身份证照

号码或个人纳税编码为标识，归集个人的基础信息、收入及纳税信息，逐人建立个人收入与纳税档案。

第十六条 税务机关应于年度终了3个月内，为已经实行扣缴申报后的个人按其全年实际缴纳的个人所得税额开具《中华人民共和国个人所得税完税证明》。

第十七条 税务机关应根据所掌握的涉税信息，定期对扣缴义务人扣缴申报和个人自行纳税申报的情况进行交叉稽核、分析评估。

第十八条 扣缴义务人未按照规定设置、保管代扣代缴税款账簿或者保管代扣代缴税款记账凭证及有关资料的，依照征管法第六十一条的规定给予相应处罚。

第十九条 扣缴义务人未按照规定的期限向主管税务机关报送《扣缴个人所得税报告表》、《支付个人收入明细表》和个人基础信息等有关情况的，依照征管法第六十二条的规定给予相应处罚。

第二十条 税务机关应依法为扣缴义务人和个人的情况保密。对未为扣缴义务人和个人保密的，对直接负责的主管人员和其他直接责任人员，由所在单位或者有关单位依法给予行政处分。

第二十一条 其他税收违法行为，按照法律、法规的有关规定处理。

第二十二条 税务机关应加强对扣缴义务人和个人的税法宣传、政策辅导和咨询服务。

第二十三条 各省、自治区、直辖市和计划单列市国家税务局、地方税务局可以根据本办法，结合本地实际，制定具体实施办法，并报国家税务总局备案。

第二十四条 本办法由国家税务总局负责解释。

第二十五条 本办法从2006年1月1日起执行。此前规定与本办法有抵触或不一致的，按本办法执行。

附录 6

《国家税务总局关于进一步加强高收入者个人所得税征收管理的通知》

国税发［2010］54 号

各省、自治区、直辖市和计划单列市地方税务局，西藏、宁夏、青海省（自治区）国家税务局：

近年来，随着我国经济的快速发展，城乡居民收入水平不断提高，个人收入差距扩大的矛盾也日益突出。为强化税收征管，充分发挥税收在收入分配中的调节作用，现就进一步加强高收入者个人所得税征收管理有关问题通知如下：

一、认真做好高收入者应税收入的管理和监控

各地税务机关要继续深入贯彻落实国家税务总局关于加强个人所得税管理的工作思路，夯实高收入者个人所得税征管基础。

（一）摸清本地区高收入者的税源分布状况

各地要认真开展个人所得税税源摸底工作，结合本地区经济总体水平、产业发展趋势和居民收入来源特点，重点监控高收入者相对集中的行业和高收入者相对集中的人群，摸清高收入行业的收入分配规律，掌握高收入人群的主要所得来源，建立高收入者所得来源信息库，完善税收征管机制，有针对性地加强个人所得税征收管理工作。

（二）全面推进全员全额扣缴明细申报管理

1. 要认真贯彻落实税务总局关于推进全员全额扣缴明细申报的部署和要求，并将全员全额扣缴明细申报管理纳入税务机关工作考核体系。税务总局将不定期进行抽查、考评和通报相关情况。

2. 要督促扣缴义务人按照《个人所得税法》第八条、《个人所得税法实施条例》第三十七条和《国家税务总局关于印发〈个人所得税全员全额扣缴申报管理暂行办法〉的通知》（国税发［2005］205号）的规定，实行全员全额扣缴申报。

扣缴义务人已经实行全员全额扣缴明细申报的，主管税务机关要促使其提高申报质量，特别是要求其如实申报支付工薪所得以外的其他所得（如劳务报酬所得等）、非本单位员工的支付信息和未达到费用扣除标准的支付信息。

扣缴义务人未依法实行全员全额扣缴明细申报的，主管税务机关应按照税收征管法有关规定对其进行处罚。

（三）加强年所得12万元以上纳税人自行纳税申报管理

年所得12万元以上纳税人自行纳税申报是纳税人的法定义务，是加强高收入者征管的重要措施。各地税务机关要健全自行纳税申报制度，优化申报流程，将自行纳税申报作为日常征管工作，实行常态化管理。通过对高收入者税源分布状况的掌握、扣缴义务人明细申报信息的审核比对，以及加强与工商、房管、人力资源和社会保障、证券机构等部门的协作和信息共享，进一步促进年所得12万元以上纳税人自行纳税申报。要注重提高自行纳税申报数据质量。采取切实措施，促使纳税人申报其不同形式的所有来源所得，不断提高申报数据的真实性和完整性。对未扣缴税款或扣缴不足的，要督促纳税人补缴税款；纳税人应申报未申报、申报不实少缴税款的，要按照税收征管法相关规定进行处理。

（四）积极推广应用个人所得税信息管理系统

没有推广应用个人所得税信息管理系统和推广面较小的地区，省级税务机关要加大工作力度，按照税务总局工作部署和要求，确保个人所得税管理系统推广到所有实行明细申报的扣缴义务人。已经全面推广应用个人所得税信息管理系统的地区，要按照要求，尽快将个人所得税明细数据向税务总局集中。

二、切实加强高收入者主要所得项目的征收管理

（一）加强财产转让所得征收管理

1. 加强限售股转让所得征收管理。要加强与证券机构的联系，主动掌握本地区上市公司和即将上市公司的股东构成情况，做好限售股转让所得个人所得税征收工作。

2. 加强非上市公司股权转让所得征收管理。要继续加强与工商行政管理部门的合作，探索建立自然人股权变更登记的税收前置措施或以其他方式及时获取股权转让信息。对平价或低价转让的，要按照《国家税务总局关于加强股权转让所得征收个人所得税管理的通知》（国税函［2009］285号）的规定，依法核定计税依据。

3. 加强房屋转让所得征收管理。要切实按照《国家税务总局关于个人住房转让所得征收个人所得税有关问题的通知》（国税发［2006］108号）、《国家税务总局关于个人转让房屋有关税收征管问题的通知》（国税发［2007］33号）等相关文件规定，继续做好房屋转让所得征收个人所得税管理工作。

4. 加强拍卖所得征收管理。主管税务机关应及时了解拍卖相关信息，严格执行《国家税务总局关于加强和规范个人取得拍卖收入征收个人所得税有关问题的通知》（国税发［2007］38号）的规定，督促拍卖单位依法扣缴个人所得税。

（二）加强利息、股息、红利所得征收管理

1. 加强股息、红利所得征收管理。重点加强股份有限公司分配股息、红利时的扣缴税款管理，对在境外上市公司分配股息红利，要严格执行现行有关征免个人所得税的规定。加强企业转增注册资本和股本管理，对以未分配利润、盈余公积和除股票溢价发行外的其他资本公积转增注册资本和股本的，要按照“利息、股息、红利所得”项目，依据现行政策规定计征个人所得税。

2. 加强利息所得征收管理。要通过查阅财务报表相关科目、资产盘查等方式，调查自然人、企业及其他组织向自然人借款及支付利息情况，对其利息所得依法计征个人所得税。

3. 加强个人从法人企业列支消费性支出和从投资企业借款的管理。对投资者本人、家庭成员及相关人员的相应所得，要根据《财政部 国家税务总局关于规范个人投资者个人所得税征收

管理的通知》（财税［2003］158号）规定，依照“利息、股息、红利所得”项目计征个人所得税。

（三）加强规模较大的个人独资企业、合伙企业和个体工商户的生产、经营所得征收管理

1. 加强建账管理。主管税务机关应督促纳税人依照法律、行政法规的规定设置账簿。对不能设置账簿的，应按照税收征管法及其实施细则和《财政部 国家税务总局关于印发〈关于个人独资企业和合伙企业投资者征收个人所得税的规定〉的通知》（财税［2000］91号）等有关规定，核定其应税所得率。税务师、会计师、律师、资产评估和房地产估价等鉴证类中介机构不得实行核定征收个人所得税。

2. 加强非法人企业注销登记管理。企业投资者在注销工商登记之前，应向主管税务机关结清有关税务事宜，未纳税所得应依法征收个人所得税。

3. 加强个人消费支出与非法人企业生产经营支出管理。对企业资金用于投资者本人、家庭成员及其相关人员消费性和财产性支出的部分，应按照《财政部 国家税务总局关于规范个人投资者个人所得税征收管理的通知》（财税［2003］158号）等有关规定，依照“个体工商户的生产、经营所得”项目计征个人所得税。

（四）加强劳务报酬所得征收管理和工资、薪金所得比对管理

各地税务机关要与有关部门密切合作，及时获取相关劳务报酬支付信息，切实加强对各类劳务报酬，特别是一些报酬支付较高项目（如演艺、演讲、咨询、理财、专兼职培训等）的个人所得税管理，督促扣缴义务人依法履行扣缴义务。

对高收入行业的企业，要汇总全员全额明细申报数据中工资、薪金所得总额，与企业所得税申报表中工资费用支出总额比对，规范企业如实申报和扣缴个人所得税。

（五）加强外籍个人取得所得的征收管理

要积极与公安出入境管理部门协调配合，掌握外籍人员出入境时间及相关信息，为实施税收管理和离境清税等提供依据；积极与银行及外汇管理部门协调配合，加强对外支付税务证明管理，把住资金转移关口。各级国税局、地税局要密切配合，建立外籍个人管理档案，掌握不同国家外派人员的薪酬标准，重点加强来源于中国境内、由境外机构支付所得的管理。

三、扎实开展高收入者个人所得税纳税评估和专项检查

各地税务机关要将高收入者个人所得税纳税评估作为日常税收管理的重要内容，充分利用全员全额扣缴明细申报数据、自行纳税申报数据和从外部门获取的信息，科学设定评估指标，创新评估方法，建立高收入者纳税评估体系。对纳税评估发现的疑点，要进行跟踪核实、约谈和调查，督促纳税人自行补正申报、补缴税款。发现纳税人有税收违法行为嫌疑的，要及时移交税务稽查部门立案检查。

稽查部门要将高收入者个人所得税检查列入税收专项检查范围，认真部署落实。在检查中，要特别关注高收入者的非劳动所得是否缴纳税款和符合条件的高收入者是否办理自行纳税申报。对逃避纳税、应申报未申报、申报不实等情形，要严格按照税收征管法相关规定进行处理。对典型案例，要通过媒体予以曝光。

四、不断改进纳税服务，引导高收入者依法诚信纳税

各地税务机关在加强高收入者个人所得税征收管理的同时，要切实做好纳税服务工作。要有针对性地对高收入者开展个人所得税法宣传和政策辅导，引导高收入者主动申报、依法纳税，形成诚信纳税的良好氛围；要推进“网上税务局”建设，建立多元化的申报方式，为纳税人包括高收入者提供多渠道、便捷化的申报纳税服务；要积极了解纳税人的涉税诉求，拓展咨询渠道，提高咨询回复质量和效率；要做好为纳税人开具完税证明和纳税人的收入、纳税信息保密管理工作，切实维护纳税人合法权益。

国家税务总局

二〇一〇年五月三十一日

附录 7

《国家税务总局关于切实加强高收入者个人所得税征管的通知》

国税发［2011］50号

各省、自治区、直辖市和计划单列市国家税务局、地方税务局：

2010年5月，国家税务总局下发了《关于进一步加强高收入者个人所得税征收管理的通知》（国税发［2010］54号），各级税务机关采取有效措施，认真贯彻落实，取得积极成效。根据党的十七届五中全会通过的《中共中央关于制定国民经济和社会发展第十二个五年规划的建议》（以下简称《建议》）和十一届全国人大四次会议批准的《中华人民共和国国民经济和社会发展第十二个五年规划纲要》（以下简称《纲要》）对税收调节收入分配的有关要求，现就进一步做好高收入者个人所得税征管工作通知如下：

一、充分认识新形势下加强高收入者个人所得税征管的重要意义

党中央、国务院对收入分配问题高度重视，强调要合理调整收入分配关系。税收具有调节收入分配的重要功能，《建议》要求"加强税收对收入分配的调节作用，有效调节过高收入"。《纲要》提出要"完善个人所得税征管机制"，"加大对高收入者的税收调节力度"。做好高收入者个人所得税征管工作，对于有效地发挥税收调节收入分配的职能作用，促进社会公平正义与和谐稳定，具有重要意义。各级税务机关要认真贯彻落实党中央、国务院的部署和要求，将加强高收入者个人所得税征管作为当前和今后一个时期的一项重点工作，进一步强化征管基础，完善征管手段，创新管理和服务方式，为加快形成合理有序的收入分配格局作出积极努力。

二、不断完善高收入者主要所得项目的个人所得税征管

各级税务机关要继续贯彻落实国税发［2010］54号文件规定，以非劳动所得为重点，依法进一步加强高收入者主要所得项目征管。

（一）加强财产转让所得征管

1. 完善自然人股东股权（份）转让所得征管。

（1）积极与工商行政管理部门合作，加强对个人转让非上市公司股权所得征管。重点做好平价或低价转让股权的核定工作，建立电子台账，记录股权转让的交易价格和税费情况，强化财产原值管理。

（2）加强个人对外投资取得股权的税源管理，重点监管上市公司在上市前进行增资扩股、股权转让、引入战略投资者等行为的涉税事项，防止税款流失。

（3）与相关部门密切配合，积极做好个人转让上市公司限售股个人所得税征管工作。

2. 加强房屋转让所得和拍卖所得征管。

（1）搞好与相关部门的配合，加强房屋转让所得征管，符合查实征收条件的，坚持实行查实征收；确实不符合查实征收条件的，按照有关规定严格核定征收。

（2）加强与本地区拍卖单位的联系，掌握拍卖所得税源信息，督促拍卖单位依法代扣代缴个人所得税。

3. 抓好其他形式财产转让所得征管。重点是加强个人以评估增值的非货币性资产对外投资取得股权（份）的税源管理，完善征管链条。

（二）深化利息、股息、红利所得征管

1. 加强企业分配股息、红利的扣缴税款管理，重点关注以未分配利润、盈余公积和资产评估增值转增注册资本和股本的征管，堵塞征管漏洞。

2. 对投资者本人及其家庭成员从法人企业列支消费支出和借款的，应认真开展日常税源管理和检查，对其相关所得依法征税。涉及金额较大的，应核实其费用凭证的真实性、合法性。

3. 对连续盈利且不分配股息、红利或者核定征收企业所得税的企业，其个人投资者的股息、红利等所得，应实施重点跟踪管理，制定相关征管措施。同时，加强企业注销时个人投资者税收清算管理。

4. 对企业及其他组织向个人借款并支付利息的，应通过核查相关企业所得税前扣除凭证等方式，督导企业或有关组织依法扣缴个人所得税。

（三）完善生产经营所得征管

1. 重点加强规模较大的个人独资、合伙企业和个体工商户的生产经营所得的查账征收管理；难以实行查账征收的，依法严格实行核定征收。对律师事务所、会计师事务所、税务师事务所、资产评估和房地产估价等鉴证类中介机构，不得实行核定征收个人所得税。

2. 对个人独资企业和合伙企业从事股权（票）、期货、基金、债券、外汇、贵重金属、资源开采权及其他投资品交易取得的所得，应全部纳入生产经营所得，依法征收个人所得税。

3. 将个人独资企业、合伙企业和个体工商户的资金用于投资者本人、家庭成员及其相关人员消费性支出和财产性支出的，严格按照相关规定计征个人所得税。

4. 加强个人独资、合伙企业和个体工商户注销登记管理，在其注销登记前，主管税务机关应主动采取有效措施处理好有关税务事项。

三、继续加强高收入行业和人群的个人所得税征管

（一）加强以非劳动所得为主要收入来源人群的征管

密切关注持有公司大量股权、取得大额投资收益以及从事房地产、矿产资源投资、私募基金、信托投资等活动的高收入人群，实行重点税源管理。

（二）做好高收入行业工薪所得征管工作

1. 深化高收入行业工薪所得扣缴税款管理。重点关注高收入行业企业的中高层管理人员各项工资、薪金所得，尤其是各类奖金、补贴、股票

期权和限制性股票等激励所得。

2. 加强高收入行业企业扣缴个人所得税的工资、薪金所得总额与企业所得税申报表中工资费用支出总额的比对，强化企业所得税和个人所得税的联动管理。

3. 对以各种发票冲抵个人收入，从而偷逃个人所得税的行为，严格按照税收征管法的规定予以处罚。

（三）对纳税人从两处或两处以上取得工资、薪金所得，应通过明细申报数据等信息汇总比对，加强纳税人自行申报纳税管理。

（四）完善数额较大的劳务报酬所得征管

1. 督促扣缴义务人依法履行扣缴义务，与有关部门密切合作，及时获取相关劳务报酬支付信息，重点加强数额较大劳务报酬所得的征管。

2. 加强对个人从事影视表演、广告拍摄及形象代言等获取所得的源泉控管，重点做好相关人员通过设立艺人工作室、劳务公司及其他形式的企业或组织取得演出收入的所得税征管工作。

（五）加强高收入外籍个人取得所得的征管

1. 进一步建立和充实外籍个人管理档案，掌握不同国家、不同行业、不同职位的薪酬标准，加强来源于中国境内、由境外机构支付所得的管理。充分利用税收情报交换和对外支付税务证明审核等信息，加强在中国境内无住所但居住超过5年的个人境外所得税收征管。

2. 加强外籍个人提供非独立劳务取得所得的征管，抓好对由常设机构或固定基地负担外籍个人报酬的监管，防范税收协定滥用。

四、建立健全高收入者应税收入监控体系

加强税务机关内部和外部涉税信息的获取与整合应用。通过各类涉税信息的分析、比对，掌握高收入者经济活动和税源分布特点、收入获取规律等情况，有针对性地加强高收入者个人所得税征管。

（一）强化税源管理基础

1. 按照税务总局的统一部署和要求，通过推广应用个人所得税管理信息系统等手段，加强扣缴义务人全员全额扣缴明细申报管理，建立健全个人纳税档案。

2. 推进年所得12万元以上纳税人自行纳税申报常态化管理，不断提高申报数据质量，加强申报补缴税款管理。

3. 逐步建立健全自行纳税申报和全员全额扣缴申报信息交叉稽核机制，完善高收入者税源管理措施。

4. 国税局和地税局密切配合，健全信息传递和反馈机制，形成征管工作合力。

（二）建立协税护税机制

1. 根据税收征管法的规定，加强税务机关与公安、工商、银行、证券、房管、外汇管理、人力资源和社会保障等相关部门与机构的协作，共享涉税信息，完善配套措施。

2. 积极争取地方政府的支持，建立健全政府牵头的涉税信息共享机制，明确相关部门协税护税的责任和义务。

五、深入开展纳税服务、纳税评估和专项检查

各级税务机关要通过改进纳税服务，深化纳税评估，加强专项检查，促进纳税人依法诚信纳税。

（一）不断优化纳税服务

积极为纳税人提供多渠道、便捷化的申报纳税服务。了解纳税人的涉税诉求，提高咨询回复质量和效率。有针对性地对高收入者进行税法宣传和政策辅导，引导其主动申报、依法纳税。认真贯彻落实税务总局有关工作要求，继续做好为纳税人开具完税证明工作。严格执行为纳税人收入和纳税信息保密的有关规定，维护纳税人合法权益。

（二）切实加强日常税源管理和评估

坚持开展高收入者个人所得税日常税源管理，充分利用相关信息，科学设定评估指标，创新评估方法，积极开展纳税评估。对纳税评估发现的疑点，应进行跟踪核查、约谈；发现纳税人涉嫌税收违法行为的，应及时移交稽查部门立案检查。

（三）扎实做好个人所得税专项检查工作

按照税务总局的统一部署，认真开展个人所得税专项检查。同时，结合本地征管实际，选取部分高收入者比较集中的行业，切实搞好专项检

查。加强税政、征管、稽查等部门的协调配合，及时提供违法线索，依法严厉查处。

各级税务机关要加强组织领导，认真做好高收入者个人所得税征管工作，并将其作为税收工作考核的重要内容。主动向地方政府汇报，加强与相关部门的沟通，争取各方面的支持和配合。根据本通知精神，结合实际制定具体实施方案。进一步研究强化基础工作、创新管理方式、完善征管手段、搞好税法宣传的有效措施，不断提高个人所得税征管水平。

国家税务总局

二〇一一年四月十五日